Jesse Bering

DIE ERFINDUNG GOTTES

Jesse Bering

DIE ERFINDUNG GOTTES

WIE DIE EVOLUTION DEN GLAUBEN SCHUF

Aus dem Englischen
von Helmut Reuter

Piper München Zürich

Mehr über unsere Autoren und Bücher:
www.piper.de

Die Originalausgabe erschien 2010 unter dem Titel
»The God Instinct« bei Nicholas Brealey Publishing, London.

MIX
Papier aus verantwortungsvollen Quellen
FSC® C014889
FSC
www.fsc.org

ISBN 978-3-492-05328-0

Vermittelt durch The Science Factory
Gesetzt aus der Swift
Satz: Fotosatz Amann, Aichstetten
Litho: Lorenz & Zeller, Inning am Ammersee
Druck und Bindung: Pustet, Regensburg
Printed in Germany

Für meinen Vater William

Inhalt

DAS KIND: Ich fürchte mich.
DIE FRAU: Du sollst dich fürchten, Liebling. Sehr sogar. Nur so wirst du ein anständiger Mensch.

Jean-Paul Sartre, *Die Fliegen* (1937)

Einführung

Gott kam aus einem Ei. Zumindest zu mir. Verstehen Sie mich nicht falsch – es war ein ganz besonderes Ei. Genauer gesagt, es war ein mit bunten Szenen aus dem Orient verzierter Fabergé-Ersatz.

Ungefähr 20 Jahre vor der Episode, die ich schildern möchte, wurde dieses spezielle Ei von einer reizbaren Henne gelegt. Nachdem es mit einer Nadel angepiekst und dann ausgeblasen worden war, landete es in der Hand eines fingerfertigen Künstlers, der es viele Stunden lang mühselig mit kunstvollen Bildern einer stereotypen asiatischen Gesellschaft bemalte. Der auf solchen Kitsch spezialisierte Künstler verkaufte das Ei zusammen mit ähnlichen Gegenständen an einen örtlichen Händler, der es mit Bedacht ins Schaufenster eines Souvenirladens in einer Seitenstraße legte. Dort fiel es schließlich einer jungen Deutschen auf und weckte ihre Begehrlichkeit. Sie kaufte es, und nachdem sie es einige Zeit in ihrer Wohnung im Schwarzwald bewundert hatte, wickelte sie es in mehrere Lagen Seidenpapier und steckte es in ihre Handtasche. Sie sprach ein Gebet für seinen sicheren Transport und nahm es mit auf die Reise über den Atlantik nach Amerika – in eine Wohngegend der Mittelklasse, wo sie künftig mit ihrem Ehemann, einem Militärangehörigen, leben würde. Auf einem mit romantischen Romanen und Nippes aus ihrem früheren Leben vollgestellten

Bücherregal im Wohnzimmer ihres bescheidenen neuen Heims fand sie ein gemütliches Eckchen für das Ei; dort platzierte sie es auf einem kleinen Schaugestell. Vielleicht ein Jahr darauf brachte sie ihren Sohn Peter zur Welt, der sich später mit dem Jungen auf der anderen Straßenseite anfreundete. Der ertrug mich als seinen so mitlaufenden kleinen Bruder – den Jungen, der siebenjährig an einem planlos verbrachten Sommernachmittag ins Wohnzimmer der deutschen Frau trat, das Ei sah, von dieser Merkwürdigkeit magisch angezogen wurde und das Ding aus Versehen in der Hand zerbrach.

Nachdem keiner den Zwischenfall bemerkt hatte, legte ich das angebrochene Artefakt hastig zurück – so arrangiert, dass der Makel am wenigsten auffiel – und tat bis heute so, als wäre nichts geschehen. Na schön, zumindest beinahe. Eine Woche später konnte ich mithören, wie Peter meinem Bruder erzählte, das Verbrechen sei entdeckt worden. Seine Mutter hatte, wie er sagte, ein paar Theorien dazu, wie ihr geliebtes Ei irreparabel zerstört worden war – eine davon war eine sehr präzise und peinliche Herleitung, die sich speziell auf mich bezog. Als man mich mit diesem Ablauf konfrontierte – erst durch Andeutungen, dann durch offene Anschuldigungen –, leugnete ich aus Angst vor dem Zorn der strengen deutschen Matriarchin alles ab. Dann brachte ich, um sie alle abzuschütteln, das Undenkbare fertig: *Ich schwor bei Gott, dass ich es nicht gewesen war.*

•

Betrachten wir die Sache doch in dem ihr zukommenden Rahmen. Irgendwo in einer ruhigen Sackgasse zerbricht ein Zweitklässler unbemerkt ein auffälliges Ei, das einer Frau gehört, die sowieso ein wenig zu sehr in den Gegenstand vernarrt ist. Aus Angst vor Strafe erzählt er es keinem und ruft schließlich Gott als falschen Zeugen für seine bekleckerte Unschuld an. Das ist nun nicht gerade das Verbrechen des Jahrhunderts. Doch damals hielt ich diesen Akt für vergleichbar mit der schlimmsten Kränkung, die man einem anderen Menschen zufügen kann. Dass ich es gewagt haben könnte, Gott nur zu meinem eigenen Schutz ins Spiel zu bringen, war so unvorstellbar, dass die Angelegenheit nie wieder zu Sprache kam.[1] Ich dagegen hatte wochenlang Probleme mit dem Schlafen und verlor den Appetit; als ich mir ein paar Tage später einen üblen Splitter einzog, glaubte ich, das sei auf Gottes Zorn zurückzuführen. Fast hätte ich es meinen Eltern unaufgefordert gebeichtet. Ich war wie ein abstoßender Hund, der zu Gottes Füßen herumwinselt. Mach mit mir, was du willst, dachte ich bei mir, ich habe gefehlt.

Eine so überwältigende Furcht vor einem rächenden, enttäuschten Gott war mir sicher nicht von meinen Eltern beigebracht worden. Selbstverständlich lehren viele Eltern ihre Kinder solche Dinge. Wer je den Dokumentarfilm *Jesus Camp* – eine ziemlich verstörende Dokumentation über von Evangelikalen aufgezogene Kinder im amerikanischen Kernland – gesehen oder Sam Harris' Buch *Das Ende des Glaubens* gelesen hat, weiß, was ich meine. Aber meine Familie besaß noch nicht einmal eine Bibel, und ich bezweifle, dass ich das Wort »Sünde« jemals zuvor gehört hatte. Das einzige ernsthafte Gespräch zum Thema Religion hatte ich, als meine Mutter mich gegen all das evangelikalische Zeug immunisieren wollte und mir deshalb auseinandersetzte, wie dumm christliche Glaubenssätze seien (als Kind war sie einst von überschwänglichen katholischen Kindern festgehalten worden; sie filzten ihr Haar nach den Ansätzen der Teufelshörner, weil ihre Eltern ihnen gesagt hatten, dass sie bei allen Juden vorhanden seien). Doch auch sie war lediglich eine »säkulare Jüdin« und mein Vater allenfalls ein achselzuckender Lutheraner.

Jahre später, als ich ein Teenager war, diagnostizierte man bei meiner Mutter Krebs, und auch da hatte ich sofort das Gefühl, ich sei aus Gottes Gnade gefallen. Es kam mir so vor, als hätte der traurige Zustand meiner Mutter irgendetwas mit dem Mumpitz zu tun, den ich angestellt hatte (nichts Schlimmeres als die meisten Teenager, dessen bin ich mir sicher, aber auch nichts, was ich unauslöschlich gedruckt zu Papier bringen wollte). In mir kam das Gefühl hoch, ich hätte einen *bösen Kern*, und Gott habe mich für eine besondere Bestrafung ausersehen.

Worauf es ankommt – zu jener Zeit hätte ich nie zugegeben, solche Gedanken zu wälzen. Tatsächlich glaubte ich nicht einmal an Gott. Mir war klar, es gab eine logische biologische Erklärung für die Tatsache, dass meine Mutter sterben würde. Und wenn jemand auch nur als Möglichkeit angedeutet hätte, dass die schwache Gesundheit meiner Mutter durch irgendeine geheime moralische Missetat von mir oder ihr verursacht sei, hätte das bei mir einen intellektuellen Würgereiz ausgelöst. Wahrscheinlich hätte ich ihn als einen der Leute abgetan, vor denen meine Mutter mich gewarnt hatte. Tatsächlich warf ich die Mentalität des »Gott muss mich wirklich hassen« in dem Augenblick ab, als ich sie in meinem rationalen Bewusstsein erfasste. Dennoch ist nicht zu bestreiten, dass sie in meinem Kopf vorhanden war und für wenige merkwürdige Momente so deutlich wie ein schriller Pfeifton.

Etwa zu dieser Zeit kam es mir so vor, als ähnele Gott auf seltsame Art der Mafia – er bietet uns »Schutz« und verspricht, uns nicht zu schaden (oder zu töten), solange wir in moralischer Währung bezahlen. Doch im Unterschied zu einem Hammerschlag gegen die Schienbeine oder einem Hieb mit dem Baseballschläger gegen den Hinterkopf ist Gottes Art der Bestrafung, zumindest hier auf Erden, eindeutig symbolischer Natur – sie erscheint uns als unbegrenzte Palette grausamer, mit Bedacht für uns konzipierter Wechselfälle: etwa in Form eines Splitters in der Hand, in den finanziellen Abgrund stürzender Kurse unserer Aktien, eines Tumors im Gehirn, unserer Exfrau auf Männerjagd, eines Erdbebens unter unseren Füßen und so weiter. Für Gläubige gibt es unendlich viele Möglichkeiten.

Mittlerweile sind viele Jahre vergangen. Einer der entscheidenden Gründe für die akademische Neugier, die meine wissenschaftliche Karriere als atheistischer, über Religion forschender Psychologe nach wie vor befeuert, ist meine eigene scheinbar instinktive Furcht, von Gott bestraft zu werden, und der Impuls, allgemeiner über Gott nachzudenken. Ich wollte wissen, wo in aller Welt diese Vorstellungen herkommen mochten. Konnte es wirklich sein, dass sie *angeboren* waren? Gibt es vielleicht so etwas wie einen »Glaubensinstinkt«?

•

In den folgenden Kapiteln werden wir dieser Frage, ob der Glaube an Gott angeboren ist, nachgehen – neben verwandten Glaubensüberzeugungen wie Seele, Leben nach dem Tod, Schicksal und Sinn. Die Erklärungen des Durchschnittsbürgers, weshalb Menschen in schwierigen Zeiten sich von Gott angezogen fühlen, sind Ihnen wahrscheinlich einigermaßen geläufig. Fast alle Geschichten dieser Art beruhen auf Bedürfnissen, die das emotionale Wohlbefinden der Menschen betreffen. Würde ich beispielsweise einem Freund aus der Oberschule, meiner Tante Betty Sue in Georgia oder dem Inhaber der Tierhandlung in meinem kleinen Dorf hier in Nordirland die Frage »Warum glauben die meisten Menschen an Gott?« stellen, würden die Antworten zweifellos etwa wie folgt lauten: »Nun, das ist ganz einfach. Es liegt daran, dass die Menschen … [hier kann man wahlweise eine von diesen Begründungen einfügen: *das Gefühl haben wollen, dass es da draußen noch etwas Größeres gibt; in ihrem Leben einen Sinn sehen möchten; in der Religion Trost finden; ihre Ungewissheit verringern möchten; an etwas glauben wollen*].

Ich denke nicht, dass diese Antworten intellektuell vollkommen haltlos sind, glaube aber sehr wohl, dass sie sich um die Frage herumdrücken. Sie sind ein perfekter Zirkelschluss – wir schlagen uns nun einfach mit der Frage herum, warum wir unbedingt das Gefühl haben müssen, dass es da draußen noch etwas Größeres gibt, oder im Leben einen Sinn sehen müssen und so weiter. Haben andere Tiere ebenfalls diese existenziellen Bedürfnisse? Und wenn nicht, warum?[2] Objektiv betrachtet, sind unsere Verhaltensweisen auf diesem Gebiet ziemlich merkwürdig, zumindest aus einer die Arten übergreifenden evolutionären Perspektive. So schrieb der spanische Autor Miguel de Unamuno beispielsweise:

> Gorilla, Schimpanse, Orang-Utan und ihre Gefährten dürften also den Menschen mit Fug als ein armes erkranktes Geschöpf ansehen […] das auf irgendeine Art seine Toten bewahrt.[3]

Als Student verbrachte ich mehrere Jahre mit psychologischer Forschung an Schimpansen. Unsere kleine Gruppe von sieben Versuchstieren war in einer sehr großen, sehr sterilen und sehr langweiligen biomedizinischen Einrichtung untergebracht. Dort hielt man viele Hundert weitere große Affen – unsere nächsten lebenden Verwandten – für invasive Testreihen im Auftrag von Pharmafirmen. Ich erlebte zu viele Szenen mit diesen Tieren in höchstem Stress – verstörende Bilder, die ich inzwischen möglichst zu meiden versuche. Mir fiel dabei aber auch ein, dass, wenn Menschen in einer vergleichbar hoffnungslosen Lage wie diese Schimpansen wären, sicherlich vielen Leuten die Frage nach Gott in den Sinn käme – speziell, was Gott sich dabei denken mochte, wenn er so grausame Verirrungen zuließ.

Womit erklärt man nun diese Frage nach dem »Warum«, die das Gehirn des Menschen als Reaktion auf Schmerz und Unglück augenblicklich absondert – eine Frage, die einschließt, dass hier irgendein unausgesprochener moralischer Vertrag zwischen uns als Individuen und Gott gebrochen wurde? Wir könnten zu der Überzeugung kommen, dass es in die Irre führt, solche Fragen zu stellen, dass Gott »nicht so ist«, oder sogar, dass es keinen Gott gibt. Doch das erfolgt nur als Antwort auf die zunächst wie ein Reflex auftauchende Frage.

Um besser verstehen zu können, weshalb unser Denken in der Folge von Unglück (wie auch von Glück) in Richtung Gott tendiert, werden wir vor allem neuere Befunde der *Kognitionswissenschaften* heranziehen. Forscher auf dem Gebiet der kognitiven Religionswissenschaft bringen vor, religiöses Denken werde wie jede andere Art des Denkens von einem Gehirn vollzogen, das gelegentlich dazu neigt, Fehler zu machen. Abergläubisches Denken – etwa kausale Zusammenhänge zu erkennen, wo es in Wahrheit keine gibt – wird als Ergebnis eines unvollkommen entwickelten Gehirns dargestellt. Dadurch wird vielleicht verständlich, dass bis auf wenige Ausnahmen alle Forscher auf diesem Gebiet die Religion als beiläufiges Nebenprodukt unserer geistigen Evolution betrachten. Insbesondere stellen Wissenschaftler religiöses Denken als etwas dar, dem an sich keine adaptive biologische Funktion zukommt. Stattdessen sieht man es als Überbleibsel anderer psychologischer Anpassungen an (etwa wie die männlichen Brustwarzen als nutzloser Überrest des vorgegebenen menschlichen Körperschemas). Gott ist ein Sammelsurium anderer in der Evolution entstandener Teile des Denkens. Diese Position vertritt beispielsweise der Evolutionsbiologe Richard Dawkins in *Der Gotteswahn* (2006):

> Ich gehöre zu der wachsenden Zahl von Biologen, die in der Religion ein Nebenprodukt von etwas anderem sehen. [...] Vielleicht hat das Merkmal, für das wir uns interessieren (in diesem Fall die Religion), selbst keinen unmittelbaren Überlebenswert, sondern es ist ein Nebenprodukt von etwas anderem, das einen solchen Wert besitzt [...] Das religiöse Verhalten könnte eine Fehlfunktion sein, ein unglückseliges Nebenprodukt einer grundlegenden psychischen Neigung, die unter anderen Umständen nützlich sein kann oder früher einmal nützlich war.[4]

Die Vertreter der Theorie des evolutionären Nebenprodukts haben es aber vielleicht ein wenig zu eilig gehabt, als sie die Möglichkeit verwarfen, dass Religion – und speziell die Vorstellung von einem wachsamen, wissenden und reagierenden Gott – für unsere Vorfahren beim Überleben und der Fortpflanzung auf einzigartige Weise hilfreich war. Wenn das aber so war, dann sollten wir wie bei jeder anderen evolutionären Anpassung erwarten, dass Vorstellungen von übernatürlichen Wesen wie Gott dazu beigetragen haben, in der Vergangenheit ein spezielles adaptives Problem zu lösen oder zumindest in bedeutsamer Weise anzugehen. Und in diesem Buch werden wir schließlich, nachdem wir zunächst die Mechanismen des Glaubens erörtert haben, in der Tat der Wahrscheinlichkeit nachgehen, dass Gott (und seinesgleichen) im Denken des Menschen evolutionär entstanden ist – als »adaptive Illusion«, welche unseren Vorfahren unmittelbar dabei half, das einzigartige Problem des *Tratschens* über andere zu lösen.

Mit der Entwicklung der Sprache wurde es für unsere Vorfahren wichtig, ihr Verhalten zu kontrollieren – abwesende Dritte konnten nun Tage und sogar Wochen nach einem Ereignis erfahren, wie sie sich benommen hatten. Wenn es ihnen nicht gelang, angesichts von Versuchungen selbstsüchtige Leidenschaften zu zügeln, und auch nur ein einziger Mensch Zeuge ihrer antisozialen Handlungen wurde, verspielten unsere Vorfahren törichterweise ihren Ruf – und damit ihre Fortpflanzungsaussichten. Der persönliche Glaube an einen Gott, der einen auf kluge Weise erschaffen hat, anleitet, von einem weiß und Absichten wie auch Verhaltensweisen aktiv bestraft oder belohnt, sollte dazu beigetragen haben, die Häufigkeit und Intensität der amoralischen Problemchen unserer Vorfahren niederzuhalten – das wäre von der natürlichen Auslese erheblich favorisiert worden. Für derlei erwünschte Effekte der Gen-Errettung müssen Gott und andere übernatürliche Instanzen wie er nicht zwangsläufig existieren. Doch die mentalen Neigungen, die wir uns gleich näher ansehen werden, gaben unseren Vorfahren sicherlich – ebenso wie heute – Grund zu der Annahme, es gebe sie wirklich.

•

Eine der bedeutsamen, oft unausgesprochenen Implikationen der neuen kognitiven Religionswissenschaft besteht darin, dass wir die Gottesfrage möglicherweise sehr lange vollkommen falsch untersucht haben. Vielleicht sind für die Frage nach der Existenz Gottes ja eher die Psychologen als die Philosophen, Physiker oder sogar Theologen zuständig. Schließlich beruht die *Wahrnehmung* des Übernatürlichen nicht auf Zauberei, sondern ist offenkundig organischer Natur – eine Funktion des Gehirns. Also werden wir uns in diesem Buch (auch weil es mir immer schwergefallen ist, den Mund zu halten) ohne Umschweife mit einer der bedeutendsten Fragen des Lebens befassen: Gibt es wirklich einen Gott, der sich um uns kümmert? Gibt es wirklich einen speziellen Grund, weshalb wir da sind? Wird die Seele nach dem Tod weiterleben? Oder sind Gott, Seelen und Schicksal nicht doch nur ein Sortiment verführerischer *kognitiver Illusionen*, die aus der ungewöhnlichen Entwicklung des Menschengehirns zu erklären sind? Es scheint, als habe die Natur vielleicht ein paar Tricks im Ärmel gehabt, mit der sie sicherstellte, dass wir diese spektakulären Täuschungen mit Haut und Haaren schlucken würden.

Letztlich muss selbstverständlich jeder für sich entscheiden, ob die aufgrund der jeweiligen kognitiven Vorlieben hervorgebrachten psychologischen Effekte eine objektive Realität widerspiegeln – etwa als Beweis, dass Gott das Denken geschaffen hat, damit es so empfänglich für IHN ist. Vielleicht aber kommt jemand auch an den Punkt, wo er erkennt, dass er (wie alle anderen) eine hoffnungslose Schachfigur in einem der absolut erfolgreichsten Täuschungsmanöver der natürlichen Auslese ist. Vielleicht überkommt ihn dann ein Lächeln angesichts der Raffinesse, mit der es durchgezogen wurde – beim bloßen Gedanken an diese absichtslose Cleverness.

Schließlich kann man die Gottesillusion auch dann genießen, wenn man nicht daran glaubt, dass Er Realität ist.

Wie dem auch sei, zunächst werden wir umreißen, welche Art von Denken erforderlich ist, um sich über den Geist Gottes Gedanken zu machen. Ein entscheidender Faktor – vielleicht ist es sogar der einzige, der zählt – ist in dieser Hinsicht die Fähigkeit, überhaupt über das Denken anderer nachzudenken. Gehen wir es also an.

Die Geschichte einer Illusion

Gorgias konnte gut mit Worten umgehen. Außerdem hatte er etwas von einem Scharlatan an sich. In wallende lila Gewänder gehüllt, stand der charismatische ehemalige Schüler des Philosophen Empedokles, wie es heißt, vor desinteressierten Horden spillriger Sklaven, gelangweilter Plebejer und vor den aufgeblasenen Politikern des antiken Griechenlands und bot allen eine Vorstellung. Während der öffentlichen Debatten über die dringendsten Themen jener Zeit – vom Raub der Helena über die Wirtschaft bis zur Natur des Seins selbst – soll er, wie kolportiert wurde, seine erbittert dreinschauenden Gegner dadurch entwaffnet haben, dass er plötzlich in gutmütiges Gelächter ausbrach. Wenn die Gegenseite sein Lachen freundlich erwiderte, pflegte er die Anflüge von Humor durch eine Rückkehr zum Ernst zu entwerten – er fragte, warum sie sich über ein so wichtiges und zur Vernunft mahnendes Thema lustig machten.

Bei seinen Auftritten gelangen Gorgias erstaunliche Kunststücke der Wortakrobatik; er lieferte poetische Erwiderungen, mit denen er angeblich sogar die eloquentesten seiner gelehrten Gegner sprachlos machte. Gorgias' dröhnende Stimme ertönt zwar schon lange nicht mehr am Ort der Olympischen Spiele, wo er einst vor Zehntausenden ruheloser, verschwitzter Gestalten Reden geschwungen hatte. Doch wie ein Bewunderer, der griechische Wörterbuchverfasser Suidas, schwärmte, habe Gorgias das Genre der Rhetorik erstmals bewusst zur Kunst kultiviert: Er verwendete poetische Wendungen und Metaphern und bildhafte Sprache und Hypallagen (Umstellungen von Satzelementen) und Katachresen (bildhafte Umschreibungen) und Hyperbasen (syntaktische Umstellungen) und Wortverdoppelungen und Wiederholungen und Apostrophierungen und Sätze gleicher Länge.[1] In *Phaidros* (circa 370 v. Chr.) schildert Sokrates den Gorgias als sehr geschickt im Ausschmücken einer Rede. Selbst der notorisch schwer zu Beifall zu verführende Plato konnte nicht umhin, Gorgias' verbale Geschicklichkeit zu bewundern. »Ich hörte Gorgias oft sagen, die Kunst der Rhetorik unterscheide sich von allen anderen Künsten«, schrieb Plato. »Unter ihrem Einfluss werden alle Dinge gefügig, aber nicht zwangsweise versklavt.«[2]

»Reden wie Gorgias« wurde zum Synonym dafür, Zuhörer mit verführerischer Wortwahl zu verblüffen. Gorgias verlangte exorbitant hohe Honorare für seine öffentlichen Auftritte und war als Lehrer so begehrt, dass er durch das von seinen vielen Schülern eingenommene Geld phantastisch reich wurde. (Für den Fall, dass jemand seinen Überfluss an Reichtum anzweifeln sollte, gab er eine glänzende Statue seiner Person aus purem Gold in Auftrag und ließ sie im Tempel von Delphi für alle sichtbar aufstellen.) Gorgias' Fähigkeit, andere zu überzeugen, war so ausgeprägt, dass er die Massen im Theater in Athen oft provozierte und sie kühn herausforderte, ihm eine Frage zu stellen, die ihm die Sprache verschlüge. »Gebt ein Thema vor«, pflegte er zu sagen, wobei er sich beiläufig die Fingernägel schnitt. Doch sogar an seinem Todestag konnte er nicht den Mund halten. Im Alter von mindestens 105 Jahren legte Gorgias sich aufs Bett und begann in den Schlaf zu gleiten. Als ein Freund fragte, ob mit ihm alles in Ordnung sei, soll Gorgias mit typischem Witz geantwortet haben: »Der Schlaf reicht mich allmählich weiter an seinen Bruder, den Tod.«[3]

Doch trotz all seiner Beredsamkeit gab es etwas, was Gorgias sein ganzes Leben hindurch umtrieb. Ungeachtet seiner unnachahmlichen Fähigkeit, die Sprache so zu zähmen, dass selbst die unfasslichste Idee wie ein gefügiges Tier auf jeden seiner Befehle reagierte, frustrierte ihn eine Tatsache: Sogar ein Meister des Wortes wie er war nicht imstande, einem Zuhörer seine innersten Erfahrungen auf eine Weise zu vermitteln, die seine persönliche Wirklichkeit vollkommen widerspiegelte. Eigene subjektive Erfahrungen, die in Sprache gefasst und durch das Gehirn eines anderen gefiltert wurden, verwandelten sich unweigerlich in eine völlig andere Angelegenheit – so sehr, dass Gorgias die Aussage für angemessen hielt, der Geist des Sprechenden könne niemals vollkommen erkannt werden. Laut ausgesprochene Gedanken werden auf natürliche Weise zu Mutanten. Wie geschickt man die Tiefen subjektiven Verstehens auch auslotet oder wie kunstvoll vorgetragen und perfekt treffend Sprache auch sein mag: Die Wahrheit trifft, wie Gorgias zu seinem Schrecken feststellte, doch immer noch auf Ohren, die etwas völlig anderes hören als das, was wirklich existiert.

Einen mitfühlenden gelehrten Kollegen hätte Gorgias in einem heutigen (und ungewöhnlich poetisch veranlagten) Psychologen der London School of Economics gefunden. Er heißt Nicholas Humphrey und beklagt in »The Society of Selves«, wie schwer es sei, mit diesem Befund zurechtzukommen. »Sich mit der Tatsache auseinandersetzen zu müssen, dass jeder er selbst ist – ein Ich, dieses Ich und kein anderes, nur diese eine Bewusstseinsblase. Wir können uns nach besten Kräften aneinanderpressen – die

Blasen bleiben im Wesentlichen unverletzt. Selbst wenn man denselben Körper teilt und vereint ist wie siamesische Zwillinge, verbleiben zwei völlig getrennte Bewusstseinseinheiten.«[4] Für Humphrey erzeugt dieses grundlegende und nicht überbrückbare »Anderssein anderer« eine einzigartige Einsamkeit in den Menschen – eine, die durch die Anwesenheit anderer Menschen paradoxerweise verschärft wird.[5] Diese Art psychischer Einsamkeit empfindet man möglicherweise dann am stärksten, wenn man dem Körper einer anderen Person so nahe kommt, wie das unter Menschen möglich ist. Der Dichter William Butler Yeats hat das ziemlich dramatisch ausgedrückt: »Die Tragödie sexuellen Verkehrs ist die fortwährende Jungfräulichkeit der Seele.«[6]

Dieses Gefühl, das Denken der anderen liege auf unerträgliche Weise gerade außer Reichweite, ist jedoch nicht nur ein Grund zur Verzweiflung. In Wahrheit lässt sich aus einer solchen Voraussetzung auch eine eher erfreuliche Empfindung narzisstischer Kontrolle ableiten. Jeder von uns, aufs Äußerste allein, trägt die ganze Welt im Kopf, und andere Menschen existieren für uns nur insofern, als unser Denken dazu imstande ist, sie in sich aufzunehmen. Dass jeder allein im Universum ist und die uneingeschränkte psychische Herrschaft besitzt, hat auch eine Sonnenseite, was in dem Gedicht »Mad Girl's Love Song« (1953) recht schön ausgedrückt ist. Die ein wenig schwermütige Sylvia Plath sagt uns da: »Ich schließe die Augen, und die Welt ist tot; ich hebe die Lider, und alles wird wiedergeboren.«

Mit Gorgias' Argumentation zur inhärenten Einsamkeit des Individuums (auf der Ebene der Bevölkerung der »Ich-Gesellschaften«, wie Humphrey die Kulturen der Menschen nennt) haben Denker und Autoren der verschiedensten Richtungen gespielt. In seinen *Bekenntnissen eines englischen Opiumessers* (1821) schreibt der Autor Thomas De Quincey: »Jeder kommt allein auf die Welt und verlässt sie allein.« Das ist in einem ganz wörtlichen Sinn richtig. Denkt man aber genauer darüber nach, nehmen wir auch andere mit, wenn wir sterben. Denn alles, was wir von einer anderen Person wissen, ist als geistige Repräsentation dieses Individuums in unserem Kopf enthalten; in gewisser Weise nimmt unser Tod auch diesem das Leben. Wenn in unserem Kopf sozusagen das gesamte Universum enthalten ist, lässt sich Plaths Sinnieren, dass die ganze Welt stirbt, rechtfertigen.

Gorgias bezeichnete wahre Intersubjektivität nicht einfach nur als Illusion, sondern ging noch weiter. Weil der Geist der anderen in Wirklichkeit nicht erkannt, sondern nur wahrgenommen werden kann, kam er zu dem Schluss, dass sie möglicherweise gar nicht existieren. Schließlich kann man den Geist eines anderen Menschen nicht sehen, fühlen oder wiegen; wirklich beobachten können wir nur sich bewegende Körper, sprechende Münder und sich verziehende Gesichter. Deshalb wird Gorgias immer noch von vielen als der erste *Solipsist* der Welt angesehen – dieser verneint aus philosophischen Gründen, dass es den Geist anderer Menschen überhaupt gibt.[7]

•

Auch wenn es sich offensichtlich verrückt oder gar wie eine sanfte Wahnvorstellung anhören mag, sich selbst für das einzige subjektive Wesen der Welt zu halten – dieses Denken ist heute noch genauso logisch wie im vierten Jahrhundert v. Chr. Gorgias, dem auffiel, wie unzulänglich bloße Worte waren, wenn er seine Wirklichkeit mitteilen wollte, verkündete damals, er besitze den einzigen überhaupt existierenden Geist. Lange nachdem der Philosoph René Descartes, der sogar die Existenz des eigenen Geistes infrage stellte, im 17. Jahrhundert sein beruhigendes *Cogito, ergo sum* (Ich denke, also bin ich) gemurmelt hatte, ist es im Grunde nach wie vor unmöglich, ohne den Hauch eines Zweifels zu beweisen, dass es den Geist anderer gibt. Ein Wissenschaftler kann einen psychischen Zustand ebenso wenig einfangen und untersuchen, wie er ein Kilogramm in eine Flasche sperren oder eine Unze in der Handfläche liebkosen könnte.

Selbst angesichts der technischen Raffinesse der bildgebenden Geräte von heute oder der kürzlich entdeckten Spiegelneuronen (diese spezialisierten Gehirnzellen haben sich so entwickelt, dass sie in empathischer Synchronisation mit dem emotionalen Ausdruck anderer Menschen feuern) – den Geist der anderen gibt es nach wie vor nur in der Theorie. Wie ließe sich denn einem anderen unwiderlegbar beweisen, dass man selbst Geist besitzt? Was würde der Solipsist, konfrontiert mit dem berühmten Appell aus Shakespeares *Der Kaufmann von Venedig* (1598) – »Wenn ihr uns stecht, bluten wir nicht? Wenn ihr uns kitzelt, lachen wir nicht? Wenn ihr uns vergiftet, sterben wir nicht?« –, wohl sagen? »Ist ja gut. *Und wenn schon?*«

Selbst das Hollywood unserer Tage kriegt die Vorstellung echter Intersubjektivität eher schwer in den Kopf. In einem meiner absoluten Lieblingsfilme, *Being John Malkovich* (1999), ist ein von John Cusack gespielter, bescheidener Puppenspieler gezwungen, einen Job anzunehmen. Sein Arbeitsplatz liegt im Stockwerk 7 ½ eines niedrigen Gebäudes in New York City. Dort entdeckt er in einem Aktenschrank ein Wurmloch, durch das er direkt in die subjektive Welt des Schauspielers John Malkovich gerät. Wir als Zuschauer erfahren, dass Cusacks Protagonist (und später andere zahlende Gäste, die Zugang zu diesem merkwürdigen Wunderland in Malkovichs Kopf erhalten, ehe sie neben dem New Jersey Turnpike vom Wurmloch wieder ausgespuckt werden) sehen und fühlen kann, was Malkovich erlebt. Doch was angeblich eine Verschmelzung zweier Bewusstseinsinhalte ist, kann auf der Leinwand nur so dargestellt werden, dass Cusacks Figur durch Malkovichs Augen wie ein Voyeur in die Welt des Schauspielers blickt. Cusack ist eine Art Homunkulus, der die gedämpfte Stimme seines Gastgebers hört wie ein Fetus im Mutterleib die Stimme seiner Mutter. Später im Film, als Cusacks Fähigkeiten dazu verwendet werden, Malkovichs Verhalten zu manipulieren, ist er wieder der Puppenspieler. Das Bewusstsein von Malkovich wird jedoch nie wirklich durchdrungen. Der Film handelt eher von zwei getrennten Bewusstseinsinhalten in einem Kopf; John Malkovich zu »sein« läuft darauf hinaus, in John Malkovichs Körper zu sein.

Doch was mit einem viele Millionen Dollar schweren Studioetat nicht möglich ist, lässt sich mit den bescheidenen Mitteln eines psychologischen Labors annähernd erreichen. Der Psychologe Daniel Wegner von der Harvard University hat gezeigt, dass Menschen unter bestimmten ungewöhnlichen Voraussetzungen die mentalen Erfahrungen anderer fälschlicherweise für ihre eigenen halten können. In einer klassischen Studie hatte man die Teilnehmer aufgefordert, sich langärmelige Ärztekittel anzuziehen, die Arme hinter dem Rücken zu halten und sich vor einen Spiegel zu stellen. Hinter einem Vorhang stand eine ebenso gekleidete weitere Person des gleichen Geschlechts von etwa gleicher Größe, die ihre Arme zu beiden Seiten des Probanden nach vorne streckte. Für die Versuchsteilnehmer sah es im Spiegel so aus, als wären die Arme des anderen Teilnehmers ihre eigenen. Vermittelte man Versuchspersonen das Gefühl, sie würden die mit den Fingern schnippende Hand des anderen selbst kontrollieren, geschah etwas ziemlich Seltsames: Sobald der fremde Teilnehmer ein um sein Handgelenk gelegtes Gummiband gegen die Haut schnellen ließ, reagierten die Probanden mit einem Spitzenwert der Hautleitfähigkeit an der gleichen Stelle des eigenen Handgelenks, das selbstverständlich außer Sicht hinter ihnen ruhte.[8]

Mit der bemerkenswerten Ausnahme einiger schrulliger Laborversuche sind wir in der Tat vollkommen in unserem eigenen Schädel eingeschlossen. Die einzige vernünftige Argumentation gegen den Solipsismus ist die Vernunft selbst. Die Psychologen Steven Platek und Gordon Gallup von der State University of New York in Albany sind vorsichtig optimistisch, dass wir auf einigermaßen sicherem Grund stehen, wenn wir annehmen, andere Menschen verfügten ebenso über Bewusstsein wie wir selbst. Sie stellen fest: »Weil Menschen ähnliche Rezeptorstrukturen und einigermaßen gleich aufgebaute Gehirne besitzen, sollte es zwischen ihren Erfahrungen beträchtliche Überschneidungen geben.«[9]

Von Zeit zu Zeit kommen uns allen gewisse Zweifel – ich habe meinem Anteil an somnambulen Studenten direkt in die Augen geblickt und hätte geschworen, es handle sich um clever manipulierte Automaten. Doch ganz allgemein bezweifeln die meisten nur selten, dass andere Menschen tatsächlich Artgenossen mit einem Bewusstsein sind. Wenn wir versuchen, den Solipsismus zu begreifen, müssen wir uns in Wahrheit sehr viel mehr anstrengen als für dessen eher der Intuition entsprechende Antithese. Ihr zufolge wird die Welt ständig vom Atem des Bewusstseins durchströmt – eingebracht von jenen ätherischen Geistern, die es nur in der Theorie gibt. Das heißt, für die meisten von uns sind andere mehr als nur mit Gehirnen ausgestattete bewegliche Objekte, die so mit Verhaltensalgorithmen programmiert sind, dass sie handeln, *als ob* sie ein Bewusstsein hätten.

Selbst Leute mit einem leichten Hang zur Misanthropie können zumindest gelegentlich nicht umhin, andere Menschen als zutiefst psychische Wesenheiten anzusehen – als verwandte Seelen, die von ähnlichen Vorlieben und Wünschen angetrieben werden. Ein gutes Beispiel ist dem halb autobiografischen Werk *Das Buch der Unruhe des Hilfsbuchhalters Bernardo Soares* (1916) des portugiesischen Autors Fernando Pessoa zu entnehmen. Pessoa wendet sich mit der Stimme seines Alter Ego, Bernardo Soares, an uns; der Buchhalter ist sich – als mittlerer Angestellter – seiner Mittelmäßigkeit bewusst, doch insgeheim genießt er seine geistige Überlegenheit, und in diesem Zusammenhang erinnert sich der Autor an eine spezielle Begebenheit, bei der seine eigene solipsistische Weltsicht ins Wanken gebracht wurde:

> Als man mir gestern erzählte, der Angestellte des Tabakladens habe Selbstmord begangen, kam mir dies wie eine Lüge vor. Der Ärmste, er hatte also ebenfalls existiert! Wir hatten das ganz vergessen, wir alle, wir alle, die ihn auf die gleiche Weise kannten wie alle, die ihn nicht kannten. Morgen werden wir ihn umso leichter vergessen. Dass er aber eine Seele hatte, steht fest, denn schließlich hat er sich umgebracht. Leidenschaft? Angst? Zweifellos … Doch mir wie der gesamten Menschheit bleibt nur die Erinnerung an ein dümmliches Lächeln über einem bunt gemusterten, schmutzigen und an den Schultern schief sitzenden Jackett. Das ist alles, was ich behalten habe von jemandem, der so stark gefühlt hat, dass er sich vor lauter Gefühl das Leben genommen hat, denn aus einem anderen Grund bringt sich wohl niemand um.[10]

Der Psychologe Paul Bloom von der Yale University gehört zu den Forschern, die sich zu Fragen dieser Art viele Gedanken gemacht haben. In seinem Buch *Descartes' Baby* (2004) trägt Bloom vor, Menschen seien »vernünftige Dualisten«. Seiner zentralen These zufolge sind wir im Gegensatz zu anderen Arten ungewöhnlich geneigt, in anderen »mehr als nur Körper« zu sehen: Wir meinen, Körper seien von Seelen bewohnt. Doch je nach den speziellen gesellschaftlichen Einflüssen und Bedingungen, mit denen wir zu tun haben, kann es mehr oder weniger wahrscheinlich werden, dass wir andere nicht so sehr als Menschen, sondern eher als Objekte wahrnehmen. Bei manchen Gelegenheiten – etwa dem von Pessoa geschilderten Suizid – starrt uns die Seele anderer Menschen so lebendig an, dass unser Denken stark dazu neigt, sie wie uns selbst als Gestalten anzusehen, deren Handeln auf reicher Erfahrung beruht. Bei anderen Gelegenheiten jedoch – wenn etwa nachbarschaftliche Beziehungen erbitterte Züge annehmen oder in Zeiten heftiger politisch-sozialer Unruhen und Gewalt – sind wir dafür anfällig, andere in ihrer Menschlichkeit abzuwerten und sie als »abstoßend« oder als bloßes Menschenmaterial zu Objekten zu reduzieren. Die systematische Entmenschlichung der Juden durch das Naziregime ist, wie Bloom hervorhebt, ein solcher Fall:

> Das deutlichste moderne Beispiel für einen solchen Mechanismus ist der Nazipropaganda zu entnehmen; sie stellte die Juden als schmutzig, abstoßend und durch Krankheiten verseucht dar; sie wurden als Ratten, Abfall und Bazillen gezeichnet, als Infektionsträger … Nachdem sie die Juden unter Bedingungen eingepfercht hatten, unter denen Hygiene schwierig oder unmöglich war – wie in den Konzen-

> trationslagern und in geringerem Ausmaß in den Gettos –, pflegten [die Nazis] mit Genugtuung über ihre schmutzige Natur zu sprechen …
>
> Abscheu ist nicht die einzige Möglichkeit, Menschen herabzusetzen. Man kann auch versuchen, sie ihrer Individualität zu berauben, und sie als »Last« darstellen, sie durch Nummern bezeichnen und so weiter.[11]

Wie Nick Haslam, Psychologe an der Universität von Melbourne, herausgefunden hat, müssen wir uns nicht mitten in einem Genozid befinden, um auf sehr beängstigende Weise sehen zu können, wie Enthumanisierung stattfindet – oder zumindest eine etwas weniger zersetzende Version der Entmenschlichung, die er als »Infrahumanisierung« (Herabwürdigung anderer Menschen) bezeichnet. In einem Artikel für die beliebte sozialpsychologische Onlinezeitschrift *In-Mind* haben Haslam und die Mitautoren Peter Koval und Joonha Park 2009 geschrieben: »Der Gedanke, dass wir andere Gruppen im Alltag immer wieder so wahrnehmen, als wären sie zu einem geringeren Grad mit Menschlichkeit versehen, dürfte ernüchternd sein.«[12] Diese Schlussfolgerung gründen sie auf Laborbefunde, die darauf hindeuten, dass Menschen die Mitglieder anderer Gruppen (etwa Indonesier oder Briten aus Sicht der Australier) unausgesprochen so wahrnehmen, als wären deren Emotionen gröber und weniger subtil als die eigenen. Während wir ganz gern anerkennen, dass Fremde aus anderen Gruppen dumpfe, eher tierische Gefühlsbewegungen wie Glück, Furcht und Ärger empfinden, fällt es uns sehr viel schwerer, ihnen luxuriösere, kompliziertere Affekte wie Nostalgie, Verlegenheit und Bewunderung zuzugestehen.

Wahr ist jedenfalls, dass wir uns, sofern wir keinen

psychologischen Heilberuf ausüben oder besonders einfühlsam sind, selten ernsthaft darum bemühen, die innerste Realität eines anderen zu verstehen – zumindest nicht wirklich tiefer gehend. Stattdessen gibt es irgendwo zwischen Solipsismus und Psychoanalyse eine Alltagsform des »Gedankenlesens«, bei der wir anderen tendenziell unterstellen, dass sie etwas absichtlich und mit einem bestimmten Grund unternehmen. Dabei gehen wir aber nicht so weit, in ihre Haut schlüpfen zu wollen, um ein vollkommenes phänomenologisches Bild ihrer Innenwelt zu erhalten.

Beispielsweise nahm ich vor nicht allzu langer Zeit an einer kleinen akademischen Konferenz der Universität Cambridge teil, wo ich hinter dem bekannten Philosophen Daniel Dennett saß. Seltsamerweise konnte ich nicht umhin, wie gebannt auf Dennetts Hinterkopf zu starren – auf die perfekt rechteckige Schädelform, die sommersprossige Haut, den sauber geschnittenen weißen Haarkranz … Was für eine Ironie, dachte ich: Ausgerechnet ich starrte auf den Schädel mit dem Gehirn, das als Erstes die formale Frage gestellt hatte, warum es für die evolutionär entstandene menschliche Psyche so wichtig ist, das Denken der anderen zu verstehen – nur um feststellen zu müssen, dass selbst dieses Denken, obwohl es sich buchstäblich vor meinen Fingerspitzen befand, nichts weiter war als eine vage Hypothese.[13]

Bei Kognitionswissenschaftlern ist Dennett wohl am besten wegen seines Arguments bekannt, unter den Organismen sei der Mensch einzigartig, weil die Evolution unser Gehirn so ausgestattet hat, dass wir beim Nachdenken über andere nicht anders können, als ihnen einen »intentionalen Standpunkt« (eine Absicht) zu unterstellen:

> Der intentionale Standpunkt ist die Strategie, mit der man das Verhalten einer Entität (Mensch, Tier, Kunstprodukt, was es auch sei) interpretiert, als wäre sie ein vernünftig handelnder Akteur, der bei seinen »Handlungen« eine »Wahl« trifft und zu diesem Zweck seine »Überzeugungen« und »Wünsche« in Betracht zieht. [...] Die grundlegende Strategie des intentionalen Standpunktes besteht darin, dass man die fragliche Entität als Akteur behandelt, um seine Handlungen oder Schritte vorauszusagen – und sie damit in einem gewissen Sinn zu erklären.[14]

Hätte Dennett sich bei dieser Konferenz in Cambridge, sagen wir, plötzlich in seinem Sitz umgedreht und mir zweimal zugezwinkert: Ich hätte nicht nur den Rumpf eines gut 190 Zentimeter großen menschlichen Körpers gesehen, auf dem ein rechteckiger Kopf mit einem Paar Augen thronte, von denen eines – unter einem zuckenden Stückchen Haut hervor – genau auf mich blickte. Instinktiv hätte ich mich außerdem gefragt, was dieses Zwinkern in Bezug auf mich wohl bedeuten mochte. Anders gesagt, ich hätte überlegt, was in Dennetts Gedanken vorging und dafür sorgte, dass er sich so verhielt. Vielleicht hatte ja der Redner, dem wir beide zuhörten, gerade etwas gesagt, was ihn an mich erinnerte? Oder hatte er möglicherweise bemerkt, dass ich hinter ihm saß, und mich einfach begrüßt? Hatte es vielleicht etwas mit unserem geheimen Treffen in einer vorhergegangenen, äußerst magischen Nacht zu tun? Wenn einem jemand zublinzelt – oder sonst etwas macht, was man nicht erwartet hat –, gibt das Gehirn sich nicht damit zufrieden, einfach nur die oberste Schicht des von der betreffenden Person gezeigten Verhaltens zu verarbeiten. Es beginnt vielmehr ohne jede bewusste Anstrengung, nach den

Gründen im Denken des anderen zu suchen, die ihn dazu gebracht haben, sich so zu verhalten. Anders gesagt, wir fragen: »Was *bedeutet* das Verhalten, das wir da beobachten?« In der Konferenz etwa könnte ich mir denken: »Ach ja, verstanden. Dan glaubt wahrscheinlich, ich sei mit der Position des Redners nicht einverstanden, und möchte mich mit seinem anzüglichen Zwinkern ein wenig aufziehen.«

Betrachten wir doch einmal, wie Erlebnisse im sozialen Alltag aussähen, wenn wir nicht diese Fähigkeit hätten, das Verhalten anderer Menschen sofort in Vorstellungen, Emotionen und Gedanken zu übersetzen. In ihrem Buch *Forschergeist in Windeln* (2005) bieten die Entwicklungspsychologen Alison Gopnik und Andrew Meltzoff ein albtraumhaftes Beispiel. Man nehme, sagen die Autoren, die Perspektive eines Gastes an, der in einem Restaurant am Tisch sitzt und einfach Zeuge eines ganz banalen Tischgesprächs unter den Mitgliedern einer jungen Familie wird. Eines davon, ein Kind, bricht in Tränen aus, nachdem es von einem älteren Geschwister eine Weile geneckt worden ist:

> Wir glauben, Ehemänner und Frauen und Freunde und kleine Brüder zu sehen. Aber was wir wirklich sehen, sind Hautsäcke, die in Tuchstücke gestopft und auf Stühle drapiert sind. Oben auf den Hautsäcken befinden sich zwei dunkle Punkte, die sich rastlos bewegen, und darunter ein Loch, das gelegentlich Geräusche von sich gibt. Die Säcke bewegen sich in unberechenbarer Weise, und manchmal berührt uns einer von ihnen. Die Löcher verändern ihre Form, und gelegentlich tropft salzige Flüssigkeit aus den beiden Punkten.[15]

Dennetts wegweisende Aufsatzsammlung zur Wahrnehmung des Denkens anderer in *The Intentional Stance* (1987) wurde veröffentlicht, nachdem es zu einer bedeutsamen Änderung der Einstellung und des Denkens in Bezug auf andere Tiere gekommen war. Aufgrund wissenschaftlicher Entdeckungen wurde mehr Menschen als je zuvor bewusst gemacht, wie viel wir mit anderen Tieren gemeinsam haben. Viel von diesem Bewusstsein könnte man direkt auf die frühen 1960er-Jahre zurückführen, als der bekannte Paläontologe Louis Leakey die erste aus einem Trio junger Frauen ermunterte, unsere nächsten lebenden Verwandten – die großen Menschenaffen – in deren natürlicher Umgebung zu studieren. Die Britin Jane Goodall, eine graduierte Studentin, die Leakey zuvor als Assistentin bei seinen archäologischen Grabungen nach vormenschlichen Fossilien in der ostafrikanischen Olduvai-Schlucht begleitet hatte, schlug bald darauf ihr Lager in Tansania auf. Dort hielt sie in den folgenden Jahrzehnten eine Fülle von Feldbeobachtungen fest, die das geheime Alltagsleben wild lebender Schimpansen enthüllten. Selbstverständlich war es Goodall, die die alte Definition unserer Spezies als »Werkzeugmacher Mensch« entwertete – sie beobachtete, wie die Schimpansen in Gombe Zweige zurichteten und sie in Termitenbauten steckten, um Insekten herauszufischen. Als Leakey davon erfuhr, reagierte er mit einem aufgeregten Telegramm an Goodall: »Jetzt müssen wir Werkzeug neu definieren, den Menschen neu definieren oder Schimpansen als menschliche Wesen anerkennen!«[16]

Einige Jahre später richtete eine kanadische Studentin namens Biruté Galdikas, ebenfalls ein junger Schützling von Leakey, ihr eigenes Lager an der Küste der Javasee in Borneo ein und begann mit den ersten wissenschaftlichen Beobachtungen wild lebender Orang-Utans. Im Gegensatz zu Goodall entdeckte sie zunächst keine so eindeutigen Hinweise auf den Gebrauch von Werkzeugen. Doch bei Galdikas Beobachtungen des Sozialverhaltens von Orang-Utans zeigten sich (ähnlich wie bei den Beobachtungen ihrer Kollegin bei den Schimpansen) häufig Spiegelbilder unserer eigenen Schwächen – und was der Spiegel zeigte, war nicht immer besonders nett. Neben einigen anderen Befunden aus den vielen Jahren, in denen Galdikas diese schwer zugänglichen roten Affen beobachtete, entdeckte sie auch, dass Menschenmänner nicht die einzigen Tiere auf Erden sind, die Weibchen gelegentlich brutal vergewaltigen, während diese verzweifelt zu fliehen versuchen. Laut Galdikas Autobiografie machte sich ein halbwüchsiger Orang-Utan sogar über eine arglose Mitarbeiterin aus ihrem Lager her.

Die Amerikanerin Diane Fossey stieß schließlich als Dritte zu »Leakeys Engeln«, wie sie genannt wurden. Sigourney Weaver stellte sie in dem Film *Gorillas im Nebel* (1988) dar – die Schauspielerin wurde dafür für den Oscar nominiert und gewann außerdem den Golden Globe. Bevor Fossey wegen ihrer Kampagne für die Rettung der Berggorillas vor der Ausrottung ermordet wurde, faszinierte sie Teile der Öffentlichkeit mit ihren einfühlsamen Schilderungen dieser riesigen und sehr menschenähnlichen Geschöpfe, die tief in den ruandischen Virunga-Bergen leben.

Diese Anstrengungen der Primaten-Feldforschung erfuhren ein ständig wachsendes Presseecho, das Leakeys Engel zu kleinen Stars machte und in der Bevölkerung erhitzte Debatten über die darwinsche Evolution und die Art der menschlichen Natur entfachte. In dieser Zeit machte sich ein etwas weniger bekannter Forscher, der mit der Mannschaft in Ruanda zusammenarbeitete, seine eigenen, besonders aufrüttelnden Gedanken:

> In der großartigen Natur der Berge, von der Gorillafamilie halbwegs akzeptiert, von einem Dutzend schwarzer Augen beobachtet und diese beobachtend, weit entfernt von allen Menschen und meinen eigenen Gedanken überlassen, begann ich, über ein Thema zu sinnieren, das mich seither nicht mehr losgelassen hat: Wie fühlt es sich für einen Gorilla an, ein Gorilla zu sein? Was weiß ein Gorilla darüber, wie es sich anfühlt, ich zu sein? Wie lesen wir die Gedanken anderer? Mir dämmerte, dass hier die Antwort auf vieles von dem liegen konnte, was an der Evolution des Menschen so besonders war. Wir Menschen – und in geringerem Maße vielleicht auch Gorillas und Schimpansen – haben uns zu »natürlichen Psychologen« entwickelt. Die ermutigendsten, aber auch gefährlichsten Elemente unserer Umwelt sind andere Mitglieder unserer Spezies. Für unsere Vorfahren muss Erfolg von der Fähigkeit abhängig gewesen sein, sich in die Gedanken derer zu versetzen, mit denen sie zusammenlebten, ihr Verhalten vorherzusehen, vorwegzunehmen, wohin sie gehen würden, ihnen zu helfen, wenn es nötig war, und sie herauszufordern oder zu manipulieren. Dazu mussten sie Gehirne entwickeln, die eine Geschichte darüber liefern konnten, wie es sich innerlich anfühlt, eine andere Person zu sein.

Der betreffende Forscher war der junge Nicholas Humphrey – jener Psychologe, den wir weiter oben kennengelernt haben, als er die Undurchdringlichkeit des Denkens anderer beklagt hat. Doch hier, viele Jahre zuvor, als

28-jähriger stellvertretender Forschungsleiter der Fakultät für Tierverhalten in Cambridge, verscheucht er Insekten, kraucht in einer mit dem schweren Moschusgeruch von Gorillaschweiß beladenen Luft durch den Bergwald und macht sich zum ersten Mal klar, dass wir durchaus die einzige Spezies des Planeten (oder vielleicht sogar des ganzen Universums) sein könnten, die über die Frage nachdenken kann, was in den Köpfen anderer überhaupt vorgeht.[17]

In den folgenden Jahren wurden Wissenschaftler vor allem durch Humphrey daran erinnert, dass die religiös inspirierte Skala der Natur (oder die »große Kette des Seins«, die Tiere um Größenordnungen unterhalb des Menschen und den Menschen direkt unter den Engeln einordnete) durch die Logik Darwins zwar gründlich – und zu Recht – von ihrem Sockel gestoßen worden war. Doch damit, so Humphrey, sei keineswegs gesagt, dass es keine bedeutsamen, aus der Evolution hervorgegangenen psychologischen Unterschiede zwischen Menschen und anderen Tieren gebe. Es könne sehr wohl einen sehr großen Unterschied geben – die menschliche Fähigkeit, über das Denken anderer nachzudenken.

Bald sollten die amerikanischen Psychologen David Premack und Guy Woodruff dieser Frage als erste Experimentalforscher unter kontrollierten Laborbedingungen nachgehen. Ihr Aufsatz »Does the Chimpanzee Have a ›Theory of Mind‹?« aus dem Jahr 1978 trat eine Art Revolution in den kognitiven Sozialwissenschaften los. (Sie beantworteten ihre eigene Frage mit Ja, doch diese Antwort beruhte auf einer so fehlerhaften Studie, dass es kaum der Mühe wert ist, sie hier zu schildern.) Der recht fachsprachlich daherkommende Ausdruck »Theory of Mind« (im Deutschen auch als »Mentalisierung« bezeichnet) wurde von den Autoren so definiert:

> Ein solches System von Schlussfolgerungen kann durchaus als Theorie bezeichnet werden, weil [mentale] Zustände dieser Art nicht direkt beobachtbar sind und das System dazu verwendet werden kann, Vorhersagen über das Verhalten anderer zu treffen.[18]

Noch einmal: Gedanken können wir in keiner Weise sehen, fühlen oder wiegen; durch die Beobachtung des Verhaltens anderer können wir lediglich darauf schließen, dass es sie gibt. Demnach war Premacks und Woodruffs »Mentalisierung« einfach eine stärker formalisierte Version der ursprünglichen Ahnungen Humphreys draußen im einsamen afrikanischen Regenwald. Für unsere Zwecke können wir diese »Theory of Mind« sowohl als Synonym für Humphreys Konstrukt des »natürlichen Psychologen« wie auch für Dennetts eher philosophischen Ansatz einer »intentionalen Haltung« ansehen.

Mentalisierung ist vielleicht am besten zu begreifen, wenn man sich ansieht, wie wir uns bemühen, im bizarren oder unerwarteten Verhalten anderer einen Sinn zu entdecken. Im Supermarkt ist wohl jeder schon einmal einer bedauernswerten Frau begegnet, die ein nabelfreies Top trug und in lila Strumpfhosen verpackt war wie Fleisch in einer Wurstpelle, oder auch einem Mann, der den verlorenen Kampf um seine Haarfollikel mit einem um zwei Farbstufen abweichenden und um drei Zentimeter verrutschten Haarteil kaschiert hatte. Und wenn man sich dann gefragt hat, was um Himmels willen die Leute gedacht haben mögen, als sie sich im Spiegel sahen, war das ein gutes Zeichen dafür, dass die eigene »Theory of Mind« (ganz zu schweigen vom Sinn für Mode!) korrekt arbeitet. Wenn andere gegen unsere Erwartungen an normales Verhalten verstoßen oder uns mit überraschendem Benehmen verunsichern, beginnt unsere Neigung zum Gedankenlesen, auf Hochtouren zu kommen.

Welche evolutionäre Bedeutung dieses System des Gedankenlesens hat, hängt von einer ungeheuren Frage ab: Ist diese psychische Fähigkeit – das Mentalisieren, das Erkennen von Seelen, die unter der Haut schimmern, von Geistern, die hinter rollenden Augen zwinkern, von Gedanken im Geflimmer von Bewegungen –, ist das »die eine große Eigenschaft«, die uns schließlich verstehen lässt, was es bedeutet, Mensch zu sein? Werkzeuggebrauch können wir vergessen, Kultur muss uns gar nicht erst interessieren, und das gilt auch für Monogamie, Liebe, Spiel, Politik, Krieg und all die anderen Verhaltenskategorien, die man einst für ausschließlich menschlich gehalten hat. Leakeys Engel und andere Anthropologen haben diese Kandidaten einen nach dem anderen von der Liste der möglicherweise ausschließlich menschlichen Züge gestrichen. Ein herausragender Forscher, der holländische Primatologe Frans de Waal, kam durch seine hoch angesehenen Arbeiten über das Sozialverhalten der Schimpansen zu dem Fazit, dass die großen Affen sich »dem Menschen annäherten«.[19] Selbst unser alleiniger Anspruch auf die Sprache löste sich in Luft auf. Ein paar x-beliebige Tiere lernten angeblich die menschliche Zeichensprache – in genau kontrollierten Studien, in deren Verlauf man sie im Grunde wie Kinder aufgezogen hatte. Sue Savage-Rumbaugh von der Georgia State University – sie war maßgeblich an diesem Forschungsansatz beteiligt – erklärte Jahre später, sie sei dem Denken einer anderen Spezies begegnet (in diesem Fall gehörte es zu einem ihrer Bonobo-Schimpansen). Dabei habe sie entdeckt, dass es ebenso menschlich sei wie ihr eigenes: »Ich habe herausgefunden, dass es wie unseres ist. Ich habe herausgefunden, dass ›es‹ ich war!«[20]

Einige zurückhaltendere Wissenschaftler hatten jedoch Bedenken: Wenn wir einfach nur zu zeigen versuchten, wie menschlich andere Tiere seien, könnten wir am Ende etwas übersehen, was vielleicht ebenso wichtig sei. Könnte es nicht sein, entgegneten sie, dass menschliches Denken trotz dieser starken Verhaltensähnlichkeiten bei anderen Primaten im Hinblick auf das Gedankenlesen dennoch ganz anders arbeitet? Schließlich habe man in den kognitiven Neurowissenschaften beim Vergleich mit den Gehirnen anderer afrikanischer Affen herausgefunden, dass jene Gehirnregion, die beim Menschen vermutlich für das Nachdenken über das Denken anderer zuständig ist, erheblich größer ist und auf unserer Hirnrinde mehr Platz einnimmt. Dieses direkt hinter der Stirn liegende Areal wird präfrontaler Kortex genannt, und wie Studien mit funktioneller MRT nahelegen, beherbergt es neuronale Systeme, die der Mentalisierung gewidmet sind.

So sind die Menschen im letzten Jahrhundert durch Darwins Theorie zwar gezwungen worden, sich mit ihren eigenen, keineswegs herausragenden amöbenhaften Ursprüngen abzufinden, und neuere Untersuchungen haben gezeigt, wie viel wir mit anderen Tieren gemeinsam haben. Doch ein paar Wissenschaftler kamen allmählich auf den Gedanken, dass es vielleicht doch etwas – die Mentalisierung – geben müsse, was unsere Spezies wirklich einzigartig macht.

•

Ironischerweise befanden diese Gelehrten sich entschieden in der Minderheit. Der Wind hatte sich gedreht. Wer nun die Ansicht vertrat, Menschen seien »besonders«, verbreitete einen verdächtigen Hauch von Voreingenommenheit und wurde vom größeren Teil der wissenschaftlichen Gemeinschaft scheel angesehen. Viele meinten, sie seien entweder insgeheim religiös und hingen einer überholten Sicht der Natur an, oder, was schlimmer war, sie hätten die normalen Abläufe der Evolution durch natürliche Auslese einfach nicht »begriffen« – diese umfasste eine grundlegende Kontinuität der Funktionen und Formen bei Mitgliedern gemeinsamer Abstammungslinien. Hatte nicht Darwin selbst geschrieben, »dass die geistigen Kräfte der höheren Tiere [...] der Art nach dieselben sind wie die des Menschen, obschon sie dem Grade nach so verschieden sind«?[21]

Der Psychologe Roger Fouts von der Central Washington University war in den 1960er-Jahren an einigen der wegweisenden Arbeiten über Zeichensprache bei Schimpansen beteiligt gewesen. 2004 setzte er sich in einem Aufsatz in der Zeitschrift *Animal Law* für ein neues Gesetz ein, das die »trügerische« Artenschranke zwischen Menschen und großen Affen beseitigen sollte. Damit wäre Affen letztlich der rechtliche Status von Personen gewährt worden. Wenn wir die angesprochene Logik Darwins akzeptieren, schreibt Fouts, können wir endlich

> [...] die Tatsache akzeptieren, dass unsere Spezies nicht außerhalb der Natur existiert und dass wir keine Götter sind. Wir könnten die illusorische Überhöhung, Halbgötter zu sein, loswerden, doch diese neue Perspektive würde uns etwas Größeres bieten – die umfassende Erkenntnis unserer Stellung in diesem großen Orchester, das wir Natur nennen.[22]

Fouts ergeht sich in Schmähungen gegen die ungläubigen, kaltherzigen Wissenschaftler, die sich dazu hergegeben haben, mit der Annahme einer Einzigartigkeit des Menschen der menschlichen Überheblichkeit zu schmeicheln, »insbesondere jene des letzten Jahrhunderts«, die sich nicht damit entschuldigen konnten, nichts von Darwin gewusst zu haben. Diese Sichtweise, argumentiert er, »leitet sich aus unserem lange Zeit gültigen theologischen, politischen und metaphysischen Glauben über die Menschen ab«. Wie Fouts zugibt, war leider auch er einst wie diese frömmlerischen und irrgläubigen Wissenschaftler gewesen. Doch nachdem er Jahrzehnte damit zugebracht hatte, eine Schimpansin namens Washoe – man hatte sie als Jungtier in Afrika gefangen, nachdem ihre Mutter von Wilderern getötet worden war – hingebungsvoll aufzuziehen, zu studieren und sich mit ihr zu beschäftigen, sah er sich gezwungen, den harten Realitäten der darwinschen Kontinuität ins Auge zu sehen:

> Ich musste zugeben, dass ich aus der Ignoranz jener Zeit heraus an einem Forschungsprojekt beteiligt war, das mit einem Baby zu tun hatte, welches man seiner Mutter weggenommen hatte, und diese Mutter war getötet worden. Es war ein Projekt, das ein kleines Mädchen [damit ist Washoe gemeint] zu einem Leben verdammte, in dem es die Möglichkeiten, für die es geboren worden war, nie vollständig ausschöpfen konnte. Es war ein Projekt, das ein kleines Mädchen aus seiner Kultur und seiner Familie riss, wo es so viel hätte lernen und empfangen können. Es war ein Projekt, das es zu einem Leben im Gefängnis verurteilte, obwohl es nie ein Verbrechen begangen hatte… Ich muss die darwinsche Tatsache akzeptieren, dass Washoe nach jeder denkbaren Definition eine Person ist und dass die Schimpansengemeinschaft, aus der man sie gestohlen hat, ein Volk ist.[23]

Fouts Story ist sehr anrührend. Doch hat das, was er sagt, irgendeine wissenschaftliche Substanz? Vielleicht geht es ja eigentlich, könnte manch einer einwerfen, gar nicht um Hochmut und menschliche Arroganz oder um den kartesianischen Irrglauben von der Seele, die irgendwo in unsere Zirbeldrüse eingebettet ist, sondern vielmehr um biologische Vielfalt und die Möglichkeit, dass es tatsächlich natürliche psychologische Unterschiede zwischen Menschen und anderen Tieren gibt. Es geht nicht darum, ob andere Tiere wie etwa Schimpansen über bewusstes Denken verfügen oder ob sie Emotionen tief empfinden. Das bestreitet eigentlich niemand. Zumindest für jeden glaubwürdigen Wissenschaftler geht es sicherlich nicht darum, ob Menschen »besser« oder »weiter entwickelt« sind als andere Arten oder um ähnlich irrigen linearen Unsinn.

Als einzige wirklich große, zündende Frage bleibt nur, ob Tiere zu Mentalisierung fähig sind. Der Psycholinguist Derek Bickerton von der University of Hawaii meint, die massiven kognitiven Unterschiede zwischen unserer Spezies und anderen Tieren wären für alle klar ersichtlich, wenn diese Einstellung nicht politisch unkorrekt wäre und Wissenschaftler nicht in unfairer Weise als närrische kleine Männlein dargestellt würden, die in der Wahnvorstellung menschlicher Überlegenheit schwelgten. Er behauptet, es sei heutzutage schon problematisch, auch nur auf die Möglichkeit anzuspielen, Menschen seien einzigartig, weil das »irgendwo zwischen der Leugnung des Holocaust und der Zurückweisung globaler Erwärmung« liege.[24]

Aber schließlich ist in den vergangenen sechs Millionen Jahren eine Menge geschehen – so lange ist es etwa her, dass wir einen gemeinsamen Vorfahren mit den Schimpansen hatten. In dieser langen Zeitspanne sind – angefangen bei den haarigen Australopithecinen – ungefähr 20 menschliche Arten aufgetaucht und wieder verschwunden. Die Größe unseres Gehirns hat sich verdreifacht, wir wurden zu ausschreitenden Zweibeinern (die geschickt auf zwei Beinen gehen konnten); Schädel, Beckengürtel sowie Hände und Füße bauten sich in dramatischer Weise um. Diese Zeit reichte sicherlich auch aus, mithilfe der natürlichen Auslese mehr oder weniger einzigartige, auf dem Gehirn beruhende Eigenschaften aufzubauen – Eigenschaften, die vielleicht erklären könnten, weshalb unsere Spezies heute so grundlegend anders dasteht. Möglicherweise lässt sich die Mentalisierung am besten als psychische Anpassung des Menschen begreifen – nach dem Muster anderer in jüngster Zeit entwickelter physischer Züge wie den Spezialisierungen der Schädelform, der Hände und des Beckens.

Systematische Rekonstruktionen der vorliegenden menschlichen Fossilien und gewissenhafte Untersuchungen alter Siedlungsstätten haben die kognitiven Archäologen Frederick Coolidge und Thomas Wynn zu der Frage veranlasst, ob der Neandertaler überhaupt zur Mentalisierung fähig war. Wenn die Schimpansen auf dem evolutionären Stammbaum so etwas wie unsere fernen Cousins sind, so ist der Neandertaler gewissermaßen unser Zwillingsbruder. In *The Rise of* Homo Sapiens: *The Evolution of Modern Thinking* (2009) heben Coolidge und Wynn hervor, dass es einen verdächtigen Hinweis auf die Fähigkeit des Neandertalers zur Mentalisierung oder vielmehr deren Abwesenheit gibt – es ist die Tatsache, dass sie sich anscheinend nicht an jenem Ort versammelten, der für eine Konferenz des Denkens offenkundig am besten geeignet gewesen wäre:

> Neandertaler scharrten gelegentlich eine Grube für das Feuer aus, umlegten diese aber nur selten mit

> Steinen oder errichteten den Herd in einer bestimmten Art. Und die Herde wurden nicht in vorhersagbarer Weise mitten im Wohnbereich angelegt; tatsächlich wurden sie ziemlich zufällig eingerichtet ... Neandertaler scheinen nicht ums Feuer gesessen zu sein, um sich dort Geschichten zu erzählen oder Rituale abzuhalten, während sie das Feuer kräftig schürten und es als metaphorischen Mittelpunkt der sozialen Gruppe nutzten. Falls die Neandertaler die gemeinsame Aufmerksamkeit der Gruppe zu rein sozialen Zwecken nicht aufrechterhielten oder dazu nicht imstande waren, dann sah ihr Leben ganz anders aus als unseres.[25]

Einige Wissenschaftler glauben, die beim Menschen, nicht aber bei anderen lebenden Primaten zu beobachtende Evolution der Mentalisierung könne analog zur Evolution der Echoortung bei Fledertieren verlaufen sein: Das biologische Sonar zur Navigation und Jagd im Dunkeln findet sich bei einer der Hauptunterordnungen der Fledermäuse (den *Microchiroptera* oder Kleinfledermäusen), ist aber bei der anderen (den *Megachiroptera* oder Flughunden) fast nicht anzutreffen. Und niemand hat diese Linie der Einzigartigkeit des Menschen konsequenter verfolgt als Daniel Povinelli, ein charismatischer, aber streitlustiger Forscher aus Louisiana. Er betrat die Szene, als er Anfang der 1990er-Jahre mitten in den Sümpfen des Cajun Country (ein Gebiet mit Bewohnern vorwiegend französischer Abstammung) sein eigenes Schimpansen-Forschungszentrum einrichtete. Povinelli, damals ein beeindruckender junger Anthropologe, der kurz zuvor seinen Doktortitel in Yale erworben und seine Fähigkeiten in der Diskussionsgruppe der Hochschule geschärft hatte, störte sich an dem seiner Ansicht nach irreführenden Denkansatz bei komparativen Psychologen. In diesen Kreisen kehrte man die natürlichen Unterschiede zwischen Menschen und anderen Tieren unter den Teppich, während Forscher sich stattdessen darauf konzentrierten, »den Abstand« zwischen unseren Denkweisen »zu verringern«. »Wenn wir besser verstehen wollen, wie Menschen und Schimpansen sich im Verhalten so ähneln können«, schrieb Povinelli einmal in der ihm eigenen streitbaren Art, »und sich in den psychischen Funktionen doch so dramatisch unterscheiden, müssen wir die visuelle Rhetorik der Dokumentationen von *National Geographic* aufgeben.«[26] Anders gesagt: Auch wenn die Vermenschlichung anderer Tiere immer mehr in Mode kam und die Öffentlichkeit weitgehend dazu übergegangen war, Wissenschaftlern zu misstrauen, die Menschen für etwas »Besonderes« hielten, brachte uns diese Weigerung, sich eher auf Unterschiede als auf Ähnlichkeiten zwischen Menschen und anderen Tieren einzustellen, keinerlei Vorteile für das Verständnis der menschlichen Natur.

Einer der zentralen Sündenfälle, die Povinelli herausheben wollte, war die dichterische Freiheit, die viele Forscher sich herausnahmen, wenn sie das Verhalten wild lebender Tiere interpretierten. Und im Gegensatz zu dem, was Forscher wie Fouts uns glauben machen wollten, wies er darauf hin, dass Schimpansen nicht bloß haarige, reduzierte kleine Menschen sind. Wie Povinelli ausführte, verhalten Schimpansen sich selbstverständlich ähnlich wie wir, da wir ja tatsächlich einen relativ kurz zurückliegenden Vorfahren sowie 98,4 Prozent unserer DNS mit ihnen gemeinsam haben. Doch weil wir ihr Verhalten zwangsläufig durch die Brille unserer eigenen Mentalisierung betrachten und interpretieren, sehen wir da vielleicht mehr, als tatsächlich vorhanden ist. (Nach

Povinellis Überzeugung entwickelte sich diese Mentalisierung, *nachdem* aus diesem gemeinsamen Vorfahren zwei getrennte Abstammungslinien hervorgegangen waren, von denen eine zu unserer eigenen Art führte, die andere zu den heutigen Schimpansen.) Möglicherweise lesen wir einfach etwas in ihr Verhalten hinein, indem wir unsere eigene Psyche auf ihre projizieren.

Herauszufinden, ob ein Schimpanse sich Gedanken über das Denken anderer macht, stellt die Forschung indessen vor ein ziemlich vertracktes Problem. Povinelli fand jedoch einige brillante Ansätze, es anzugehen. In einer berühmten Versuchsreihe (sie wurde 1996 unter dem Titel *What Young Chimpanzees Know about Seeing* als Monografie veröffentlicht) trainierte Povinelli seine aus sieben Affen bestehende Gruppe etwa darauf, nacheinander ins Labor zu kommen und mit dem Arm durch eine Öffnung in einer Trennwand aus Plexiglas zu greifen. So baten sie einen von zwei anwesenden Versuchsleitern um eine Belohnung in Form von Futter. Es waren zwei Öffnungen vorhanden – je eine vor jedem der beiden Experimentatoren. Wenn die Schimpansen den Arm nach Person A ausstreckten, wurde ihnen der Leckerbissen von A überreicht, entsprechend verhielt es sich mit B. Allerdings konnten die Schimpansen sich nur einmal zwischen einem der beiden Experimentatoren entscheiden. Dann begann der nächste Versuchsschritt – der nachfolgende Schimpanse hatte seine eigene Auswahl zu treffen.

Nachdem die Tiere begriffen hatten, worauf es bei dem einfachen Spiel ankam, begann das eigentliche Experiment. Bei unveränderten Regeln – wieder durch eine der Öffnungen greifen, um diese Person zu veranlassen, einem den Leckerbissen zu verschaffen – sah der Schimpanse, wenn er jetzt das Labor betrat, dass einer der beiden Experimentatoren eine Augenbinde trug oder ihm den Rücken zukehrte, die Augen geschlossen hielt oder sogar einen Eimer über den Kopf gestülpt hatte. Der andere Experimentator dagegen hielt die Augen weit offen und sah den Schimpansen aufmerksam an.

Wenn jemand meint, selbst wie ein Experimentalpsychologe zu denken, dann sollte ihm der Zweck der Studie an dieser Stelle klar sein. Povinelli stellte die Hypothese auf, dass Schimpansen, wenn sie über die Fähigkeit zur Mentalisierung verfügten, ganz klar die Person bevorzugen sollten, die sie sehen konnte. Schließlich würde der Schimpanse, wenn er sich für den Experimentator ohne Sicht entschiede, keine Belohnung erhalten, weil diese Person – außerstande, die Geste des Schimpansen zu sehen – unmöglich *wissen* konnte, dass sie gewählt worden war. Der Witz dabei ist, dass das Tier, um eine falsche Wahl zu vermeiden, die Perspektive dieser Person einnehmen oder ihr zumindest den mentalen Zustand »sieht nichts« zuweisen muss.

Povinelli und sein Mitautor Timothy Eddy überraschten fast alle, als sie herausfanden, dass die Schimpansen nicht imstande waren, einen der beiden Experimentatoren zu bevorzugen.[27] Dagegen zeigten selbst zweijährige Kinder in einem ähnlichen Spiel eine deutliche Präferenz für die sehende Person. Es folgten weitere, sowohl von Povinelli als auch anderen klug ausgedachte Studien. Sie alle belegten die Annahme, dass Schimpansen am Ende doch nicht genauso sind wie wir – im Gegensatz zu der Überzeugung, zu der uns die »visuelle Rhetorik« dieser im Sinne Goodalls gedrehten Dokumentationen gebracht hatte. Insbesondere fehlt den Tieren die Fähigkeit zur Mentalisierung, und sie können nicht darüber nachdenken, was andere sehen, wissen, fühlen, glauben oder beabsichtigen.

Zusammen mit Povinellis eindringlichen Argumenten

für die Einzigartigkeit des Menschen überzeugten diese Studien damals viele Leute, doch mit Sicherheit nicht alle. Tatsächlich drehte sich der Wind schon bald erneut, und genau wie jene, die Povinelli zuvor kritisiert hatte, sah er sich nun selbst schonungsloser Kritik ausgesetzt. Die »Theoretiker einer darwinschen Kontinuität« schlugen auf ihn ein, weil er sich dieser so komplexen Frage mit seinen gekünstelten Labormethoden genähert hatte – von den Schimpansen war verlangt worden, sich über die mentalen Gegebenheiten von Menschen anstatt über die ihrer Artgenossen Gedanken zu machen. Und da war, wie andere anmerkten, noch nicht einmal berücksichtigt, dass Povinellis Affen in Louisiana in Käfigen aus Beton und Stahl aufgezogen worden waren und deshalb kaum als die besten und cleversten ihrer Spezies anzusehen waren. Sie seien in dieser Hinsicht nicht einmal für ihre Art repräsentativ gewesen, da ihr kognitives Potenzial unter derart kärglichen und eingeschränkten Bedingungen wahrscheinlich verkümmert gewesen sei. Der deutsche Primatologe Christoph Boesch vergleicht das mit der »Ignoranz gegenüber der Biologie«, die man in einer durchschnittlichen Gruppe biederer westlicher Vorstädter wahrscheinlich vorfinden würde, weil ihr Wissen über die Welt der Natur nicht unter dem Dach des Dschungels aufgeblüht sei. Ihre natürliche Fähigkeit, ein solches biologisches Verständnis zu erwerben, werde vielmehr durch endlose Wüsten von Einkaufspassagen, Giebelhäusern und Starbucks beeinträchtigt. Im *Journal of Comparative Psychology* postuliert Boesch:

> [Schimpansen] benötigen im Verlauf des Heranwachsens eine Phase, in der sie mit Bedingungen konfrontiert werden, die sie herausfordern, auf Erfahrung beruhende Fähigkeiten zu entwickeln … Werden

> diese Umstände nie oder selten angetroffen, bleiben [solche] Fähigkeiten aus oder bilden sich nur teilweise aus ... Was man als »Vergleiche zwischen Menschen und Schimpansen« ausgegeben hat, waren eigentlich »Vergleiche zwischen Menschen aus der *westlichen Mittelklasse* mit *gefangenen* Schimpansen«.[28]

Tatsächlich berichtete ein anderes Forscherteam (geleitet von den Psychologen Michael Tomasello und Josep Call am Leipziger Max-Planck-Institut für evolutionäre Anthropologie), dass ihre Schimpansen einen gewissen Grad von Mentalisierung zeigten – besonders wenn sie mit anderen Schimpansen um Futter konkurrierten. In einer weithin beachteten Studie von 2000, die in Leipzig durchgeführt und von einem ihrer Kollegen, dem Psychologen Brian Hare von der Duke University, geleitet wurde, teilte man Schimpansen in Zweiergruppen auf. Jeweils einer von beiden war (auf der Grundlage vorhergehender Konkurrenzspiele) eindeutig als dominant in seiner Gruppe erkannt worden, der andere eindeutig als untergeordnet. Die zwei Tiere waren in einander gegenüberliegenden Käfigen untergebracht, zwischen denen ein leerer Käfig lag. Ein Experimentator beköderte diesen zentralen Bereich mit einer begehrten Belohnung in Form von Futter. Beispielsweise legte der Experimentator das Futter so hinter eine große Reifenschaukel auf der Seite des untergeordneten Tieres, dass der dominante Affe es nicht sehen konnte. In einigen Fällen wurde die Beköderung durchgeführt, während das dominante Tier nicht in seinem Käfig war; in anderen Fällen sahen beide, wie der Experimentator das begehrte Futter ablegte.

Nachdem die Leckerbissen abgelegt waren, wurde der zentrale Bereich geöffnet; die Schimpansen wurden beobachtet. Falls das rangniedrige Tier, so eine der Hauptthesen der Studie, begriff, dass das dominante Tier, wenn es die Belohnung *nicht* sah, auch nicht *wusste*, wo sie sich befand, dann würde der rangniedrige Affe das Versteck nicht dadurch preisgeben, dass er die Aufmerksamkeit des dominanten Tiers auf diese Stelle lenkte. (Denn wenn er es tat, würde der dominante Artgenosse sicherlich angerannt kommen und dem Unterlegenen die verborgene Köstlichkeit gewaltsam abnehmen.) Und tatsächlich fanden Hare und seine Mitautoren genau diesen Effekt. Unter den geschilderten Bedingungen verhielt sich das rangniedrige Tier, als wüsste es nichts von irgendwelchem Futter, und wartete, bis der Überlegene das Feld geräumt hatte, ehe es seine Beute einsammelte.[29]

Wegen dieser Befunde drückten Call und Tomasello gegenüber Povinelli und anderen »skeptischen Kritikastern« einer nichtmenschlichen Mentalisierung kürzlich ihre Missbilligung aus: »Es ist an der Zeit, dass die Menschen sich von der Idee verabschieden, ihre nächsten Primatenverwandten würden nur offenkundiges Verhalten lesen und darauf reagieren.«[30] Doch Povinelli versuchte, Hares Ergebnisse zu wiederholen, was ihm nicht gelang. Deshalb ist er nach wie vor nicht bereit, zu bereuen und seine Überzeugung zu ändern. Stattdessen bringt er vor, alle sozialen Interaktionen von Schimpansen seien immer noch zu verstehen, ohne dass man eine Mentalisierung als Interpretation heranziehen müsse. Er behauptet, wir würden nur durch unsere eigene Mentalisierung geblendet, die unseren Blick auf die Psychologie anderer Tiere überlagert.

Es scheint, als würde diese Debatte nicht so schnell beigelegt werden. In einem seiner jüngsten Kommentare zu diesem Thema, einem in *Philosophical Transactions of the Royal Society* veröffentlichten Positionspapier, wählt Povinelli mit seinem Koautor Derek Penn den provokanten

Titel: »On the Lack of Evidence that Non-human Animals Possess Anything Remotely Resembling a ›Theory of Mind‹.«* (Einige vergleichende Psychologen meinen, der beste Beweis lasse sich nicht bei Schimpansen, sondern eher bei Hunden, Delfinen oder sogar Buschhähern finden.)

Trotz dieser Pattsituation bestreitet selbst der standhafteste Kontinuitätstheoretiker nicht, dass es – abgesehen von der möglichen und begründeten Ausnahme einiger anderer Spezies der großen Affen – in der Tat keinen eindeutigen Beweis dafür gibt, dass neben uns noch irgendeine Primatenspezies »auch nur annähernd über so etwas wie Mentalisierung verfügt«.[31] Die Jury hat sich zwar noch nicht geeinigt, ob wir mit der Fähigkeit, uns nicht beobachtbare mentale Zustände vorzustellen, *absolut* einzigartig sind – Schimpansen mögen ja durchaus über einen bestimmten *Grad* der Mentalisierung verfügen, der sich nur mit sehr empfindlichen Versuchen einfangen lässt. Doch es steht völlig außer Frage, dass wir im gesamten Tierreich unvergleichlich gut darin sind. Wir sind ganz hervorragend auf die nicht sichtbare Welt der Psyche eingestellt. Mentalisierung ist ein ebenso spezielles Markenzeichen unserer Spezies wie der aufrechte Gang auf zwei Beinen, das Erlernen einer Sprache und die Versorgung der Nachkommen bis ins zweite Lebensjahrzehnt.

•

* Über die fehlenden Beweise, dass nichtmenschliche Tiere auch nur annähernd über so etwas wie »Mentalisierung« verfügen. – Anm. d. Ü.

Sobald wir die intentionale Haltung übernehmen, können wir sie im Grunde nicht mehr abschalten. Wenn ich meinen Arm ausstrecke, bei gekrümmten übrigen Fingern den Zeigefinger ausfahre und zum Himmel zeige, während die Augen irgendeinen Punkt am Ende einer unsichtbaren Linie fixieren, wird diese Aktion fast unweigerlich von jedem als kommunikativer Akt wahrgenommen werden. Vielleicht versuche ich ja, die *Aufmerksamkeit* des anderen beispielsweise auf die große Möwe zu lenken, die sich anschickt, ihr Gedärm auf dessen kurz zuvor shampoonierte Frisur zu entleeren, oder auf den Heißluftballon, der führerlos aufs offene Meer hinaustrudelt. Selbst wenn ich jemanden ermahnen würde, diese Abfolge konkreten Verhaltens nicht in dieser Weise zu deuten, sondern in den Handlungen nur zu sehen, wie Arm und Hand sowie meine Augen sich in typischer Weise bewegen, würde sein Gehirn sich weigern, diese Anweisung zu befolgen – er würde sich umdrehen wollen, um zu sehen, was ich sehe. Wie jeder gute Zauberkünstler weiß, ist Zeigen ein äußerst effektives Mittel, die Aufmerksamkeit des Publikums in unverdächtiger Weise abzulenken.

Als Mensch ist man sogar geneigt, diese Mentalisierung auf Kategorien auszudehnen, bei denen sie eigentlich nichts zu suchen hat. Viele erinnern sich mit Vergnügen an den Filmklassiker *Le ballon rouge* (*Der rote Ballon*, 1956) des französischen Regisseurs Albert Lamorisse. Dort schließt ein sensibler Schuljunge – in Wirklichkeit handelt es sich um Lamorisses' fünfjährigen Sohn Pascal – Freundschaft mit einem gutmütigen, kirschroten Heliumballon. Fast ohne Dialoge folgt die Kamera dem fröhlichen Paar – Junge und Ballon – durch die düsteren Straßen des Arbeiterviertels Ménilmontant in Paris. Der glänzende Ballon bildet einen scharfen Kontrast zu der trostlosen Stimmung des alten Europa, während Erwachsene, die gar nicht merken, dass da ein unbelebter Gegenstand scheinbar von einem intelligenten Gas beseelt ist, weitgehend gleichgültig oder gar feindselig auf das Paar reagieren. Schließlich wird der Junge von einem Mob grausamer Kinder in die Enge getrieben; sie fangen an, den »gutherzigen« Ballon mit Steinen zu bewerfen, bis er schließlich platzt. Trotzdem gibt es eine Art Happy End: Der lächelnde Knabe wird von den anderen Heliumseelen Ménilmontants zu einem unbekannten Ziel davongetragen – es sind sympathische Ballons, die (wie wir nur vermuten können) vom »Tod« ihres verfolgten roten Bruders dazu inspiriert worden sind, sich von ihren herzlosen Häschern loszureißen und Pascal zu retten.

Die Story von *Der rote Ballon* führt beispielhaft vor, wie unsere durch die Evolution geformten Gehirne zu überaus sozialen Filtern geworden sind: Unsere »Theorie des Denkens bei anderen«, die Mentalisierung, bezieht sich nicht nur auf das mentale Innenleben anderer Menschen und Tiere, sondern irrigerweise auch auf Kategorien, die über keinerlei mentales Innenleben verfügen – etwa auf von einem reaktionsträgen Gas gedehnte, überschwängliche Gummihäute. Ohne die Fähigkeit zur Mentalisierung könnten wir der Ausgangsbedingung des Films nicht folgen, und noch viel weniger könnten wir uns an Lamorisses' ganz besonderem Werk des magischen Realismus erfreuen. Als der Ballon außerhalb von Pascals Wohnung schwebt, nachdem die Großmutter versucht hat, sich dieses Ärgernisses zu entledigen, erkennen wir in dem Ballon eine charismatische Persönlichkeit, die bei dem Jungen sein »möchte« und »versucht«, sich gegen die Fensterscheiben zu drücken; er »sieht« Pascal und »weiß«, er ist im Haus. Unsere Fähigkeit zur Mentalisierung wird unter solchen Umständen so mühelos angewandt, dass es unmöglich wird, die Szene irgendwie anders zu sehen. Einer der Gründe, weshalb der Film so gut funktioniert, dürfte in der Tat darin liegen, dass die Hauptfigur, der kleine Junge, wirklich glaubte, der Ballon sei lebendig. »Der rote Ballon war mein Freund«, erinnerte sich ein viel älter gewordener Pascal Lamorisse 2007 in einem Interview. »Haben Sie das während der Dreharbeiten tatsächlich so erlebt?«, fragte der Reporter. »Ja, ja, es war eine echte Person mit eigenem Geist.«[32]

Als direkte Folge der Evolution des sozialen menschlichen Gehirns und wegen der schwerwiegenden selektiven Bedeutung unserer Fähigkeiten zur Mentalisierung können wir manchmal gar nicht anders, als Absichten, Wünsche und Überzeugungen in Dingen zu sehen, bei denen auch nicht das kleinste Fitzelchen eines neuronalen Systems vorhanden ist. Folglich können sie die psychischen Zustände, die wir wahrnehmen – wie im Fall des roten Ballons –, gar nicht hervorbringen. Vor allem dann, wenn unbelebte Gegenstände unerwartete Dinge tun, denken wir gelegentlich so über sie, wie wir das bei Menschen machen, die sich abseitig oder schlecht benehmen. Wie viele mögen wohl ihr defektes, »unzuverlässiges« Vehikel in die Seite getreten oder ihren »unfähigen« Computer verbal beleidigt haben? Die meisten gehen nicht so weit, diesen Gegenständen mentale Zustände zuzuschreiben – man würde uns ja tatsächlich in eine geschlossene Anstalt schleppen, wenn wir wirklich glauben würden, sie hegten uns gegenüber böse Absichten. Doch unsere Emotionen und unser Verhalten gegenüber solchen Objekten scheinen unser primitives, unbewusstes Denken zu verraten: Wir handeln, als wären sie für ihre Aktionen moralisch verantwortlich.

Manche Entwicklungspsychologen glauben sogar, man könne diesen kognitiven Hang, in unbelebten Gegenständen Absichten zu erkennen – was einer sehr grundlegenden Mentalisierung gleichkäme –, schon bei Babys finden, die erst wenige Monate auf der Welt sind. So haben die ungarischen Psychologen György Gergely und Gergely Csibra von der Central European University Budapest in einer Arbeit gezeigt, dass Säuglinge (gemessen an der Fixierung des Blickes) überrascht reagieren, wenn ein Punkt auf dem Computerbildschirm weiterhin von einer mittlerweile leeren Position zurückprallt, von der man die vorher vorhandene, vom Rechner erzeugte Barriere entfernt hat. Es sieht so aus, als würde das Baby den Punkt anstarren, weil es herausfinden will, warum der Punkt sich verhält, als würde er »glauben«, die Barriere sei noch da. Dagegen reagieren die Kinder nicht überrascht – sie starren also nicht verblüfft –, wenn der Punkt vor dem Hindernis anhält oder seinen Weg fortsetzt, wenn die Barriere fehlt.[33]

Das berühmteste Beispiel für dieses kognitive Phänomen, in unbelebten Objekten geistige Aktivität zu sehen, ist jedoch eine Studie, die die österreichischen Forscher Fritz Heider und Marianne Simmel 1944 im *American Journal of Psychology* veröffentlicht haben. In dieser sehr frühen Untersuchung erstellten die Wissenschaftler einen simplen Animationsfilm, der drei bewegte schwarz-weiße Figuren zeigt: ein großes Dreieck, ein kleines Dreieck und einen kleinen Kreis. Die Probanden sahen den über den Bildschirm bewegten Figuren eine Weile zu, dann bat man sie, das eben Gesehene zu schildern. Die meisten verwendeten dafür eine Erzählung über menschliches Sozialverhalten – so sahen sie etwa, dass das große Dreieck das »schüchterne« kleine Dreieck drangsalierte, wobei »beide« sich um die »Zuneigung« des »weiblichen« Kreises »bemühten«.[34]

•

Die Fähigkeit zur Mentalisierung nützte unseren Vorfahren also anscheinend sehr viel, wenn es darum ging, das Verhalten anderer zu erklären und vorherzusagen. Deshalb hat sie unsere evolutionär entstandenen sozialen Gehirne vollkommen durchdrungen, was heute zu der Übertreibung führt, dass wir auch Dingen, die absolut geistlos sind, einen mentalen Status zuweisen. All das bringt uns einigermaßen zwangsläufig zu einer sehr wichtigen Frage – sie katapultiert uns in eine offizielle Untersuchung, die sich durch das ganze Buch ziehen wird. Was wäre, wenn ich sagte, dass auch die mentalen Zustände Gottes allein im Denken jedes Einzelnen vorhanden sind? Dass Gott – wie ein winziger, am Rand der Hornhaut des Auges schwebender Fleck, der das Bild eines verschwommenen, unerreichbaren Sternchens erzeugt, das jede Bewegung mitmacht – in Wahrheit eine psychische Illusion ist, eine Art evolutionär entstandener Fehler, der sich ins Zentrum der kognitiven Hirnsubstanz eingeätzt hat? Vielleicht fühlt es sich ja an, als sei da draußen etwas, das größer ist ... etwas, das beobachtet, weiß, sich kümmert. Möglicherweise sogar Urteile fällt. In Wahrheit aber ist es nur unsere überaktive Mentalisierung. Eigentlich ist da nichts als die Luft, die wir atmen.

Denn ist Gott nicht letzten Endes – sobald wir all den theologischen Nippes abstreifen und das exotische, kulturübergreifende Gefieder merkwürdiger religiöser Überzeugungen überall auf der Welt ausrupfen, sobald wir also zum innersten Wesen Gottes gelangen – auch nur eine weitere Psyche mit Gefühlen, Überzeugungen, Wissen, Verständnis und vielleicht vor allem mit Absichten? Spielen Theologen nicht einfach nur die Rolle als Übersetzer Gottes, und ist jede je verfasste heilige Schrift nicht lediglich eine ausführliche Psychoanalyse

Gottes? Dieses merkwürdig heikle Gefühl, Gott habe uns »mit Absicht« als Individuen erschaffen, »wünsche«, dass wir uns in bestimmter Weise verhalten, »beobachte« uns und »wisse« um unsere ansonsten privaten Handlungen, »vermittle« uns als Naturereignisse verschlüsselte Botschaften und »beabsichtige«, uns nach unserem Tod zu treffen – dieses Gefühl dürften auch unsere Vorfahren im Pleistozän in irgendeiner Form empfunden haben.

Man sollte sich kurz vor Augen führen, was es heißt, wenn man sich Gott so vorstellt – eher als eine Art Kratzer auf unseren psychischen Linsen und nicht als die rätselhafte Gestalt draußen in den himmlischen Welten, die er nach Überzeugung der meisten Menschen ist. Subjektiv wäre Gott in unserem Leben weiterhin präsent (manche wären davon eher unangenehm berührt). Aus dieser Sicht würde er unsere Erfahrungen immer noch mit einer schwer fassbaren Bedeutung durchdringen und das Gefühl vermitteln, das Universum kommuniziere auf vielfältige Weise mit uns. Doch diese Vorstellung von Gott als Illusion ist eine radikale und für manche wohl gefährliche Idee, weil sie entscheidende Fragen darüber aufwirft, ob Gott ein autonom und unabhängig Handelnder ist, der außerhalb menschlicher Gehirnzellen lebt, oder eher ein Phantom, das von unserer durch eine spezielle Evolution entstandenen Mentalisierung hinaus in die Welt gestoßen wurde.

Das menschliche Gehirn ist wie jedes Körperorgan ein Ergebnis der Evolution, und die natürliche Auslese läuft ohne Rückgriff auf intelligente Vorausplanung ab. Folglich hat unser mentaler Apparat sich dazu entwickelt, über Gott nachzudenken, ohne dass es deswegen nötig gewesen wäre, Letzteren zu konsultieren oder ihn gar für real zu halten. Andererseits kann die Möglichkeit nie ausgeschlossen werden, dass Gott die Evolution des menschlichen Gehirns in einer Weise feingesteuert hat, die es uns erlaubt, ihn klarer zu sehen – in einer Art göttlicher Laseroperation oder durch die Entfernung des tierischen Schimmers, der die Psyche anderer Tiere umwölkt.

Wie dem auch sei – wenn wir gleich über die großen Lebensfragen nachdenken, werden wir herausfinden, wie tief diese eine kognitive Fähigkeit zur Mentalisierung sich in unseren Köpfen verankert hat. Im Gegensatz zu allen in der Wissenschaft bewanderten Generationen vor uns verfügen wir inzwischen über die geistigen Werkzeuge, unsere eigene Psyche in Aktion zu beobachten und zu verstehen, wie Gott dorthin gelangt ist. Und es ist allein an uns, diese Frage zu stellen: »Hat uns die einzigartige kognitive Evolution unserer Spezies dazu überlistet, an diese allergrößte Psyche zu glauben?«

Ein Leben ohne Sinn und Zweck

Zum großen Ärger jener getreuen Anhänger der Evolutionslehre, die gerne glauben, die Anziehungskraft Gottes insgesamt losgeworden zu sein, war Charles Darwin, der Vater der Evolutionstheorie, keineswegs der wissenschaftliche Vollblutatheist, als der er oft dargestellt wird. Bei seinen Bemühungen, die Natur ohne Gott in Begriffe zu fassen, stolperte Darwin wiederholt über ein entscheidendes psychologisches Hindernis. Seine Schriften verweisen auf einen mysteriösen Schöpfer, der den Mechanismus der natürlichen Selektion bewusst in Gang gesetzt hatte. In seiner Autobiografie von 1876 liefert Darwin mehr als nur eine Anspielung auf diese göttlichen Neigungen. Während er *Über den Ursprung der Arten* (1859) schrieb, habe er, so räumt er ein, den Grund für den Glauben an die Existenz Gottes gefunden. Der ergebe sich

> [...] aus der extremen Schwierigkeit oder eigentlich Unmöglichkeit, sich vorzustellen, dieses gewaltige, wunderbare Universum einschließlich des Menschen mitsamt seiner Fähigkeit, weit zurück in die Vergangenheit und weit voraus in die Zukunft zu blicken, sei nur das Ergebnis blinden Zufalls oder blinder Notwendigkeit. Wenn ich darüber nachdenke, sehe ich mich gezwungen, auf eine Erste Ursache zu

zählen, die einen denkenden Geist hat, gewissermaßen dem menschlichen Geist analog; und ich sollte mich wohl einen Theisten nennen.[1]

Angesichts dieser Schilderung und im Wissen um seine anderen Ideen wäre es angemessen, Darwin als »Deisten« zu bezeichnen – als jemanden, der glaubt, ein intelligenter Gott habe die Welt erschaffen, übe aber keinen Einfluss auf Naturerscheinungen aus. Darwin wusste jedoch nichts über die »Theory of Mind«, die Fähigkeit zur Mentalisierung. Es sollte noch ein weiteres Jahrhundert vergehen, ehe die Forscher, denen wir im vorigen Kapitel begegnet sind, erstmals die Mentalisierung als evolutionär entstandene kognitive Fähigkeit ausmachten – als eine psychische Spezialisierung des menschlichen Gehirns. Doch Darwins Unfähigkeit, solche Ursprünge ohne schöpferischen Geist begrifflich zu fassen, muss nicht der unumstößlichen Wahrheit irgendeiner intelligenten Ersten Ursache geschuldet sein. Könnte sie nicht ebenso gut den verzerrenden Kräften des aus der Evolution stammenden kognitiven Apparats zu verdanken sein, durch den er das Universum wahrnahm – seiner eigenen Mentalisierung? Das heißt, vielleicht kamen ihm Himmel und Erde einschließlich der menschlichen Existenz lediglich durch die Linse seiner persönlichen Psyche zweckmäßig und bedeutungsvoll vor – als Ergebnis eines intelligenten Entwurfs.

•

Seltsamerweise war es ein nicht gerade evolutionär gesinnter Denker, der einer Erklärung für die unübertreffliche Neigung unserer Spezies, sich über Gottes schöpferische Absichten Gedanken zu machen, näher kam, als

Darwin es je vermocht hatte. Direkt hinter der alten Steinmauer, die den Friedhof von Montparnasse in Paris umschließt, liegen nicht weit vom Haupteingang die sterblichen Überreste von Jean-Paul Sartre und seiner langjährigen Lebensgefährtin Simone de Beauvoir. Hier unter diesem verdächtig schlichten Grabstein kann das berühmte Duo die vielen Trauernden nicht sehen, die täglich durch Regen und Schnee trotten oder ihre Augen gegen die starke französische Sonne schützen, um Blumen, Visitenkarten und natürlich Zigaretten am Grab niederzulegen – denen Sartre in einer unverfrorenen Sucht verfallen war.

Für einen erheblichen Zeitraum des 20. Jahrhunderts bestritt das umgängliche Genie – ein sehr produktiver Philosoph, Autor und Stückeschreiber – seinen Lebensunterhalt als der berüchtigtste (und vermutlich am meisten geliebte) Atheist der Welt. Sartre war wahrhaftig ein Intellektueller der Öffentlichkeit. Als er 1980 im Alter von 74 Jahren starb, drängten sich Tausende auf den ohnehin verstopften Straßen des 14. Arrondissements in Paris, um in einem zweistündigen Trauermarsch von der Klinik, in der er gestorben war, seinem Sarg das letzte Geleit zu geben. Simone de Beauvoir, die Sartre liebevoll »Castor« (Biber oder Biberpelz) nannte, war selbst eine führende Intellektuelle, die von vielen noch immer als die große Dame des modernen Feminismus angesehen wird.

In seiner Autobiografie *Die Wörter* (1964) schildert Sartre, wie er angeblich schon als kleines Kind von Gott abgefallen ist:

> Ein einziges Mal hatte ich das Gefühl, es gäbe Ihn. Ich hatte mit Streichhölzern gespielt und einen kleinen Teppich versengt; ich war im Begriff, meine Untat zu

vertuschen, als plötzlich Gott mich sah. Ich fühlte Seinen Blick im Inneren meines Kopfes und auf meinen Händen; ich drehte mich im Badezimmer bald hierhin, bald dorthin, grauenhaft sichtbar, eine lebende Zielscheibe. Mich rettete meine Wut: Ich wurde furchtbar böse wegen dieser dreisten Taktlosigkeit, ich fluchte, ich gebrauchte alle Flüche meines Großvaters. Gott sah mich seitdem nie wieder an.[2]

Wenn wir Sartres autobiografischen Überlegungen glauben, besaß er eine sehr frühreife und unbeirrbare atheistische Weltanschauung. Tatsächlich verwarf er Gott etwa um die Zeit, in der seine Klassenkameraden gerade die Grundrechenarten erlernten.[3] Und am meisten missfiel Sartre an Gott letztlich die lähmende Feststellung, dass Gott den Menschen für seine eigenen selbstsüchtigen Zwecke geschaffen hatte. Später polemisierte Sartre gegen die ansteckende Selbstgefälligkeit der Mittelklasse, welche die irrige Prämisse als Tatsache hinnahm, wonach Gott den Einzelnen in Hinblick auf einen bestimmten Zweck erschaffe, womit er ihn auf eine spezielle Funktion – oder nach Sartres Ansicht eine Beschwernis – im Leben eingrenzte.

Bei einem Vortrag im Pariser Club Maintenant stellte Sartre 1945 erstmals die folgende nützliche Metapher für seine laizistische Vorstellung eines Schöpfergottes vor, die er noch oft wiederholen sollte:

Wenn wir einen Schöpfergott annehmen, so wird dieser Gott meistens einem höherstehenden Handwerker angeglichen; und was für eine theologische Lehre wir auch betrachten [...] wir räumen immer ein, dass der Wille mehr oder weniger dem Verstand

> folgt oder ihn wenigstens begleitet und dass Gott, wenn er schafft, genau weiß, was er schafft. [...] Demnach ist der Begriff Mensch im Geiste Gottes dem Begriff Papiermesser im Geiste des Handwerkers anzugleichen, und Gott erzeugt den Menschen nach Techniken und einem Begriff, genau wie der Handwerker ein Papiermesser nach einer Definition und einer Technik anfertigt. So verwirklicht der individuelle Mensch einen bestimmten Begriff, der im göttlichen Verstande ist.[4]

Das ist Unsinn, sagte Sartre. In Wirklichkeit kommen wir einfach als Individuen in die Existenz, so wie Tropfen von Kondenswasser an einem Wasserglas oder Schimmelsporen auf altem Brot erscheinen. Und wenn es, wie Sartre glaubte, keinen Gott gibt, dann ist metaphysische Bedeutung – in Bezug auf den Daseinsgrund des Individuums ebenso wie auf das Leben an sich – ein Trugbild. Doch Sartre warnt uns, nicht in die christliche Falle zu stolpern und wegen dieser bestürzenden Wahrheit der Nichtexistenz Gottes ein zermürbendes Gefühl der Verzweiflung zu erfahren. Wir sollten uns vielmehr über diese Abwesenheit Gottes freuen, erklärt Sartre, weil wir nun frei seien, uns selbst zu bestimmen. Denn Gott hat keinen von uns in Gedanken auf eine bestimmte Funktion festgelegt und damit selbstsüchtig darauf verpflichtet, in dieser unserer fließenden Existenz vorher angeordnete Aufgaben zu erfüllen. Für uns gibt es also keinen legitimen Grund, wegen unseres unabänderlichen und unerschütterlichen Schicksals in Bitterkeit zu verfallen. Vielmehr ist es allein unsere Angelegenheit, zu welchem Zweck wir da sind: Nicht Gott entscheidet – *wir* entscheiden, wer wir sind. Und dieser letzte Grund genügte tatsächlich, Sartre zu der Überzeugung zu bringen, dass seine humanistischen Grundsätze auch gelten würden, wenn es Gott gäbe.

Sartre glaubte, dass die Menschen, wenn sie diese Logik nur wirklich beherzigten und lieber ihrem authentischen Ich treu blieben als dem, was sie nach Meinung anderer sein sollten, sich letztlich für das Gute statt das Böse entscheiden würden. Diese ziemlich optimistische Sicht des Atheismus war das Thema von Sartres berühmtem Essay *Ist der Existenzialismus ein Humanismus*? (1946), doch sogar in seiner früheren, sehr komprimierten philosophischen Abhandlung *Das Sein und das Nichts* (1943) hören wir schon das erste unartikulierte Grollen von Sartres schlichtem und kraftvollem Mantra: *L'existence précède l'essence* (Das Sein geht dem Wesen voraus). Diese recht aufgeräumte Aussage stellte die Kirche glatt auf den Kopf; sie brachte Sartres explosive Logik auf den Punkt: Die individuelle Natur des Menschen ist ein Produkt des menschlichen, nicht des göttlichen Geistes. Gott, sagte Sartre, versieht nicht jeden Menschen mit einem »Wesen« – einer vorgeschriebenen tieferen Bestimmung. Bestimmung ist ein menschliches Konstrukt.

Ich bewundere Sartre, und es tut mir weh, das zu sagen, aber Sartres Version der Angelegenheit war auch nicht völlig korrekt. Er spielte die Rolle der Biologie in der Evolution und der Entwicklung des menschlichen Verhaltens sowie der Entscheidungsfindung herunter. Angesichts ererbter persönlicher Unterschiede (etwa bei Temperament und allgemeiner Intelligenz) in Verbindung mit den jeweiligen Vorerfahrungen mag der eine ja tatsächlich freier sein als ein anderer, »gut« statt »böse« zu sein. In Wahrheit sind wir nur so frei, wie unsere Gene in der Melange unserer Entwicklungsmilieus formbar sind.[5]

Immerhin wäre es dem säkularen Humanisten Sartre zu seiner Zeit fast im Alleingang gelungen, die Gläubigen aus ihrem Kirchengestühl der französischen Kathedralen zu scheuchen. Er fände es wohl bedauerlich, dass dieser Begriff des Schöpfergottes in der heutigen Welt fast noch genauso grassiert wie zu der Zeit, als der erste Prophet sich hinsetzte, um Gott Worte in den Mund zu legen. Ein Beispiel: Auch wenn Wissenschaftler und Skeptiker darüber spotten und sich gewaltig ärgern dürften, dass Pastor Rick Warrens »spirituelles Handbuch« *The Purpose Driven Life: What on Earth Am I Here For?* (2002, dt. *Leben mit Vision: Wozu um alles in der Welt lebe ich?*, 2004) ein unerhörter kommerzieller Erfolg ist, findet die zentrale Aussage des Autors – dass Gott dich geschaffen hat, und zwar genau dich, damit du für seine Absichten eine spezielle Funktion erfüllst – bei Scharen von Lesern aus allen Lebensbereichen einen tiefen Widerhall. Warren teilt seinem (zumeist christlichen) Publikum mit:

> Sie müssen bei Gott anfangen, bei Ihrem Schöpfer. Sie existieren, weil Gott will, dass Sie existieren. Sie sind von Gott erschaffen und Sie sind für Gott erschaffen. Erst wenn Sie das verstehen, wird Ihr Leben Sinn machen. Nur in Gott finden wir unseren Ursprung, unsere Identität, unseren Sinn, unsere Bedeutung und unser Ziel. Jeder andere Weg führt in eine Sackgasse.[6]

In Wahrheit ist es allein Warrens aus der Evolution stammende Fähigkeit zur Mentalisierung, die es ihm ermöglicht, über das zu predigen, was in Gottes Kopf vorgeht. Und in der Realität gibt es jeden einzelnen Menschen vor allem deshalb, weil ein bestimmtes Spermium – eines von etwa 40 Millionen, die in einer einzigen Ejakulation des Vaters enthalten sind – sich im Schwall einer gemeinsamen Zielankunft Tausender konkurrierender Zellen vor das Spermium eines Geschwisters drängte und den Kopf als Erstes in das reife Ei der Mutter bohrte. Man bedenke, dass selbst das winzigste, praktisch nicht wahrnehmbare Zucken während dieser speziellen Gelegenheit des »koitalen Aktes« der Eltern – etwa eine unmessbare Unterbrechung jenes finalen Beckenstoßes oder ein störender Gedanke, der der Erektion des Vaters in die Quere kam – die Wahrscheinlichkeit, dass genau diese eine Person gezeugt wurde, fast auf null reduziert hätte, weil die Alchimie der Samenflüssigkeit gestört worden wäre. Vielleicht verdankt man seine erlesen einzigartige Existenz ja der Tatsache, dass einer der Hoden des Vaters in irgendeiner Mittsommernacht um Haaresbreite absank, oder dass die Mutter plötzlich einen Krampf in der Wade bekam und in den paar Millisekunden bis zur Empfängnis ihre Position änderte.

Doch warum messen wir unserer speziellen Existenz mehr zu als allerlei reproduktiven Tatsachen dieser Art? Warrens theistische Antwort ist so gut wie sicher ein Märchen, doch sie bringt, um es noch einmal zu sagen, eine Saite zum Schwingen, die den meisten Menschen gemeinsam ist. Und diese Saite können wir nur mithilfe unserer aus der Evolution stammenden Mentalisierung hören: Was hatte Gott im Sinn, als er uns schuf?

Während Sartre derlei überlieferte »Argumente« auf der Grundlage seiner Existenzphilosophie verwarf, ist der Zeitgeist der heutigen Atheisten von der Wissenschaft geprägt. Und gewöhnlich heißt das, sie wenden sich den mechanistischen Prinzipien der Evolution zu, wenn sie der religiösen Mehrheit Kontra geben. Diese Prinzipien können die starke Neigung, sich auf Gott – oder vielmehr auf das, was Gott im Sinn hat – zu berufen, durch die Erklärung der Ursprünge verstummen lassen.

In seinem Bestseller *Der Gotteswahn* (dt. 2007) greift der Evolutionsbiologe und Schriftsteller Richard Dawkins alltägliche kreationistische Vorstellungen wie jene von Rick Warren mit großem Elan und in aller Deutlichkeit an. Dawkins und andere atheistische Wissenschaftler behaupten nicht, die Wissenschaft biete uns eine alternative Möglichkeit an, den geheimnisvollen Sinn des Lebens zu entziffern. Vielmehr bringen sie vor, wir könnten, wenn wir Darwins Idee der natürlichen Auslese vollständig erfassen, allmählich zu verstehen lernen, warum da in Wirklichkeit gar kein Rätsel vorliegt. In einem kurz nach dem Erscheinen des Buches geführten Interview mit der Zeitschrift *Salon* wurde Dawkins gefragt, was der Zweck unseres Lebens sei. Er antwortete:

> Falls Sie zufällig religiös sein sollten, halten Sie das für eine sinnvolle Frage. Doch die bloße Tatsache, dass Sie sie als englischen Satz formulieren können, heißt nicht, dass sie eine Antwort verdient. Wer nicht an einen Gott glaubt, wird sagen, die Frage sei so unzulässig wie die Frage, warum Einhörner hohl seien. Man sollte sie einfach nicht stellen. Sie verdient keine Antwort.[7]

Dawkins ist eindeutig der Überzeugung, dass es auf die Frage nach dem Sinn des Lebens keine Antwort gibt. Denn die Frage impliziert unnötigerweise einen intelligenten Schöpfer, der einen *Zweck* im Sinn hatte. Die natürliche Selektion, sagt Dawkins, sei eigentlich »blind«. Wir können hier aber auch allmählich erkennen, wie Mentalisierung unmittelbare Bedeutung für die Fähigkeit unserer Spezies gewinnt, über ihre eigenen Ursprünge nachzudenken. Ohne sie könnte diese Art von

Frage nach dem Sinn des Lebens nicht einmal erwogen und schon gar nicht zur fixen Idee werden.

Allerdings wäre es gerechtfertigt, Dawkins in einem entscheidenden Punkt nicht zuzustimmen – diese allgegenwärtige und zeitlose Nichtfrage verdient nämlich doch eine Antwort oder zumindest eine genauere Betrachtung. Die Theorie der natürlichen Auslese sollte Gott (oder wenigstens einen mit menschlichen Angelegenheiten befassten Gott) bezwungen haben, wie Dawkins uns in seinen Werken wieder und wieder so elegant zeigt. Nur hat sie das nicht, nicht einmal unter denen, die behaupten, sie zutiefst zu verstehen.[8]

Philosophisch ausgedrückt, könnte die Frage nach dem Sinn des Lebens tatsächlich der Frage entsprechen, warum Einhörner hohl sind. Aus psychologischer Sicht ist das aber ein schwacher Vergleich. Normalerweise befassen die Menschen sich nicht sehr mit dem Geheimnis der Einhörner; wir akzeptieren, dass es keine Einhörner gibt, und demzufolge belastet die Frage, ob sie hohl oder kompakt sind, unser Denken nicht wirklich. Doch das gilt nicht zwangsläufig auch für Gott. Viele Menschen glauben nicht an Gott, fragen sich aber weiterhin nach dem Sinn des Lebens und können ihre Neugier angesichts dieses scheinbar großen und dunklen Geheimnisses nicht so leicht abschütteln. Selbst wenn wir die biologischen Fakten kennen und es geschafft haben, uns emotional der Fesseln des Kreuzes zu entledigen oder unsere Kippa abzuwerfen, unseren Hidschab (den Ganzkörperschleier) in einen Schonbezug zu verwandeln und so weiter, taucht die Frage, weshalb wir hier sind, gelegentlich in unserem Denken auf wie ein Bienenschwarm – und das ist wie ein juckender Ausschlag, an dem die Wissenschaft anscheinend einfach nicht kratzen kann. Das wahre Mysterium liegt also nicht darin, warum wir hier als klar voneinander getrennte Individuen auf Erden sind; vielmehr ist es wahrlich mysteriös, warum diese Frage nach dem Sinn des Lebens angesichts logischer Wissenschaft so verführerisch und hartnäckig ist.

Tatsächlich gibt es Grund zu glauben, dass die Stimme Gottes selbst beim engagierten Atheisten immer noch aufreizend präsent ist – wenn auch wohl auf ein bloßes Flüstern reduziert. Ich habe den Verdacht, Dawkins würde uns nur widerwillig mitteilen, ob er sich je auf seltsame Art dazu »berufen« vorkam, der bekehrende Atheist zu werden, der er heute ist – dass er also ironischerweise den Eindruck habe, genau zu diesem Zweck da zu sein, so wie ich manchmal meine, Sinn meines Lebens sei es, anderen zu erklären, weshalb solche Überzeugungen von einem Zweck kognitive Illusionen sind. Wir wissen aber, dass zumindest Sartre genau zu dieser Art flüchtiger theistischer Vorstellungen neigte.

In seine geheimen Grübeleien sind wir nur eingeweiht, weil Sartres Partnerin Simone de Beauvoir die gute Idee hatte, in den Jahren vor Sartres Tod ein detailliertes Tagebuch ihrer Gespräche mit ihm zu führen – eine Sammlung persönlicher und manchmal bestürzend freimütiger Unterhaltungen, die sie kurz vor ihrem eigenen Tod als Anthologie veröffentlichte. Und was Beauvoir zwischen Kaffee und Zigaretten im berühmten Café Les Deux Magots und in Sartres vollgestopfter Wohnung entdeckte, war ein besonders klarer Geist. Er war sich der Widersprüche im eigenen Denken ungewöhnlich bewusst, und er war bereit, das nagende Gefühl zuzugeben, dass es zumindest auf der Bühne des eigenen Bewusstseins eine lauernde, seltsame Spannung gab zwischen seinen expliziten Überzeugungen und einer sehr subtilen, sehr speziellen Art von kreationistischer Wahrnehmung.

Sartres Blick nach innen zeigt, dass in der Formel »Das Sein geht dem Wesen voraus« ungeachtet seiner atheistischen Überzeugungen stets eine gewisse begriffliche Unzulänglichkeit lag, wenn er sie auf das eigene Bewusstsein anwandte. »Ich fühle mich nicht wie ein in der Welt aufgetauchtes Staubkorn«, bekannte er Beauvoir gegenüber,

> sondern wie ein erwartetes, hervorgerufenes, präfiguriertes Wesen. Kurz, wie ein Wesen, das nur von einem Schöpfer kommen zu können scheint … [Sie] widerspricht vielen meiner anderen Ideen, aber sie ist da, vage. Und wenn ich an mich denke, denke ich oft ein wenig so, *weil ich nicht anders denken kann.*[9]

Für einen, der behauptete, Gott schon als ungezogener, im Bad heimlich mit Streichhölzern spielender Junge losgeworden zu sein, ist das ein ziemlich erstaunliches Bekenntnis. Doch hier haben wir es nicht mit Heuchelei zu tun. Anders als die meisten Menschen gestattete Sartre diesem aufkeimenden Gefühl nicht, ihn zu überreden, dass Gott eigentlich doch existiert. Vielmehr betrachtete er es als einen Trick seines Gehirns. Und inzwischen können wir von diesem Trick sagen, dass er von Sartres eigener, sehr menschlichen Fähigkeit zur Mentalisierung hervorgebracht wurde. Wie so viele andere konnte Sartre nicht anders, als seinem Leben einen gewissen eigenen Zweck zuzuweisen – und hinter den Kulissen einen großen Geist am Werk zu sehen.

Sartre war nicht der Einzige, der dieses verwirrende Nebeneinander von atheistischen Überzeugungen und persönlichen Illusionen erlebte. Andere scharfsinnige Denker und Autoren haben eine ähnliche Diskrepanz bemerkt, die wir oft in der Stimme ihrer fiktionalen Protagonisten wiederfinden. In Albert Camus' *Der Fall* (dt. 1957) beispielsweise ist Jean-Baptiste Clamence die Hauptfigur – der exzentrische Anwalt (er hat früher in Paris gelebt) bricht zu einer grüblerischen Reise auf, um die trickreiche Täuschung aufzulösen, die im Lebenssinn liegt. Für Clamence ist der Sinn eine Illusion, die den Einzelnen in grotesken Darstellungen der eigenen Person verankert, was zu »absurden« menschlichen Konventionen führt. Am Ende kommt er zu dem Schluss, die menschliche Existenz als solche sei eine Heimsuchung epischen Ausmaßes, da unser verborgenes Leid von so kosmischer Belanglosigkeit sei.

Doch Clamence ist nicht immer so gewesen. Erst nach einer Reihe schicksalhafter Ereignisse in seinem Privatleben (insbesondere ein nagendes Schuldgefühl, weil er sich entschieden hatte, einer Frau nicht zu Hilfe zu kommen, als sie von einer Brücke in den Tod sprang, während er zufällig an ihr vorbeispazierte) ist er zu einem so zynischen Misanthropen geworden. Zuvor hatte sich der atheistische Clamence seltsamerweise als metaphysisch privilegiertes Wesen gesehen – als säkularen Engel, der, nachdem er über seine eigene, scheinbar gesegnete Stellung im Leben nachgedacht hatte, die schattenhafte Hand eines gütigen Schöpfers verspürte, der ihn geschaffen hatte:

> Aber da mir keine Erfüllung versagt blieb, fühlte ich mich – fast scheue ich mich, es auszusprechen – geradezu auserwählt. Persönlich vor allen Menschen für diesen beständigen und unfehlbaren Erfolg auserwählt [...] Ich weigerte mich, diesen Erfolg nur meinen Verdiensten zuzuschreiben, und vermochte nicht zu glauben, die Vereinigung so verschiedener und so vollkommen ausgebildeter Eigenschaften in

> einer einzigen Person könne ein Ergebnis des bloßen Zufalls sein. Da ich also im Glück lebte, fühlte ich mich irgendwie durch ein höheres Gesetz zu diesem Glück berechtigt. Lassen Sie mich hinzufügen, dass ich keinerlei religiösen Glauben besaß, und Sie werden noch deutlicher erkennen, was diese Überzeugung Außergewöhnliches an sich hatte.[10]

Clamence wird klar, dass er einst in jene schiere Illusion verstrickt gewesen war, die er mittlerweile aufgedeckt und als verführerischen Trick menschlichen Denkens bloßgestellt hatte. Solche ihn selbst überraschenden Einsichten über diese eher peinliche Anfälligkeit des Atheisten, sich so vorzukommen, als sei er das Ergebnis einer intelligenten Schöpfung, scheinen nahezulegen, dass logisches Denken auf diesem Gebiet unserer natürlichen Psychologie zuwiderläuft.

Gegen diese »nativistische« Anschauung von einem intentionalen, schöpferischen Gott lässt sich jedoch beispielsweise einwenden, dass selbst Atheisten durch kulturelle Restbestände korrumpiert sind. Dazu gehört auch der Gedanke, Gott erschaffe den Menschen und flöße ihm ein besonderes Wesen oder einen speziellen Geist ein – viele Christen bezeichnen das als »Beseelung«. Die Vorstellung von Gott als Schöpfer von Seelen war sicherlich nicht auf die französische Bourgeoisie in Sartres 20. Jahrhundert beschränkt. Der Bioethiker David Albert Jones von der Universität Surrey zeigt in seinem Buch *The Soul of the Embryo* (2005), wie dieser Gedankenstrang bis in die ersten Tage der christlichen Theologie zurückreicht, unterfüttert mit zahlreichen Belegen derartiger kreationistischer Argumentation sogar in den hebräischen Schriften. »Die Ausformung des Körpers im Mutterleib, das Geschenk des Lebens und der Aufruf durch Gott liegen dicht beieinander«, fasst Jones diese vorkanonischen Schriften zusammen.[11] Auch wer vielleicht Sartres spezielles Bild von Gott als grobem Handwerker nicht mag, der Seele um Seele heraushämmert wie ein verschwitzter Schmied seine billigen Metallgegenstände, kann im Buch Hiob sehen, dass diese Analogie nicht weit von christlichem Denken entfernt ist. »Bedenke, dass Du mich aus Lehm geschaffen«, sagt Hiob zum Herrn. »Wie Milch hast Du mich hingegossen und mich zur festen Form gemacht, hast mich mit Haut und Fleisch bekleidet, mit Knochen und mit Sehnen mich durchwirkt.«[12]

Wenn Menschen mit derlei Geschichten aufwachsen, ist es dann ein Wunder, dass so viele von ihnen glauben, es gebe im menschlichen Leben irgendeinen intelligenten »höheren« Sinn? Viele Atheisten unserer Zeit glauben beispielsweise, religiöse Vorstellungen dieser Art bildeten eine Art kulturelles Virus – das menschliche Gehirn werde von ansteckenden Vorstellungen befallen, die Kinder sich wie einen Krankheitserreger von infizierten Erwachsenen einfangen und die in einem Klima von Furcht und Unwissenheit besonders ansteckend sind. Und Atheisten ebenso wie Gläubige meinen, dass Kinder die Religion in der Regel aus äußeren Quellen beziehen. Ist die Psyche von Kindern aber wirklich diese religiöse Tabula rasa, die wir in ihnen erkennen? Oder sind Menschen nicht in gewissem Sinn eher geborene Gläubige?

•

Wissenschaftler, die in einem kulturellen Vakuum aufgezogene Kinder im »Naturzustand« finden und befragen wollten, um nach Aspekten quasireligiösen Denkens zu suchen, würden es schwer haben. Ein Gedankenexperiment dieser Art dürfte am ehesten durchzuführen sein, wenn man die wenigen Berichte über jene Taubstummen studiert, die während ihrer vorsprachlichen Kindheit – zumindest angeblich – spontan eigene Kosmologien entwickelt haben. Der schweizerische Pädagoge Pierre Bovet erzählte in seinem Buch *Le Sentiment religieux et la psychologie de l'enfant* (1924), sogar Helen Keller, die im Alter von 19 Monaten infolge einer unbekannten Erkrankung taubblind wurde, habe sich die Frage gestellt: »Wer hat den Himmel, das Meer, alle Dinge erschaffen?«

Solche seltenen Berichte über taubstumme Kinder, die in einer Art innerem Monolog aus wortlosen Gedanken – einem Denken, das weit entfernt ist von irgendwelchen kulturellen Wiederholungen oder in der Gemeinschaft mitgeteilten Erzählungen aus der Schöpfungsgeschichte – über die Schöpfung referieren, sind nützlich für uns: Sie stehen für ein unverfälschtes Denken, das sich mit dem Problem der Ursprünge auseinandersetzt. Nehmen wir diese Berichte beim Wort, so kann das grundlegende existenzielle Problem des Nachdenkens über unsere Bestimmung und unsere Ursprünge anscheinend nicht als geistige Vergiftung durch Religion, Gesellschaft oder Erziehung angesehen werden, sondern eher als unbezähmbarer Ausbruch einer angeborenen menschlichen Psychostruktur. Es beschäftigt uns sehr, warum die Dinge da sind. Diese taubstummen Kinder wuchsen meist heran, ehe man ein genormtes Kommunikationssystem wie die Gebärdensprache für Gehörlose entwickelt hatte. Anders als die meisten Menschen hatten sie also keinen Zugang zum typischen erklärenden Balsam aus Wissenschaft und Religion, mit dem diese leidigen Rätselfragen zu besänftigen waren. Ohne Sprache ist es nicht so einfach, einem naiven Kind die Vorstellung von einem entschlossenen monotheistischen Gott zu vermitteln. Und es ist schwierig genug, einem normal sprachbegabten und hörenden Kind die Theorie der natürlichen Auslese nahezubringen; praktisch unmöglich ist das, wenn es weder sprechen noch hören kann. Damit waren diese besonderen Kinder allein auf ihre eigenen Möglichkeiten angewiesen, um sinnvoll erklären zu können, wie die Welt zustande kam, und, was faszinierender war, ihre eigene Existenz in die Erzählung dieser großen Kosmologie einbetten zu können.

1892 verfasste William James, Bruder des englischen Romanautors Henry James und weltweit der wohl berühmteste Psychologe seiner Zeit (einige Jahre später sollte er den Klassiker *Varieties of Religious Experience* schreiben), für eine Ausgabe des *The Philosophical Review* eine Einführung zu dem autobiografischen Bericht eines Taubstummen namens Theophilus Hope d'Estrella. »Ich habe Herrn d'Estrellas Erlaubnis«, lässt James uns wissen, »den Lesern von *The Philosophical Review* ein neues Dokument vorzulegen, das seines eigenen Inhalts wegen höchst interessant ist.«[13] Aus unbekannten (vielleicht literarischen) Gründen schreibt d'Estrella über seine frühe Kindheit in der dritten Person, doch es handelt sich auf alle Fälle um eine bemerkenswert eloquente und hervorragend aufgebaute Arbeit. Als 1851 in San Francisco geborener Sohn eines französisch-schweizerischen Vaters (den er nie kennengelernt hatte) und einer mexikanischen Mutter (sie starb, als er fünf Jahre alt war) wuchs d'Estrella als Waise auf. Aufgezogen wurde er von der unbeherrschten besten Freundin seiner Mutter, einer Mexikanerin, die seine frustrierend unkommunikative Gegenwart anscheinend als Belastung empfand – darauf lässt zumindest ihre Neigung schließen, ihn wegen kleinster Missetaten zu verprügeln.

Da d'Estrella ansonsten mit niemandem reden und seine naiven Theorien über die Welt allein mit wortlosen

Beobachtungen und angeborenem Gespür anleiten konnte, zog er sich in seine Phantasie zurück, um seiner wohl sehr verwirrenden existenziellen Lage einen Sinn zu geben. So entwickelte er beispielsweise eine animistische Theorie über den Mond, der auf die egozentrische Ausrichtung kindlichen Denkens speziell in Hinblick auf die Moral verweist:

> Er fragte sich, weshalb der Mond so regelmäßig erschien. Und so dachte er, er müsse aufgegangen sein, um allein ihn persönlich zu sehen. Er redete dann durch Gesten mit ihm und stellte sich vor, er sehe ihn lächeln oder die Stirn runzeln. [Er] fand heraus, dass er häufiger verprügelt wurde, wenn der Mond zu sehen war. Es kam ihm so vor, als würde [der Mond] ihn beobachten und seinem Vormund (er war ein Waisenjunge) alles über seine üblen Eskapaden berichten.[14]

Außerdem schreibt d'Estrella über seine Vorstellungen, wie Naturgegenstände und Ereignisse in der Welt zustande kamen – insbesondere Sonne, Sterne, Wind und Meer. In diesen Bemerkungen erkennen wir so etwas wie einen natürlichen Hang zum Kreationismus, der die Gegenstände in der Welt reflexartig mit praktischen Funktionen und klaren Zwecken ausstattet:

> Eines Abends sah er zufällig, wie einige Jungen ölgetränkte brennende Garnknäuel warfen und auffingen. Er wandte seine Gedanken der Sonne zu und dachte, sie müsse genauso hochgeworfen und aufgefangen worden sein – aber durch welche Kraft? Also nahm er an, es gebe einen großen und starken Mann, der sich irgendwie hinter den Hügeln verbarg (San

> Francisco ist eine hügelige Stadt). Die Sonne war sein brennendes Spielzeugknäuel, und er vergnügte sich damit, sie jeden Morgen sehr hoch in den Himmel zu werfen und abends wieder aufzufangen …
>
> Er nahm an, Gott zünde die Sterne zum eigenen Nutzen an – wie wir die Gaslaternen in der Straße. Wenn der Wind wehte, nahm er an, das sei ein Zeichen seiner Gemütsregungen. Ein kalter Sturm verriet seinen Ärger, eine kühle Brise seine gute Laune. Warum? Weil er manchmal spürte, wie der Atem aus dem Mund wütender Menschen fuhr, wenn sie stritten oder schimpften …
>
> Lassen Sie mich anfügen, was es mit dem Ursprung des Ozeans auf sich hat. Eines Tages ging er mit einigen Jungen ans Meer. Sie gingen baden. Er ging erstmals ins Meer, wusste nicht, wie es schmeckte und wie kräftig die Wellen anrollten. Und so wurde er umhergeworfen, Mund und Augen offen. Beinahe wäre er ertrunken. Er konnte nicht schwimmen. Er wurde auf den Grund geschleudert und kroch instinktiv den Sand hinauf. Er spuckte das Wasser aus und fragte sich, warum das Wasser so salzig war. Er glaubte, es sei der Urin jenes mächtigen Gottes.[15]

Zu bedenken ist allerdings, dass d'Estrella etwa 40 Jahre alt gewesen sein dürfte, als er über diese Erfahrungen aus früher Kindheit schrieb – Erfahrungen, die ihre Stimme im Rückblick eines Denkens erhielten, das inzwischen die Sprache erlernt hatte. Denn als d'Estrella diese privaten Berichte verfasste, war er ein anerkannter Künstler und als Zeichenlehrer an der unglücklich benannten California Institution for the Deaf and Dumb angestellt.[16] Doch ungeachtet der unvermeidlichen Gedächtnislücken hielt William James die Erinnerungen d'Estrellas für sehr überzeugend. Deshalb schlug er vor, das menschliche Denken sei sogar ohne Sprache dazu prädestiniert, abstrakte, metaphysische Überlegungen anzustellen. »Man wird feststellen«, resümierte James am Ende des Aufsatzes in *The Philosophical Review* entschieden, »dass [d'Estrellas] kosmologische und ethische Überlegungen die Ausgeburten seines Denkens allein waren.«[17]

Einige Jahrzehnte später erweiterte ein anderer Psychologe – es war der einflussreiche Theoretiker kognitiver Entwicklung Jean Piaget aus Genf – diesen angeborenen Hang zur Kosmologie durch die Annahme, alle Kinder im Schulalter neigten dazu, in »artifizialistischen« Begriffen zu denken. Für Piaget besitzen Kleinkinder nicht nur weniger Kenntnisse als ältere Kinder und Erwachsene, sondern denken aufgrund kognitiver Einschränkungen auf völlig andere Weise. Diese Einschränkungen verlören sich systematisch mit zunehmendem Alter und auf bestimmten Stufen der Entwicklung. In Piagets Modell der Stadien kognitiver Entwicklung verweist »Artifizialismus« darauf, dass kleine Kinder Aspekte und Merkmale der Natur betrachten, als gäbe es sie nur, damit Probleme der Menschen gelöst werden könnten, oder als zumindest für den Gebrauch durch Menschen gedacht. Doch wie Sartre war Piaget skeptisch gegenüber der Behauptung der Atheisten, sie könnten sich dieser psychischen Neigung, Naturvorgänge in intentionalen, auf den Menschen bezogenen Begriffen zu sehen, vollständig entziehen. Vielmehr hatte er den Verdacht, artifizialistische Überzeugungen würden nie völlig verschwinden, sondern in den mentalen Repräsentationen der Ungläubigen weiterhin auf sehr subtile Weise auftauchen. So schreibt Piaget: »Ein Halbgebildeter kann sehr wohl eine theologische Erklärung des Weltalls als ›unwissenschaftlich‹ ablehnen und sich ohne jede Schwierigkeit die Auffassung zu eigen machen, die Sonne sei da, um für uns zu leuchten.«[18]

•

Auch unter kontrollierten Versuchsbedingungen bleibt Piagets zentrale Aussage weiter gültig. Demnach sind Kinder und in gewissem Maß sogar wissenschaftlich gebildete Erwachsene gezwungen, in Begriffen einer inhärenten Bestimmung zu denken, wenn sie über Ursprünge nachdenken: Gegenstände, Artefakte, Ereignisse und sogar ganze Tiere existieren »zu« einem bestimmten Zweck. Das heißt, wir haben eine starke Neigung, uns vorzustellen, es gebe da einen Konstrukteur mit einer Vorstellung im Kopf. Im Gegensatz zur Meinung vieler Atheisten legen neuere Befunde der Kognitionswissenschaften tatsächlich nahe, dass wahrscheinlich auch auf einer von kultureller Überlieferung unberührten Insel zumindest irgendeine Form religiöser Überzeugung (ähnlich wie eine aufkeimende rudimentäre Sprache) spontan auftreten würde – speziell Glaubensinhalte, die Bestimmung und Ursprünge einschließen.

Gestützt wird die auf einer Zweckbestimmung beruhende Anschauung durch ein Denken, das man als teleofunktionalistisch bezeichnen könnte. Das hört sich komplizierter an, als es ist. Eigentlich vollbringt man das ständig – zumindest immer dann, wenn man beispielsweise in einen Laden von Manufactum geht oder vor einer Museumsvitrine steht und sich den Kopf zerbricht wegen eines barocken Apparats zur, sagen wir, Klauenpflege bei Kühen oder zum Ziehen von Backenzähnen. In Wahrheit ist das teleofunktionalistische Denken nichts weiter als ein schmucker philosophischer Ausdruck für die Vorstellung der Menschen, etwas *existiere für einen vor-*

her ausgedachten Zweck und sei nicht einfach als funktionsloser Auswuchs physikalischer oder sonstiger Naturvorgänge vorhanden.

Es ist vollkommen logisch, wenn man sagt, ein Duschkopf sprühe sauberes Wasser aus der Leitung auf schmutzige Körper, weil er für diesen Zweck konstruiert wurde. Würde jedoch jemand sagen, ein Wasserfall in der Natur sei »für« irgendeinen speziellen Zweck »da«, käme einem das vollkommen abwegig vor – selbst wenn der Wasserfall, stünde man darunter, durchaus die gleiche Funktion ausübte wie ein Duschkopf. Als Artefakt ist der Duschkopf das Ergebnis einer von einem Menschen geplanten Konstruktion. Deshalb hat er einen besonderen Zweck, der bis ins Denken seines Erbauers zurückverfolgt werden kann (in diesem Fall ist es ein schon lange vergessener und weit unterschätzter Athener Erfinder, der in den Sportstätten des antiken Griechenlands arbeitete). Ohne eine Theorie des Denkens anderer, ohne diese »Theory of Mind«, könnten wir nur schwer über den Zweck dieses Gegenstands nachdenken, weil »Zweck« in diesem Sinn einen *absichtsvoll handelnden Schöpfer* einschließt. Dagegen ist der Wasserfall nur als Ergebnis einer natürlich vorkommenden geografischen Landschaftsform vorhanden.

Deborah Kelemen, Psychologin an der Boston University, hat nun aber in vielen aufeinanderfolgenden Studien herausgefunden, dass kleine Kinder solche natürlichen, unbelebten Erscheinungen – Wasserfälle, Wolken, Steine und so weiter – fälschlicherweise mit ihren eigenen teleofunktionalistischen Zwecken versehen. Wegen dieser Neigung, Überlegung und Zweck in übertriebener Weise auf Aspekte der Natur zu übertragen, bezeichnet Kelemen kleine Kinder als »wahllose Teleologen«. Laut Kelemen und Kollegen bevorzugen Sieben- und Achtjährige zum Beispiel auf die Frage, warum es Berge gibt, *un-*

geachtet der Religiosität oder Irreligiosität ihrer Eltern überwiegend teleologische (»um den Tieren einen Ort zum Klettern zu geben«) anstelle von mechanistischen oder kausalen Erklärungen (»weil Vulkane zu Steinhaufen abgekühlt sind«).[19] Erst in der vierten oder fünften Klasse geben die Kinder diese unzutreffenden teleofunktionalistischen Antworten zugunsten wissenschaftlich korrekter Erklärungen auf. Und ohne wissenschaftliche Grundbildung bleibt wahllose Teleologie im Denken Erwachsener dauerhaft bestehen. In Studien mit erwachsenen Roma ohne Schulbildung fanden Kelemen und die Psychologin Krista Casler die gleiche Vorliebe für teleofunktionalistisches Denken, die auch bei kleinen Kindern zu beobachten ist.[20] Bei Alzheimer-Patienten tritt sie ebenfalls auf, vermutlich weil ihre wissenschaftlichen Kenntnisse durch die Krankheit aufgezehrt wurden, was die davon nicht betroffene teleofunktionalistische Neigung wieder aufleben lässt.[21]

Selbstverständlich gibt es in der Natur eine Art von Zweck – nur eben keinen teleologischen Zweck. Viele biologische Merkmale sind »für« spezielle Zwecke da, auch wenn sie ihre Existenz vollkommen der gedankenlosen Maschinerie natürlicher Auslese verdanken. Es sind biologische Anpassungen. Man kann mit vollem Recht sagen, der kleine, rautenförmige federlose Kopf eines Truthahngeiers sei »dazu da«, im fleischigen Gewebe eines Kadavers herumzuwühlen.

Anders ist es bei der künstlichen Auslese, wo Menschen Pflanzen und Tiere selektiv züchten, um aus praktischen oder ästhetischen Gründen bestimmte Merkmale zu betonen. Hier ist teleofunktionalistisches Denken logisch, weil man selektive Zucht auf einen vorgedachten Endzustand hin betreibt. Mein Hund Gulliver hat den typisch geformten Schädel eines Border-Terriers – der stromlinienförmige Kopf dieser Jagdrasse ähnelt dem eines Otters. Diese Schädelform ist das Produkt vieler Generationen schottischer Züchter, die mittels selektiver Zucht die ursprüngliche Schädelgestalt zurechtgestutzt haben, »damit« sie besser geeignet ist, tief in Löchern herumzustöbern und Füchse herauszuscheuchen.

Im Hinblick auf Artefakte und einige biologische Merkmale (soweit sie durch Menschen verändert wurden) stehen wir also auf solidem Grund, wenn wir teleofunktionalistisch denken. Doch noch einmal: Kleine Kinder und Erwachsene, denen eine wissenschaftliche Grundausbildung fehlt, übertreiben es; sie gehen wahllos teleologisch vor, wenn sie über zufällige Eigenschaften von nicht biologischen unbelebten Gegenständen nachdenken. Die Sieben- und Achtjährigen in Kelemens Studien vertreten beispielsweise auf die Frage, warum Felsen spitz sind, teleofunktionalistische Erklärungen. Sie sehen in Felsen gewissermaßen Artefakte (»damit Tiere sich daran kratzen können, wenn es sie juckt«) oder meinen, sie seien selbst Organismen mit entwickelten Anpassungen (»damit keine Tiere darauf sitzen und sie zerbrechen können«).

Wenn jemand meint, diese Art von Antwort sei nur auf das zurückzuführen, was Kinder im Fernsehen oder von den Eltern hören, dann ist Kelemen da schon einen Schritt weiter – zumindest in Hinblick auf den Einfluss der Eltern. Kelemen und ihre Kollegen haben sich angesehen, welche Dialoge zwischen Kindern im Vorschulalter und ihren Eltern spontan ablaufen – speziell in Bezug auf Fragen wie »warum« oder »wozu ist das da«. So konnten sie zeigen, dass Eltern in der Regel eher naturalistische kausale (also wissenschaftlich begründete) Antworten als teleofunktionalistische Erklärungen geben. Und selbst wenn man Kinder wählen lässt und dazu mitteilt, dass Erwachsene statt teleofunktionalistischer Erklärungen bevorzugt nichtfunktionale Antworten geben, entscheiden Kinder sich immer noch signifikant zugunsten Ersterer. »Die derzeitigen Beweise legen also nahe, dass die Antwort nicht hier liegen kann«, sagt Kelemen. »Zumindest nicht im unmittelbaren Sinn.«[22]

Zudem begehen Kinder nicht nur bei unbelebten Naturerscheinungen wie Bergen oder den physikalischen Merkmalen anorganischer Objekte wie der Form von Steinen teleologische Irrtümer; sie zeigen sogar teleofunktionalistisches Denken, wenn es um die Existenz *ganzer Organismen* geht. Man würde nicht sagen (oder sollte es zumindest nicht), dass etwa Truthahngeier insgesamt »dazu da« sind, mit Tierkadavern übersäte Bundesstraßen zu säubern. Hunde als domestizierte Art mögen ja für Zwecke des Menschen zugerichtet worden sein, doch die hundeartigen Raubtiere als Gruppe sind ebenso wenig wie Bussarde »für« irgendetwas da. Sie sind einfach da; sie haben zu existieren begonnen; sie haben sich entwickelt. Doch wieder hat Kelemen festgestellt, dass Kinder auf die Frage, warum beispielsweise Löwen existieren, teleofunktionalistische Erklärungen bevorzugen (»um in den Zoo zu gehen«).

All das mag einem dumm vorkommen, doch diese Neigung – und allgemeiner gesehen die verzerrende Linse der Mentalisierung bei unserer Art – hat offenkundig Auswirkungen auf unsere Fähigkeit, die vollkommen absichtslosen Prinzipien der Evolution durch zufällige Mutation und natürliche Selektion je richtig zu begreifen. Tatsächlich hat die Psychologin Margaret Evans von der University of Michigan während des letzten Jahrzehnts erforscht, warum kreationistisches Denken für den menschlichen Geist eingängiger ist als evolutionäres Denken. »Die Fortdauer [kreationistischer Überzeugungen] ist nicht einfach das Ergebnis fundamentalistischer Politik und Sozialisation«, schreibt Evans. »Vielmehr hängen diese Kräfte selbst mit bestimmten Neigungen des menschlichen Denkens zusammen.«[23]

Evans zufolge ist die hartnäckige Vorherrschaft kreationistischer Überzeugungen weitgehend auf die Art zurückzuführen, in der unser kognitives System sich entwickelt hat. Das ist sehr interessant. Denn wie Kelemen hat Evans herausgefunden, dass sieben- bis achtjährige Kinder unabhängig von den Überzeugungen ihrer Eltern oder von der Schulart (religiös oder laizistisch) auf die Frage, wo das erste Mitglied einer speziellen Tierart denn herkomme, spontan entweder eine genealogische (»es ist da geboren«) oder eine kreationistische (»Gott hat es gemacht«) Antwort geben. Ab dem achten Jahr dagegen liefern sowohl Kinder mit laizistischem als auch mit religiösem Hintergrund mehr oder weniger ausschließlich kreationistische Antworten. Gewöhnlich laufen diese Antworten vorhersagbar auf »Gott hat es gemacht« hinaus, doch ansonsten wird die Natur personifiziert und als absichtlich handelndes Wesen betrachtet, das das Tier vorsätzlich für seine eigenen Zwecke erschaffen hat. Demnach scheint das teleofunktionalistische Denken etwa um das achte Lebensjahr in eine voll entwickelte »Einstellung zugunsten einer Schöpfung« überzugehen, in der Kinder meinen, etwas tatsächlich Existierendes erschaffe das fragliche Wesen für seine eigenen Zwecke.

Nur unter den ältesten der untersuchten Kinder (den Zehn- bis Zwölfjährigen) hat Evans eine Wirkung entwicklungsbedingter Erfahrung festgestellt – auf die Frage nach dem Ursprung der Arten antworteten Kinder von evolutionär gesinnten Eltern am Ende evolutionsbezogen, während Kinder evangelikaler Eltern kreationistische Antworten gaben. Doch sogar »evolutionäre« Antworten sind oft durch kulturell geprägte Missverständnisse verfälscht. Japanische Fünftklässler beispielsweise neigen zu der Ansicht, der Mensch habe sich direkt aus den Affen entwickelt – möglicherweise, weil es in Japan sehr viele Makakenaffen gibt.[24] Anders gesagt, all das legt nahe, dass es harte Arbeit ist, wie ein Evolutionist zu denken, weil unsere psychische Entwicklung – und speziell unsere Fähigkeit zur Mentalisierung – ironischerweise den Bezugsrahmen des Entwurfs für einen bestimmten Zweck begünstigt. Möglicherweise werden Evolutionisten gegenüber Kreationisten immer in der Minderheit bleiben, weil Letztere einen paradoxen Verbündeten haben: Es ist die Art, in der die natürliche Auslese die ungeschulte Neigung unserer Spezies gefördert hat, über die eigenen Ursprünge nachzudenken.

•

Selbst wenn man anerkennt, dass die teleofunktionalistische Neigung unsere Wahrnehmung der Ursprünge stört, weil sie die Illusion eines gar nicht vorhandenen schöpferischen Geistes hervorbringt, schrecken viele Agnostiker und laue Gläubige – darunter auch Darwin selbst, wie wir am Anfang dieses Kapitels gesehen haben – beim Problem der ersten Ursprünge zurück. Die natürliche Auslese mag ja, wie viele argumentieren, die große Vielfalt des heutigen Lebens auf der Erde erklären, doch sie erklärt nicht, warum es überhaupt Leben gibt. Anders gesagt, etwas Geistiges muss den Kosmos an seinem Beginn aufgezogen, den Urknall gezündet, die Logarithmen der Evolution ausgearbeitet, den Äther in die Welt gebracht haben und so weiter.

Doch unsere übereifrige Mentalisierung kann leicht dazu führen, dass wir auch bei diesem Thema einer fehlerhaften Argumentation zum Opfer fallen. Wer ein wenig tiefer schürft, wird in dieser Gedankenführung ein paar ungerechtfertigte Schlussfolgerungen bemerken. Nehmen wir für den Anfang einmal kurz an, das »Sein« (im Gegensatz zu »Nichtsein«) setze einen intelligenten Schöpfer voraus. Intelligente Wesen bringen nicht immer intelligente Dinge zustande. Es mag ja durchaus einen Gott geben, sogar einen, der Ursache der Schöpfung ist. Doch nach allem, was wir wissen, hat er das eher zufällig als vorsätzlich vollbracht. Im Grunde kann diese nach wie vor göttliche Erklärung unserer ersten Ursprünge – die theistische Entsprechung einer Slapstick-Komödie oder eines tölpelhaften Gottes oder vielleicht eines Gottes, der niest oder einen Kieselstein fortkickt – unsere gegenwärtige Situation erheblich besser erklären als ein absichtlicher Schöpfungsakt. Der menschenähnliche Gott, den zu verehren wir geneigt sind, könnte auch ein seit langer Zeit totes intergalaktisches Seepferdchen gewesen sein, das in irgendeiner unbekannten Dimension einen alten Meeresboden nach Plankton durchwühlt und dabei zufällig das eine Sandkorn verlagert hat, das unseren ganzen unendlichen Kosmos unversehrt aufrechterhielt. Philosophen und Theologen sind schnell damit bei der Hand, auf die unhaltbaren Annahmen des Atheismus hinzuweisen; sie stellen fest, die Nichtexistenz eines intentionalen Gottes sei keine wissenschaftliche Hypothese, weil sie weder bewiesen noch widerlegt werden könne. Doch obwohl die Hypothese eines zufälligen Ursprungs philosophisch fundiert ist, Erklärungswert besitzt und ebenfalls nicht bewiesen oder widerlegt werden kann, dürfte sie kaum ebenso heftig verteidigt werden.

•

Die überschießende Neigung unserer Spezies zur Mentalisierung wirkt sich deutlich auf unsere Fähigkeit aus, logisch über die Ursprünge der Arten nachzudenken. Denn kreationistische Einlassungen schließen – wie sehr sie, oberflächlich betrachtet, auch variieren mögen – unweigerlich einen intelligenten »ersten Akteur« (in kosmologischen Begriffen einen »primären Beweger«) als Ursache ein. Man stellt sich »jemanden« oder »etwas« vor, was den Schöpfungsakt vorsätzlich – *in vollem Bewusstsein* – vollzogen hat.

Doch wie gerät Mentalisierung überhaupt in dieses Denken, als einzigartiges Mitglied unserer Spezies persönlich erschaffen worden zu sein? Wenn Religion im Spiel ist, meinen die meisten Gläubigen, Menschen seien »für« irgendeinen göttlichen Zweck da. Und Leute, die nicht besonders religiös sind, beziehen sich oft auf einen unklaren spiritualisierten Sinn der menschlichen Existenz – etwa »einander zu lieben«. Wie Camus schrieb: »Eine Revolution erfüllt sich immer als Revolution gegen die Götter.«[25] Viele von uns gehen in der teleofunktionalistischen Absurdität aber noch einen Schritt weiter und sagen, einzelne Mitglieder unserer Spezies würden ebenfalls »für« einen bestimmten Zweck existieren. Das ist es, was im Begriff des Schicksals enthalten ist und was Sartre so viele Jahre zuvor zu erfassen versuchte: dass jeder von uns den Eindruck hat, er sei auf der Welt, um die jeweils eigene Bestimmung zu erfüllen – eine Bestimmung, die durch absichtsvolle Gestaltung speziell für uns gemacht worden ist. In unserem Denken sind nicht nur »wir« (so wie in »wir Menschen«) aus einem bestimmten Grund da, sondern auch »wir« (ich, du, die Dame nebenan, der Angestellte hinter dem Tresen und jeder Einzelne der Milliarden Individuen auf dieser Erde) sind für einen noch viel subtileren Schatten dieses allumfassenden Zwecks da.

Das zumindest wollen einen Leute wie Rick Warren glauben machen. »Gott hat die Form zerbrochen, als er dich geschaffen hat« – so lautet der Ausdruck dafür.

Um erkennen zu können, wie absonderlich dieser äußerste Grad teleofunktionalistischen Denkens letztlich ist, sollte man sich in Gedanken auf einen hübschen sonnigen Bauernhof versetzen. Nun schaut man sich in der Gegend um. Man bemerkt beispielsweise diese Pferdebremse dort, die um den Körper einer Araberstute herumschwebt. Gut. Nun vergleicht man deren einzigen Lebenszweck mit dem, sagen wir, Zweck der anderen Pferdebremse da drüben, hinter der Scheune, die um die Algen in dem Tümpel herumschwirrt. Nicht zu vergessen die vielen hundert Larven, die sich unter dem feuchten Holzklotz verpuppen – auch ihnen muss man einen jeweils eigenen Sinn im Leben zuschreiben. Es ist schon schwer genug, für Pferdebremsen insgesamt einen teleofunktionalistischen Lebenszweck zu finden – etwa in der Art, dass Pferdebremsen dazu da seien, Reiter zu ärgern oder das Hinterteil der Pferde in Erwartung eines Stiches erzittern zu lassen. Ganz so, wie der amerikanische Dichter Ogden Nash es in seinen berühmten Zeilen festgehalten hat: »God in His wisdom made the fly/And then forgot to tell us why« (etwa: In seiner Weisheit schuf Gott die Fliege/verschwieg jedoch, worin ihr Nutzen liege). Wenn wir aber mithilfe der Mentalisierung über die Absicht Gottes nachdenken, für jede eine eigene Bestimmung zu konstruieren, sodass jede *einzelne* Pferdebremse zu einem bestimmten, einzigartigen Zweck existiert – einem, der sich vom Zweck jeder Pferdebremse, die je gelebt hat oder leben wird, unterscheidet –, kann uns das eine Einweisung in die Psychiatrie einbringen. (Sollte jemand mit Pferdebremsen nichts anfangen können, darf er die genannte Spezies einfach durch eine andere nichtmenschliche Art eigener Wahl ersetzen – vielleicht regen Ziegen, Ulmen oder wilde Eber die Vorstellungskraft ja stärker an.) Doch genau das tun wir, wenn wir über einzelne Mitglieder unserer eigenen Spezies nachdenken; schon seltsam, dass die Vorstellung einer Bestimmung den meisten nicht lächerlich, verrückt oder begrifflich vollkommen verfehlt vorkommt.

Allem Anschein nach fühlt es sich in Wahrheit absolut natürlich an. Man frage nur Fergie, eine der Leadsängerinnen der Hip-Hop-Gruppe namens Black Eyed Peas. Nachdem sie über ziemlich bissige Reaktionen der Kritiker auf ihre letzten Auftritte nachgedacht hatte, schoss sie zurück: »Singen ist ein Geschenk Gottes, und wenn jemand sagt, ich könne nicht singen, so ist das, als würde er Gott beleidigen.«[26] Dem Fernsehkorrespondenten und Politexperten des Senders Fox, Bill O'Reilly, kommt es auch so vor, als sei seine Karriere von Gott auf ihn zugeschnitten. O'Reilly glaubt, Gott persönlich habe sein handfestes Debattiergeschick, seinen halsabschneiderischen journalistischen Stil und seine allgemein kampfeslustige Persönlichkeit speziell für ihn, diesen selbst ernannten »Kulturkämpfer«, zusammengestellt. In seiner Autobiografie *A Bold Fresh Piece of Humanity* (2008, etwa: ein kühnes, aufgewecktes Exemplar Mensch) – dieser sperrige Beiname wurde ihm in der dritten Klasse von einer Nonne verpasst, die er im Rückblick als besonders weitsichtig empfindet – erkennt O'Reilly eine wohltätige Hand in seiner »Vom-Tellerwäscher-zum-Millionär-Geschichte«:

> Jeder von uns ist zu einem bestimmten Zweck auf der Welt. Ich hatte das Glück, dass ich meinen schon recht früh im Leben gefunden habe, doch es hat sehr viel länger gedauert, bis ich das ganze Ausmaß meiner Bestimmung verstanden hatte.[27]

> Ich spreche Dankgebete für das wunderbare Leben, das ich gelebt habe … Wenn Sie das nächste Mal einen Atheisten treffen, so sagen Sie ihm oder ihr, dass Sie einen kühnen, aufgeweckten Burschen kennen, einen Barbaren, der in einer Arbeiterfamilie aufgewachsen ist und sich seine Lektionen gemerkt hat. Dann machen Sie dem Atheisten klar, dass diesem Burschen nun täglich Millionen Menschen in aller Welt zusehen und zuhören, und obendrein verkauft er Millionen von Büchern. Und wenn der Ungläubige dann damit beschäftigt ist, all das zu verdauen, fragen Sie ihn, ob er oder sie immer noch nicht glaubt, dass es einen Gott gibt![28]

Hätte das Universum Sinn für Humor, träfen wir den theistischen Geist Charles Darwins als Gast in der Sendung *The O'Reilly Factor*, wie er perplex auf O'Reilly starrt, während dieser sich mit rotem Kopf abmüht, Argumente über den Sinn des Lebens anzubringen. Doch weil es diesen Sinn für Humor nicht hat, können wir nur unsere Phantasie bemühen. Und zum Glück müssen wir sie nicht groß strapazieren, um uns vorstellen zu können, was Darwin wahrscheinlich sagen würde. In einem Brief vom 3. Juli 1860 an seinen engen Vertrauten (und Verteidiger der Religion), den Botaniker Asa Gray, meinte Darwin:

> Noch ein Wort zu »gewollten Gesetzen« und »nicht gewollten Ergebnissen«. – Ich sehe einen Vogel, den ich zum Essen will, nehme mein Gewehr und töte ihn, und das geschieht *mit Absicht*. – Ein unschuldiger und anständiger Mann steht unter einem Baum und wird vom Blitz erschlagen. Glauben Sie (& ich würde es wirklich gerne hören), dass Gott diesen

> Mann *willentlich* getötet hat? Viele oder die meisten Menschen glauben das; ich kann es nicht und glaube es nicht. – Falls Sie das glauben, glauben Sie dann auch, dass, wenn eine Schwalbe eine Mücke fängt, Gott beabsichtigt hat, dass diese spezielle Schwalbe in genau diesem Moment genau diese Mücke fängt? Ich glaube, der Mann und die Mücke sind in der gleichen Zwangslage. Wenn weder der Tod des Mannes noch der der Mücke beabsichtigt ist, sehe ich keinen überzeugenden Grund für den Glauben, dass ihre *anfängliche* Geburt oder Entstehung notwendigerweise absichtsvoll erfolgt sein sollte.[29]

Die Idee von einer Bestimmung und einem unbedingten Zweck mag recht harmlos erscheinen, doch wenn man teleofunktionalistisches Denken auf das eigene Sein anwendet, kann das manchmal gewaltig schiefgehen. Beispielsweise gehört es wohl zu den Kernmethoden, die man nutzt, um arglose junge Militärrekruten in gefährliche Aufgaben zu locken. Niemand, der bei Verstand ist, würde glauben, dass Gott ihn zu dem Zweck geschaffen hat, eine arthritische Großmutter grässlich zu verstümmeln, oder dass Gott ihn, genau ihn, speziell dafür ausersehen hat, mit einer selbst gebastelten Splitterbombe einem wimmernden Baby das Fleisch vom zarten Skelett zu reißen. Doch das teleofunktionalistische Gehirn sieht die Dinge auf merkwürdige Weise. Nehmen wir an, man selbst sei ein junger Muslim, dessen Neuronen von der üppig-sinnlichen Atmosphäre eines kriegerischen Islam umspült wurden und der schon als kaum strukturierter Zellhaufen im Mutterleib der Instabilität ausgesetzt war, ehe er sich hinauswand in eine Welt voller barocker Gewalt, in der das abgehackte Geräusch der Rotorblätter von Apache-Hubschraubern so vertraut geworden ist wie die Stimme der Mutter. Persönlich ausgesucht von einem charismatischen politischen Führer, dessen speziellen Gott samt Lehre und Geschichte er zufällig teilt, erzählt man ihm, er sei nach dem Willen Gottes auserwählt, für den ganzen Islam einen geheimen und heiligen Akt des Märtyrertums zu vollbringen. Ja, die Splitterbombe, mit der er herumfuchtelt, wird eine arme arthritische Alte vernichten und ein Baby auslöschen, die sich zufällig auf jenem belebten Markt befinden, wo sein Schicksal sich erfüllen soll, doch das alles ist, wie es sein soll: »Gottes Wege sind unergründlich.«

Bemerkenswert ist hier, wie teleofunktionalistisches Denken, wenn man es auf diese merkwürdige Suche nach dem Sinn unseres Lebens anwendet, unter genau richtigen – oder besser genau falschen – sozioökologischen Bedingungen Zerstörungen epischen Ausmaßes auslösen kann. Das Problem ist, dass der Terrorist sich selbst nicht für einen Terroristen hält, weil Gott ja keine Terroristen erschafft. 1997 gewährte Osama bin Laden, als er schon seine egomanischen Pläne für den eigenen politischen Aufstieg in der Arabisch sprechenden Welt ausbrütete, einem amerikanischen Fernsehreporter ein Interview. Der Reporter fragte bin Laden nach der immer häufiger werdenden verstörenden Strategie, radikale junge Muslime dafür auszubilden, sich und andere in Diensten von al-Qaida in die Luft zu jagen. Bin Laden antwortete: »Wir glauben, dass niemand einen Atemzug aus unserem von Allah angeordneten, vorgeschriebenen Leben herausnehmen kann. Wir halten es für großartig, im Namen Allahs für eine große Sache getötet zu werden, wie es unser Prophet gewünscht hat.«[30] So kann teleofunktionalistisches Denken, wenn man auf die Idee einer Bestimmung setzt, eine grässlich effiziente Falle sein, die von Autoritätsfiguren bei ihren narzisstischen

Manipulationen Untergebener (absichtlich oder unabsichtlich) missbraucht wird. Wie eine beunruhigende Studie bei palästinensischen Kindern gezeigt hat, geben 36 Prozent der Jungen und 17 Prozent der Mädchen im Alter zwischen zwölf und 14 Jahren an, als Märtyrer sterben zu wollen.[31]

Das soll nicht heißen, dass die Vorstellung einer Bestimmung – oder allgemeiner der Glaube, Gott habe mit uns als Individuen etwas Spezielles vor – immer eine so üble Angelegenheit ist. Tatsächlich legt die Forschung des Psychologen Dan McAdams von der Northwestern University nahe, dass Menschen, die ihren Schicksalsschlägen eine Bedeutung beimessen, eher zu mitfühlenden älteren Erwachsenen werden. Sie tendieren eher dazu, jüngeren Leuten zu helfen, die noch ihre eigenen schmerzlichen »Lebenslektionen« lernen. Als der mittlerweile zum Präsidenten gewählte Barack Obama sich 2004 im Wahlkampf für den Senatorensitz in Illinois befand, wurde er von Cathleen Falsani interviewt, die religiöse Kolumnen für die *Chicago Sun-Times* schreibt. Falsani sammelte Geschichten für ihr Buch *The God Factor* (2007). Als sie fragte, ob er je beten oder meditieren würde, antwortete Obama:

> Es ist eher so, als ginge ich durch den Tag und bemühte mich, in mich zu gehen und mir hie und da einen Moment zu nehmen, in dem ich mich frage, warum bin ich hier, wie steht das mit einem weiter gefassten Sinn in Verbindung … die größte Herausforderung besteht meiner Meinung nach darin, stets den eigenen moralischen Kurs zu halten. Das sind die Gespräche, die ich mit mir selbst führe. Ich messe mein Handeln an dieser inneren Stimme, die zumindest für mich hörbar ist, die aktiv ist und mir sagt,

wo ich meiner Meinung nach richtig liege und wo ich meiner Meinung nach falsch liege.[32]

Wir haben gesehen, dass man, wenn man die Vorstellung einer Bestimmung bewusst verwirft, nicht aufhört, sich selbst als Protagonisten in einer unscharf definierten persönlichen Fabel zu sehen. Aber wenn wir Bestimmung oder Schicksal als das sehen, was es ist – eine kognitive Illusion, die angesichts menschlicher Egoismen und der Neigung zum Mentalisieren sowohl verlockend als auch tödlich sein kann –, dann sind wir zumindest imstande, jenen salbungsvollen Gestalten zu widerstehen, die uns gerne zu dem Glauben verführen wollen, sie besäßen irgendein privilegiertes Wissen in Hinblick auf das, was Gott für uns auf Lager hat.

Und es sind auch nicht nur Kriegshetzer und Schwindler, die junge und leichtgläubige Menschen zu unklugem fatalistischen Denken verleiten. In Wahrheit neigen auch Eltern und Lehrer, obwohl ihre Absichten gewöhnlich harmloser sind als die der vorher genannten Leute, unwissentlich dazu, die Illusion von der Bestimmung zu verschärfen. Unsere soziale Umgebung ist von einem Dickicht aus Berufen überwuchert – die Berufsbezeichnung dient (oft traurigerweise) dazu, den eigentlichen Zweck eines Individuums festzulegen. Von klein auf werden Kinder von Erwachsenen gefragt, »was sie einmal werden wollen«, wenn sie groß sind: Als wäre jemand noch keine richtige Person – das heißt ohne *eigentlichen Zweck* –, solange er keine Karriere durchläuft, die eine Funktion erfüllt.

Als Professor am College habe ich genügend Studenten gesehen, für welche die Zukunft ein verlockendes und unergründliches Versprechen darstellt – eines, das sie aufgrund von Lob und Anerkennung ihrer Talente durch andere hier und jetzt vielleicht vorhersagen könnten. Wir erwarten von jungen Leuten, dass sie »sich selbst entdecken« wie Drogenspürhunde, die an Koffern ihre Arbeit verrichten. In dieser Schloss-Schlüssel-Annäherung an Erziehung ist die Annahme enthalten, Studenten würden mittels ausreichender Selbsterkenntnis merken, wofür sie »gedacht« sind, um dann etwas mit ihrem Leben anstellen zu können. Dazu gehört insbesondere, dass sie bei der Suche nach der Tür, durch die sie vielleicht passen könnten, entsprechend viele Fehlversuche und Rückschläge erlitten haben, um am Ende die Tür zu finden, die ihnen den geringsten Widerstand entgegensetzt. Einheitliche Prüfungen werden zu Auslese und Eliminierung genutzt und ermöglichen es den Studenten, ihr Schicksal zurechtzuschnitzen. Und für Studenten, die in ihren Prüfungsergebnissen lesen wie in Kaffeesatz oder die kritische Bewertungen ihres Potenzials für bare Münze nehmen, läuft dieser Ansatz oft darauf hinaus, dass sie ihr möglicherweise bestes künftiges Selbst opfern.

Sobald Menschen ihre vorgeschriebene Bestimmung »erkennen«, kommen sie sich schon mal veräppelt vor – als würden sie »das Leben eines anderen leben« oder »nicht das tun, wofür sie vorgesehen sind«, wenn sie sich später in den Fesseln der auf Nützlichkeit gerichteten Notwendigkeiten wiederfinden und Rechnungen bezahlen, ihre Kinder großziehen und eher tristen und unromantischen Pflichten nachkommen müssen. Mein Vater, ein erfolgreicher Verkäufer, erwarb einen Universitätsabschluss in englischer Literatur. Er hatte stets den Eindruck – vor allem aufgrund von Bemerkungen eines ihn fördernden Fakultätsmitglieds während der Jahre am College –, er sei dazu ausersehen gewesen, als Tee schlürfender Professor auf dem Campus irgendeiner idyllischen geisteswissenschaftlichen Uni vor staunenden Studenten über Robert Frost zu fabulieren. Doch das hatte sich nicht ganz so ergeben. Wie Franz Kafka in den Maulwurfslöchern einer labyrinthischen bürokratischen Absurdität steckend, brachte er stattdessen sein ganzes Leben als Erwachsener damit zu, Holzleim an Großhändler zu verkaufen und einschläfernde Vorstandssitzungen zu leiten, in denen man darüber verhandelte, wie die aktuellen Marktbedingungen sich auf den Verkauf von Artikeln für häusliche Arbeitszimmer auswirken würden.

Der Hang zu teleofunktionalistischem Denken beeinflusst vielleicht auch unser Selbstwertgefühl auf subtile, aber potenziell das Leben verändernde Weise. Selbst bei Menschen, die glauben, dass »Gott keine Fehler macht«, kann der Umgang mit anderen Leuten gelegentlich das vage, beunruhigende Gefühl auslösen, sie seien mangelhaft konstruiert. Wenn wir an das Kind denken, dem Mutter oder Vater täglich vorhalten, es sei nutzlos oder nicht in der Lage, »etwas richtig zu machen«, so kann der evolutionär entstandene kognitive Hang, uns selbst als Artefakte zu sehen, durchaus eine tragische Wendung nehmen. Und es sind nicht einmal unbedingt Beschimpfungen erforderlich, damit teleofunktionalistisches Denken unsere Selbstachtung so beeinflusst. Manchmal hat es einfach nur mit indirektem Lernen zu tun – man lernt aus den Erfahrungen ausgegrenzter anderer, was einen Menschen in den Augen der Gesellschaft als fehlerhaft erscheinen lässt, und verbirgt dann diesen Teil der eigenen Natur, um diesem sehr übel beleumdeten Schicksalsklischee zu entgehen.

Beispielsweise ist es mir jetzt ein wenig peinlich, mich daran zu erinnern, doch mit etwa acht Jahren war ich davon überzeugt, die Blutentnahme in der Arztpraxis würde verraten, dass ich heimlich schwul sei, dass der

Arzt, wenn er das Röhrchen gegen einen Sonnenstrahl hielt, sicher irgendeine in meinem Plasma treibende homosexuelle Essenz entdecken würde, die meine wahre Identität verriete – denn die war auf unbestimmte Weise verdorben und ein Konstruktionsfehler. Das glaubte ich, weil ich gesehen hatte, wie man in meiner gesellschaftlichen Umgebung schwule Männer mit Verachtung behandelte, und letztlich dauerte es deshalb so lange, bis ich meine eigenen Vorurteile gegenüber Homosexuellen überwunden hatte. Ich war so damit beschäftigt, die mir von der eigenen homophoben Kultur vorgeschriebene fatalistische »Story des schwulen Mannes« zu vermeiden, dass ich nicht darauf setzte, meine Entwicklung als eigenständiges Individuum zu fördern. Stattdessen verwendete ich zu viel Energie darauf, diesem bereits festgelegten Schicksal einer abgewerteten Klasse auszuweichen.

Untersuchungen zu einem verwandten Problem auf dem Sektor des Nachdenkens über Artefakte – in der Entwicklungspsychologie als funktionale Fixierung bezeichnet – zeigen, wie sehr sich teleofunktionalistisches Denken letztlich gegen unser persönliches Wachstum richten könnte. Wie diese Arbeit über funktionale Fixierung zumindest indirekt nahelegt, kann die Einschätzung, man habe eine wesentliche Bestimmung, das Selbstbild so formen, dass man seine reale Gegenwart selbstzufrieden bewertet, obwohl sie den eigenen Wünschen nicht entspricht. Dieses Thema bleibt noch explizit zu erforschen, aber wenn wir tatsächlich über uns – oder zumindest über unsere Bestimmung im Leben – so denken, wie wir es über Artefakte tun, könnte das eine entsprechende Argumentation begründen, weshalb unser Selbstbild so besonders anfällig für das ist, was andere über uns sagen. Es könnte auch begründen, weshalb es so schwierig ist, sich durch den Blick auf das eigene Potenzial neu zu erfinden, anstatt sich selbstgefällig zu versichern, dass es schon kommen wird, wenn es so kommen soll.

Funktionale Fixierung ist eine in allen Kulturkreisen anzutreffende kognitive Neigung. Sie schränkt unsere Fähigkeit ein, im Umgang mit einem Artefakt aufgrund der offensichtlichsten und auf der Hand liegenden Funktion dieses Gegenstands über das »Schubladendenken« hinauszugehen. Anders gesagt, unsere Fähigkeit, fruchtbare, atypische, kreative Einsichten in die vielen Verwendungsmöglichkeiten eines Gegenstandes hervorzubringen – etwa einen Lampenschirm als Cowboyhut zu nutzen oder einen ausgedienten Grabstein als dekorativen Fußwegbelag –, wird zunehmend durch das eingeschränkt, was der Konstrukteur des Objekts sich unserer Ansicht nach als Zweck vorgestellt hat.

Tim German und Clark Barrett haben ein aufschlussreiches Experiment zur funktionalen Fixierung durchgeführt. Den Probanden wurde von zwei Freunden (Bear und Rabbit) erzählt, die draußen spielten, als sie plötzlich durch einen schnell dahinströmenden Fluss getrennt wurden. (Den Fluss deutete der Versuchsleiter an, indem er seine Hand über einen Bereich des Tisches vor den Teilnehmern schwenkte; die Protagonisten befanden sich auf zwei Styroporklötzen mit dem »Fluss« dazwischen.) Die Strömung schwimmend zu durchqueren sei für beide zu gefährlich, erläuterte der Forscher, doch Bear habe ein paar praktische Utensilien, mit denen er seinem Freund Rabbit helfen könne, wieder auf die andere Seite zu kommen: eine mit Reis gefüllte Tasse, einen Löffel, eine kleinere Plastiktasse, einen Eisstiel, einen Tischtennisball und einen Radiergummi. Die beiden Versuchsgruppen hörten jeweils genau die gleiche Geschichte und hatten genau die gleiche Aufgabe zu lösen – Bear dabei zu unterstützen, Rabbit beim Übersetzen zu helfen. Einer der

Gruppen wurde der Löffel jedoch in der mit Reis gefüllten Tasse präsentiert, während die andere den Löffel *außerhalb* der Tasse vorfand. Die Lösung? Der Abstand zwischen den beiden Styroporklötzen entsprach genau der Länge des Löffels, weshalb der Fluss ganz einfach mit dem Löffel zu überbrücken war. Jene Teilnehmer, die den Löffel außerhalb der Tasse sahen, lösten die Aufgabe erheblich schneller als jene, die ihn in der Tasse sahen. Letztere waren geistig auf die offensichtliche Hauptfunktion des Löffels fixiert und gezwungen, erst gedanklich aus diesem den Zweck einschränkenden Aufbau zu entkommen.[33]

Wie bei jedem anderen psychischen Merkmal scheint es bedeutende individuelle Unterschiede zu geben, welche Einschränkungen einem bestimmten menschlichen Gehirn durch funktionale Fixierung auferlegt werden. Anders gesagt, es gibt Ausnahmen von der Regel. Und gelegentlich machen solche Ausnahmen Geschichte. 2001 beispielsweise sah ein Teenager aus Malawi namens William Kamkwamba in einer Ansammlung weggeworfener Fahrradreifen, rostiger alter Autoteile und Eukalyptusbäume potenzielles Baumaterial für Windräder, und schließlich brachte er kostenlose elektrische Energie in sein Bauerndorf in Afrika. Doch wenn es um die Entwicklung unseres Selbstbildes geht, kann es sein, dass wir uns durch das Verhalten anderer und ihre Reaktionen auf uns in unserer Kindheit in einer Weise definieren lassen, die uns gewissermaßen in die Rolle des Löffels in der Tasse drängt. Sartre glaubte, dem berühmten Kriminalschriftsteller und Stückeschreiber Jean Genet sei es so ergangen (er hat unter anderem *Die Zofen* und *Wunder der Rose* verfasst). Nachdem Genet als Kind angeblich einer Nonne etwas gestohlen hatte, wurde er von der Gesellschaft als aus der Art geschlagen gebrandmarkt. Er fügte sich und entsprach dieser unausweichlichen, eigentlichen, verdorbenen Identität – dabei war ihm diese Identität eigentlich von anderen aufgezwungen worden. Doch Genet erkannte in einem derartigen Leben eine eigene Bestimmung. Inmitten vieler bunter Jahre der Ausschweifungen als Zuhälter, kleiner Dieb und homosexueller Prostituierter brachte Genet fast zwei Jahrzehnte im Getriebe des französischen Strafvollzugs zu. Doch er verwies – durchaus zu Recht – darauf, dass Kriminelle für die Gesellschaft ebenso wichtig seien wie jene, die sie verachteten. Schließlich, erklärte Genet, sei eine ganze Branche – Anwälte, Richter, Gefängniswärter, Schriftführer, Wachmannschaften, Gesetzgeber, Psychiater, Berater und so weiter – allein wegen der unermüdlichen Arbeit der Kriminellen in der Lage, Steuern zu bezahlen, ihre Kinder zu ernähren und ihre Wohnungen einzurichten.[34]

•

Teleofunktionalistische Überlegungen sind also nicht nur eine schrullige Art des Denkens. Sie wirken sich real darauf aus, wie wir unser Leben führen. Zudem spielen sie eine wichtige Rolle in der Entwicklung der Moral, weil sie mit einem weiteren bedeutsamen Irrtum in unserem gesellschaftlichen Denken verwandt sind. Dieser Denkfehler verführt uns zu dem Glauben, wir *sollten* und *müssten* uns in bestimmter Weise verhalten, weil wir dafür geschaffen seien. Diese Vorstellung, Gott habe in moralischer Absicht gehandelt, als er unser Denken und unseren Körper geformt hat, hängt mit dem philosophischen Konstrukt des »naturalistischen Trugschlusses« zusammen. Er besteht in der begrifflich falschen Behauptung, was natürlich sei, sei damit auch gut, angemessen oder richtig. Auch hier zeigt sich wieder: Ohne die Mentalisierung könnten wir nicht so einfach darüber nachgrübeln, was wir in Erfüllung der Absichten Gottes tun oder lassen sollten, und uns deswegen auch nicht so umstandslos zanken und gegenseitig umbringen.

Der naturalistische Trugschluss quält vor allem die Evolutionspsychologie: Forscher auf diesem Gebiet decken oft Aspekte der menschlichen Psyche auf, die nicht erlernt und über alle Kulturen hinweg weitgehend unveränderlich »natürlich«, in Hinblick auf gesellschaftliche Sitten jedoch kaum wünschenswert sind. Typische Beispiele: unerwünschte sexuelle Vorlieben wie die Neigung von Männern, unwillige Frauen sexuell zu nötigen, oder ihre fleischlichen Gelüste auf gesetzlich minderjährige, zur Reproduktion brauchbare Mädchen. Wegen der vergleichsweise langen Zeit der Fruchtbarkeit und zusammen mit der Tatsache, dass Jungfräulichkeit die Vaterschaft garantiert, ist ihr adaptiver Wert besonders hoch. Werden solche Gelüste als natürlich dargestellt, meinen Kritiker, würde man den Leuten gleichsam die Erlaubnis geben, diese lüsternen Impulse von der Leine zu lassen. »Das ist doch ganz natürlich«, hören wir die Leute sagen. Gewöhnlich rechtfertigen sie damit Gedanken, die Schuld und Scham auslösen, und erheben den Anspruch, dass sie normal und somit in Ordnung seien. So wird die Evolutionspsychologie durch emotionsgeladene Behauptungen, die an der moralistischen Neigung der Menschen zu »kreationistischer« Argumentation zerren, ständig in Kämpfe verwickelt. Sie muss sich immer wieder gegen solche Missverständnisse wehren und mit immer kreativer werdender Sprache klarstellen, dass Natürliches weder gut noch schlecht, sondern einfach nur da ist.

Ein weiteres heißes Thema, das häufig den naturalistischen Trugschluss heraufbeschwört und über das die

Evolutionspsychologie in ihrer Geschichte gründlich nachgedacht hat, ist die Homosexualität. Oft wird das eher abstoßende Anliegen der Homophobie süffisant in eine zerstörerische teleofunktionalistische Meinung zu Geschlechterrollen verpackt. Während der Kampagne für die Wahl der Miss USA im Jahr 2009 beispielsweise fragte der berühmte schwule Blogger Perez Hilton als Mitglied der Jury Miss California, Carrie Prejean, ob sie glaube, dass alle Staaten der Vorreiterrolle Vermonts folgen und Heiraten zwischen Personen des gleichen Geschlechts zulassen sollten. Die klassische blonde Schönheit Prejean, eine hübsche Frau von 21 Jahren, die darüber hinaus nicht viel vorzuweisen hatte, studierte Sonderpädagogik an einem kleinen evangelikalischen College in San Diego. Sie erwog die Frage kurz, blinzelte einmal und polarisierte dann mit einem vaselineglänzenden Lächeln das Land, als sie weitschweifig antwortete:

> Nun ja, ich finde es toll, dass die Amerikaner sich für das eine oder das andere entscheiden können, äh, wir leben in einem Land, wo man wählen kann zwischen einer Heirat mit dem eigenen oder dem entgegengesetzten Geschlecht, und ... [jetzt fängt sie an, die Frage ehrlich zu beantworten] Wissen Sie was, in meinem Land und in meiner Familie denke ich, ich glaube, dass es Heiraten nur zwischen Mann und Frau geben sollte, ich will keinen da draußen beleidigen, doch so bin ich erzogen worden und so sollte es meiner Ansicht nach sein, zwischen einem Mann und einer Frau.[35]

Zuschauer des Defilees der Aspirantinnen behaupten nach wie vor, diese unverblümte Antwort habe Prejean die Krone gekostet; sie endete als Zweitplatzierte hinter einer angeblich toleranteren Miss North Carolina. Nach der Veranstaltung spielte sich in der Lobby ein weiteres Drama ab, als die Mutter der Miss New Mexico in eine Tirade verfiel, aus der noch viel offensichtlicher die Meinung sprach, alles sei von Gott bestimmt. Gegenüber einem empörten Zuschauer schrie sie die alte Leier heraus: »In der Bibel heißt es, die Heirat sei zwischen Adam und Eva, nicht zwischen Adam und Ewald!«[36]

Doch auch wenn es verlockend erscheinen mag, sollten wir es uns nicht so leicht machen und auf Teilnehmerinnen von Schönheitswettbewerben und ihren bibelblinden Müttern herumhacken. Denn damit würden wir psychologische Hinweise übersehen, die tiefer reichen als die Religion. Denn wie der Ansatz, Homosexualität durch medizinische Eingriffe zu »korrigieren«, sogar noch in den letzten Jahrzehnten gezeigt hat, ist es für atheistische Wissenschaftler nicht ungewöhnlich, dass sie leidenschaftlich gegen Schwule eingestellt sind. Und diese Vorurteile beruhen zumindest teilweise auf der Neigung zu teleofunktionalistischem Denken. Diese nicht religiös bedingte verächtliche Einstellung gegenüber der Homosexualität wird oft mit religiöser Intoleranz verwechselt. Beispielsweise fordert uns Richard Dawkins in seinem Buch *Der Gotteswahn* (2006) auf, den Fall Alan Turings zu betrachten. Der britische Mathematiker hatte den Code der deutschen Chiffriermaschine Enigma geknackt, so die Bemühungen der Nazi-Geheimdienste zunichtegemacht und auf einmalige Weise dazu beigetragen, den Zweiten Weltkrieg zu beenden. 1952 hatte man Turing aufgrund der britischen Sodomiegesetze wegen eines aufgedeckten Stelldicheins mit einem jungen Mann unter großem Aufsehen verurteilt. Psychiater zwangen ihn, sich einer chemischen Kastration mittels einer Reihe von Injektionen weiblicher Hormone zu unterziehen, worauf ihm leider, beschämend, Brüste wuchsen. Angesichts der Aussicht auf fortgesetzte Injektionen dieser Hormone oder einer längeren Gefängnisstrafe entzog Turing sich beiden Albträumen und beging Suizid, indem er in einen mit Zyankali präparierten Apfel biss. Dawkins sieht Turing fälschlicherweise als Beispiel eines Schwulen an, der aufgrund religiös motivierter Überzeugungen verfolgt wurde. Er schreibt:

> Als Turings Arbeit nach dem Krieg nicht mehr der Geheimhaltung unterlag, hätte man ihn eigentlich in den Adelsstand erheben und zum Retter der Nation erklären müssen. Stattdessen wurde das sanftmütige, stotternde, exzentrische Genie zerstört, und zwar wegen eines »Verbrechens«, das in der Privatsphäre begangen wurde und niemandem Schaden zufügte. Wieder einmal begegnet uns das unverkennbare Markenzeichen der glaubensorientierten Moralisten: Sie sorgen sich leidenschaftlich um das, was andere Menschen privat tun (oder sogar denken).[37]

Tatsächlich gehörte die britische Regierung (besonders ihr legislativer Zweig) damals zu den säkularsten Regulierungseinrichtungen in der Welt. Selbst wenn die Sodomiegesetze vor dem Hintergrund religiöser Überzeugungen verabschiedet worden sein mögen (und sogar das war erheblich weniger zu erkennen als in anderen Ländern des Westens), so ist doch wahr, dass die von religiösen Ansichten völlig unabhängige Psychiatrie der 1950er-Jahre Homosexualität als Krankheit ansah, die eine Heilbehandlung rechtfertigte. Auch wenn Dawkins also Turings unsägliche Verurteilung durch die britische Elite zu Recht verdammt, waren es in der Tat Wissenschaftler (sie betrieben fehlerhafte Wissenschaft, aber Wissenschaft war es allemal), denen man das Ende dieses Mannes vorwerfen muss, und nicht diejenigen, die damals aus religiösen Gründen moralisierten.

Selbstverständlich hat heterosexueller Verkehr einen eigenen adaptiven Wert – er ist ein sehr direkter Weg zu erfolgreicher Fortpflanzung. Doch wir müssen uns beständig daran erinnern, dass adaptive biologische Entwürfe keine Handlungsanweisungen oder Vorschriften für moralisches Verhalten in sich tragen. Normalerweise würde niemand sagen, dass Männer promisk sein *sollten*, weil doch der fleischige untere Kranz des Peniskopfes von Gott speziell für den exzessiven Gebrauch mit vielen Frauen maßgeschneidert wurde, um das Sperma der Konkurrenten zu entfernen. Ebenso dürfte sich gewöhnlich niemand darüber aufregen, dass wir unsere Körpergerüche verbergen, indem wir unsere Drüsen mit einer industriell gefertigten Ausdünstung ertränken, obwohl doch der Gebrauch von Deodorant und Parfüm eindeutig ebenfalls gegen die natürliche Ordnung der Dinge verstößt.

Die Frage des medizinisch unterstützten Suizids ist ein weiteres modernes Beispiel dafür, wie teleofunktionalistisches Denken sich mit moralischer Argumentation überschneidet. Wer glaubt, er verdanke sein Leben Gott, wird die medizinische Euthanasie – ebenso wie die Abtreibung und die Todesstrafe – eher für moralisch falsch halten. Wenn das Wesen eines Menschen, wie viele glauben, von Gott erschaffen wird, dann folgt daraus, dass der Einzelne nicht das Recht hat, vorsätzlich den eigenen Tod zu verursachen – das gilt als das alleinige Recht Gottes. Damit wird Suizid zu einer Art von geistigem Diebstahl; das Ich gestaltet sein Ende in einem Akt der Meuterei gegen seinen Schöpfer anders. So, wie Fjodor Dostojewski in seinem Tagebuch die Betrachtungen eines Selbstmörders zitiert: »[…] so verurteile ich […] diese Natur, die mich so rücksichtslos und unverschämt zum Leiden erschaffen hat, zugleich mit mir zur Vernichtung.«[38]

•

Wenn wir im Leben eine ihm eigene Bestimmung erkennen, ob als Sinn unseres individuellen oder des Lebens ganz allgemein, so heißt das, dass wir ein intentionales, schöpferisches Wesen – gewöhnlich Gott – sehen, das einen Grund hatte, es genau so und nicht anders zu gestalten. Wenn wir jedoch Darwins Theorie der natürlichen Auslese voll und ganz übernehmen, dann müssen wir menschliches Leben im Allgemeinen und unser eigenes individuelles Leben als etwas betrachten, das allein durch absichtslose physikalische Vorgänge entsteht. Das heißt nicht, dass wir als eine Art »Missgeschick« passiert sind, weil selbst dieser Ausdruck einen Willen voraussetzt, wenn auch einen, der etwas aufgrund eines Fehlers geschaffen hat. Eher kann man sagen, wir *sind* einfach. Eine andere Aussage wie etwa die, dass jeder von uns aus einem Grund da ist, würde einen offenkundigen Kategorienfehler darstellen, weil wir teleofunktionalistisches Denken auf etwas anwenden, das weder schöpferisch gestaltet wurde noch sich als klar abgegrenzte biologische Anpassung entwickelt hat.

Doch wegen der Mentalisierung und speziell dank unseres undisziplinierten teleologischen Denkens kann man sich nur äußerst mühsam davor bewahren, das menschliche Dasein in solchen intentionalen Begriffen zu sehen. Die Vorstellung, wir seien moralisch, weil Moral in einem mechanistischen, evolutionären Sinn funktioniert, läuft auf die Aussage hinaus, wir seien moralisch, weil wir moralisch sind. Das ist insofern nicht zu erfüllen, als es einem Gott die Autorität entzöge, der uns dafür geschaffen hat, in bestimmter Weise zu handeln, weil er es am besten wusste und weil er enttäuscht und verärgert wäre, wenn es uns nicht gelänge, uns mit seinen Regeln für die menschliche Natur in Einklang zu bringen. Wenn wir die kognitive Illusion vom Sinn des Lebens abstreifen, wie das im vorliegenden Kapitel geschehen ist, erlaubt uns das einen ersten Blick auf die Frage, die sich am Anfang des Buches gestellt hat: War es die einzigartige kognitive Evolution unserer Spezies, die uns zu dem Glauben an diesen größten aller Bewusstseinsinhalte verleitet hat? Im Augenblick lautet die Antwort eindeutig »ja«.

Zeichen, Zeichen, überall Zeichen

So, wie wir in anderen Menschen mehr als nur ihren Körper sehen, neigen wir auch dazu, in natürlichen Ereignissen mehr zu sehen als nur Naturgeschehen. Und diese über das Offensichtliche hinausgehende Wahrnehmung folgt wieder aus jener sehr speziellen Art, in der unser Gehirn sich entwickelt hat – seiner Fähigkeit zur Mentalisierung. Bei allen Wendungen scheinen wir zu glauben, in jedes Schnitzwerk der Natur seien subtile Botschaften eingeritzt: fein gearbeitete Zeichen oder Hinweise darauf, dass Gott oder eine andere übernatürliche Wesenheit versucht, uns eine Lektion oder einen Gedanken zu übermitteln – und häufig uns allein. Gewöhnlich geht es darum, wie wir uns verhalten sollten. Also hören wir aufmerksam zu und übersetzen Ereignisse der Natur mühelos in göttliche oder übernatürliche Botschaften.

Die besten Beispiele dafür, dass in der Natur der Geist Gottes am Werk gesehen wird, sind tendenziell auch die lachhaftesten. Doch gerade an ihnen können wir erkennen, wie die religiösen und spirituellen Ansichten mit der von unserer Spezies durch Evolution erworbenen Fähigkeit zur Mentalisierung zusammenhängen. Der freimütige afroamerikanische Bürgermeister von New Orleans, Ray Nagin, meinte Reportern 2005 gegenüber, der Hurrikan Katrina – einer der wildesten und zerstörerischsten Stürme, die Nordamerikas Küsten je heimgesucht haben – sei in Wahrheit ein klimatisches Zeichen für Gottes heftigen Zorn gegen die von Drogen benebelte Stadt, den militärischen Einfall des Landes in den Irak und das »schwarze Amerika«, und alles in einem Aufwasch:

> Gott ist ganz sicher wütend auf Amerika. Ganz sicher billigt er es nicht, dass wir unter einem falschen Vorwand im Irak sind. Doch ganz sicher ist er auch wütend über das schwarze Amerika. Wir passen nicht selbst auf uns auf.[1]

Diese Äußerung zog scharfe Kritik von allen Seiten auf sich und führte schließlich dazu, dass Nagin eine peinliche Entschuldigung lieferte – er versprach, sich beim nächsten Mal zurückhaltender auszudrücken. Doch die von der Kanzelrhetorik des Bürgermeisters ausgelöste Aufregung beruhte nicht darauf, dass die Leute unfähig gewesen wären, den Kern von Nagins Aussage zu begreifen. Vielmehr glaubten die meisten Leute nicht, dass ihr Gott, den sie als liebenden, nicht zornentbrannten Gott sahen, uns armen Menschenwesen auf diese spezielle Weise eine Nachricht übermitteln würde. So, wie Einstein einmal gegenüber einem Freund gesagt haben soll: »Raffiniert ist der Herrgott, aber boshaft ist er nicht.«[2]

Natürlich erfand Nagin bloß das gut eingefahrene Rad aus Feuer und Schwefel neu, als er andeutete, unser Gott sei ein zorniger und rachsüchtiger Gott. Gerade mal ein Jahr bevor er in dieses politische Fettnäpfchen treten sollte, bedienten sich andere nachdenkliche Menschen aus allen Ecken der Welt aus ebendiesem Vorrat an Erklärungen: Sie boten Erläuterungen für den »wahren« Grund des indonesischen Tsunami, der 2004 in Südostasien mehr als eine Viertelmillion Menschen in den Tod riss. (Was schert uns die plötzliche Verschiebung tektonischer Platten auf dem Boden des Indischen Ozeans.) Auch diese Katastrophe sahen alle als eine Art gewaltige, blinkende Leuchtschrift im Stil von Las Vegas, die uns oberflächlichen, gefallenen und so prächtig fehlerhaften Menschenwesen eine deutliche Botschaft übermitteln sollte. Hier ein paar anonyme Beispiele aus einigen Online-Diskussionsforen nur wenige Tage nach der Tsunami-Katastrophe:

> So spricht der Herr, ich sende euch etwas hinab als Warnung, damit ihr nachdenken und eure Wege ändern möget.

> Viele Male lässt Gott zu, dass so etwas geschieht, um die Menschen vor Gott auf die Knie zu zwingen. Etwas in dieser Größenordnung ist notwendig, damit sie begreifen lernen, dass es da etwas Größeres gibt als sie selbst, das die Welt lenkt.

> Es könnte einfach Gottes Art sein, uns daran zu erinnern, dass er verantwortlich ist, dass er Gott ist und wir bereuen müssen.

> Diese – für alle Betroffenen so belastende – Katastrophe war für die Menschheit insgesamt ein zutiefst moralisches Ereignis, ein von Gott zu unserem Nutzen vollbrachter Akt.

Wichtig ist der gemeinsame Nenner dieser Beispiele oder all der Fälle, in denen ein Naturereignis als Zeichen, Omen oder Symbol aufgenommen wird: die Mentalisierung. Wenn wir die Welt auf diese Weise analysieren, versuchen wir, in Gottes Kopf zu gelangen – oder in den Kopf jeder beliebigen kulturell konstruierten übernatürlichen Wesenheit, die wir im Angebot haben. Dabei sollte man jedoch in Betracht ziehen, dass ohne unsere evolutionär entstandene Fähigkeit, über unsichtbare mentale Zustände nachzudenken, Hurrikane und Tsunamis nichts weiter wären als das, was sie für jedes andere Tier auf Erden sind: wahrhaft schlimme Unwetter. Das heißt, Naturereignisse können ebenso wie das oberflächlich sichtbare Verhalten anderer Leute von uns Menschen nur deshalb so wahrgenommen werden, als würden sie etwas anderes bedeuten als ihre Oberflächenerscheinungen, weil unser Gehirn mit dieser spezialisierten kognitiven Software versehen ist. Die Fähigkeit zur Mentalisierung ermöglicht es uns, über darunter liegende psychische Ursachen nachzudenken.

Natürlich gibt es in der Realität wahrscheinlich keine solchen psychischen Ursachen, doch unser Gehirn ficht das nicht an. Die Mentalisierung schaltet aus dem Stand in den höchsten Gang – genau wie nach einer Provokation durch das unerwartete soziale Verhalten eines anderen Menschen. Etwa so, als wolle man seinem besten Freund die Hand schütteln, worauf er einem ins Gesicht schlägt. Es muss einen Grund dafür geben, weshalb er so gehandelt hat, auch wenn das vielleicht nicht unmittelbar ersichtlich ist. Nur dass wir hier nicht das Verhalten anderer Menschen verstehen wollen; es ist das »Verhalten« Gottes oder ansonsten des Universums, das handelt, als wäre es irgendeine vage, absichtsvoll agierende Wesenheit.

In seinem Buch *Acts of Meaning* (1992) bringt der Psychologe Jerome Bruner von der Harvard University vor, wir würden tendenziell nach einer Bedeutung suchen, wann immer das Verhalten anderer gegen unsere Erwartungen verstößt oder sich nicht nach grundlegenden sozialen Normen richtet. Beispielsweise löst der Bruch sprachlicher Regeln – Linguisten nennen das »konversationelle Implikaturen« – häufig eine hektische Suche nach den Absichten des Sprechers aus. Antwortet jemand auf die Frage, was der Wetterbericht für den nächsten Tag sagt, mit »einen Whiskey Sour, bitte«, dürften die meisten Zuhörer automatisch über die Gründe dieser unpassenden – oder zumindest unerwarteten – Reaktion nachdenken. Vielleicht spricht der Betreffende kein Deutsch und hat die Frage nicht verstanden, vielleicht ist er geistig erkrankt oder möglicherweise verärgert und versucht, den Zuhörer zu frustrieren, vielleicht ist er aber auch sarkastisch, zu einem Späßchen aufgelegt oder schwerhörig und so weiter. Obwohl jede dieser Erklärungen eine andere Theorie für die Ursache der merkwürdigen Reaktion heranzieht, beziehen sich alle auf seinen mentalen Zustand. Dagegen käme es wahrscheinlich nicht zu einer solchen Suche nach der Bedeutung, wenn er angemessen reagiert und gesagt hätte: »Ich glaube, es ist mit Regen zu rechnen.« Ebenso werden erwartbare oder alltägliche Naturereignisse eher nicht als Zeichen oder Botschaften von Gott angesehen, weil sie es nicht schaffen, die Mentalisierung in Gang zu setzen. Meistens laufen die Dinge in Übereinstimmung mit unseren Erwartungen ab. Erst wenn sie davon abweichen, werden wir derart bereitwillige Sklaven unlogischen Denkens.

•

Ohne eine generelle kognitive Neigung, in Naturereignissen verborgene Botschaften zu sehen, hätte Religion, wie wir sie kennen, sich größtenteils nicht entwickeln können. Das liegt daran, dass solche Episoden oft als Bestätigung für die Existenz kommunikativer »Anderer« – Gott,

Ahnen oder was auch immer – betrachtet werden, die unser persönliches Leben durch kausale Wechselwirkung mit der Welt der Natur beeinflussen können. Die wahrgenommene Rückmeldung von der anderen Seite flößt uns das starke Gefühl ein, dass wir (und, was vielleicht wichtiger ist, unser Verhalten) für etwas Größeres als das bloße Hier und Jetzt eine Bedeutung haben. Und ohne den Glauben, Gott sorge sich so sehr um mich als Individuum, dass er sich die Mühe macht, mir immer wieder mal eine verschleierte, personalisierte Botschaft des Typs »Ich denke gerade an dich« zu senden, gibt es wahrlich kaum einen Grund, ihm Aufmerksamkeit zu schenken.[3]

Wenn eine voll funktionsfähige Mentalisierung erforderlich ist, damit in Naturereignissen Zeichen gesehen werden können, sollten wir erwarten, dass diese Art des Denkens bei Menschen mit einer klinischen Beeinträchtigung der Mentalisierungsfähigkeit weniger ausgeprägt ist. Bei ihnen sollte sich Religion erheblich anders manifestieren als bei anderen Menschen. Autismus ist eine solche Störung. Individuen innerhalb der Bandbreite des Autismus einschließlich der ansonsten völlig alltagstauglichen Menschen mit dem Asperger-Syndrom, deren IQ ganz normal (oder sogar hoch) ist, fällt es oft sehr schwer, über die psychischen Zustände anderer Menschen nachzudenken. Das betrifft speziell die subtilen, nuancierten Aspekte im Denken anderer wie etwa Sarkasmus, Taktlosigkeit und Ironie. Der Psychologe Simon Baron-Cohen – übrigens ein Cousin des Stars von *Borat* (2006) und *Bruno* (2009) – von der Universität Cambridge hat Autisten als »mindblind«[4] (blind für das Denken anderer) bezeichnet, obwohl diese Charakterisierung ein wenig übertrieben sein mag. Menschen mit Autismus wird man vielleicht besser mit der Vorstellung gerecht, dass sie nie eine voll entwickelte intentionale Haltung ausgebildet haben.

Ihre Sensibilität gegenüber mentalen Zuständen ist wahrscheinlich eher abgeschwächt als gar nicht vorhanden.

In den letzten Jahren haben Baron-Cohen und seine Kollegen die einigermaßen erstaunliche Hypothese vorgetragen, autistische Persönlichkeiten besäßen im Vergleich zu uns möglicherweise ein überlegenes Verständnis für Trivialphysik, selbst wenn sie tendenziell große Schwierigkeiten im sozialen Bereich haben. Baron-Cohen zufolge ist diese »Trivialphysik unsere alltägliche Fähigkeit, das Verhalten unbelebter Gegenstände – in Form von Prinzipien, die sich auf Größe, Gewicht, Bewegung, physikalische Kausalität usw. beziehen – zu verstehen und vorherzusagen«.[5] Kurz, Autisten befassen sich vorwiegend damit, *wie* die Dinge funktionieren, nicht *warum*. So stellen die Eltern vieler autistischer Kinder oft überrascht fest, dass ihre Söhne und Töchter sich zwanghaft für Maschinen und physikalische Systeme interessieren. Solche Kinder neigen dazu, sich nachdrücklich für Dinge zu begeistern, die uns anderen als äußerst ausgefallene Hobbys vorkommen dürften: Sie sammeln Lichtspektren, zerlegen methodisch alte Polaroid-Kameras und Fernbedienungen oder häufen enzyklopädisches Wissen über Eisenbahnlokomotiven des 19. Jahrhunderts an. Diese Neigung, sich auf oberflächliche Ursachen zu fixieren, lässt uns vielleicht besser verstehen, warum in Familien, in denen Autismus vererbt zu werden scheint, Berufe wie Ingenieur, Buchhalter und Physikwissenschaftler tendenziell merkwürdig überrepräsentiert sind.

Es scheint, als würde diese Form der Erfahrung mit physikalischer Kausalität in manchen Fällen sehr praktisch auf die Lösung sozialer Probleme angewandt. Das heißt, in der realen Welt kommen viele Autisten sehr gut zurecht, wenn sie ihre verstärkten Kenntnisse oberflächlicher Verhaltensweisen nutzen und so nie wirklich über die verwirrenden mentalen Zustände nachdenken müssen, die hinter dem Handeln anderer Menschen stehen. Der Psychologe Digby Tantum von der Universität Sheffield bietet uns das faszinierende Beispiel einer Frau mit Asperger-Syndrom, die sich um den Zugang zu einem umlagerten Geldautomaten bemüht:

> Sie hatte beobachtet, dass Menschen, die sich um etwas anstellen, einen gewissen Abstand zum Vordermann lassen, und auch, dass diese Lücke erheblich größer ist, wenn Männer hinter Frauen stehen. Dieses Wissen nutzte sie, um sich vorzudrängen: Sie suchte nach entsprechenden Konstellationen und drängte sich hinter die vorderste Frau in der Schlange, hinter der ein Mann stand.[6]

Die Frau wollte erfahren, wie die Leute sich üblicherweise in dieser speziellen sozialen Situation verhalten, nicht aber deren Beweggründe – das prägte ihr Verständnis dafür, wie die Leute funktionieren. Nur weil sie einschätzen lernte und ein außergewöhnliches Gespür dafür entwickelte, wie Routineabläufe und konventionelle gesellschaftliche Regeln sich mit dem sichtbaren Verhalten der Menschen überschneiden, konnte sie in ein soziales Umfeld eintreten. In diesem besonderen Beispiel war das allerdings unangemessen – sie konnte aber nach wie vor nicht begreifen, warum die Leute, die hinter ihr geduldig in der Schlange warteten, deshalb regelmäßig so wütend wurden.

Mehrere autobiografische Berichte liefern faszinierende Einblicke darüber, wie Autisten Gott sehen. Nun läuft das Nachdenken über Gott, wie wir inzwischen erfahren haben, im Grunde darauf hinaus, dass wir uns mittels unserer evolutionär entstandenen Mentalisierung Gedanken über Gottes mentale Zustände machen. Insofern ist es wohl keine große Überraschung, dass diese Berichte eine ganz andere Art von Gott wiederzugeben scheinen als die übliche sentimentale Version, die den meisten von uns vertrauter ist. So schreibt die autistische Wissenschaftlerin und Autorin Temple Grandin in ihrem Buch *Thinking in Pictures: And Other Reports from My Life with Autism* (1996) über ihren lebenslangen Kampf um ihren Glauben an Gott:

> Es liegt außerhalb meines Begriffsvermögens, etwas allein aufgrund des Glaubens zu akzeptieren, weil mein Denken von Logik anstelle von Emotionen gelenkt wird.[7]
>
> In der Highschool kam ich zu dem Schluss, Gott sei eine ordnende Kraft, die sich in allen Dingen befinde. Ich fand die Vorstellung, das Universum werde immer ungeordneter, zutiefst verstörend.[8]
>
> In der Natur sind Teilchen mit Millionen anderer Teilchen verschränkt, die alle miteinander wechselwirken. Man könnte spekulieren und sagen, diese Teilchen könnten für das Universum eine Art Bewusstsein bilden. Das ist meine aktuelle Vorstellung von Gott.[9]

Aus Edgar Schneiders Buch *Discovering My Autism* (1999) stammt ein weiteres Beispiel. In Kapiteln, die seinem religiösen Glauben gewidmet sind, schreibt der autistische Mathematiker und Computerprogrammierer:

> Mein Glaube an die Existenz einer höchsten Intelligenz (oder, wenn man so will, eines Gottes) beruht auf wissenschaftlichen Faktoren.[10]
>
> Explizit ist darauf hinzuweisen, dass keine dieser

> [religiösen Überzeugungen] irgendwie emotional unterlegt, sondern vollkommen intellektueller Natur ist.[11]
>
> Für mich ist, soweit es um die Zugehörigkeit zu einer Religion (oder jeder anderen Art von Ideologie) geht, intellektuelle Überzeugung eine Bedingung, die Mathematiker »sowohl notwendig als auch hinreichend« nennen. Mein religiöser Glaube, könnte ich vermutlich sagen, ist kein Geschenk Gottes, wie so viele Menschen es ausdrücken; es ist ein Geschenk, das ich mir selbst gemacht habe. In diesem Zusammenhang habe ich nie das emotionale Hochgefühl erfahren, das Menschen empfinden müssen, wenn sie ein »religiöses Erlebnis« haben. Dies ist auch dann der Fall, wenn ich die Sakramente empfange. Das Einzige, was mich zutiefst bewegt hat, ist die *Vernünftigkeit* von alledem.[12]

Solche Schilderungen vermitteln einem unvermeidlich den klaren Eindruck, dass der Theismus von Autisten sich in gewisser Weise von der Alltagsversion unterscheidet. Dabei ist die autistische Religion alles andere als theologisch unterbelichtet. Im Gegenteil, die »religiösen Ansichten« dieser Autoren sind außergewöhnlich. Als ich mich mit Schneider in einer öffentlichen Bibliothek traf, um mit ihm persönlich über seinen Glauben zu diskutieren, hatte er einen dickleibigen, selbst veröffentlichten Band unter dem Arm. Das mit komplizierten mathematischen Formeln durchsetzte Dokument zeigte seiner Überzeugung nach klar, wie Gott im Quantenuniversum am Werk war. (Möglicherweise ist es wirklich so, wie er sagt. Doch angesichts meiner eigenen beschämenden Unzulänglichkeit im Fach Physik war das Dokument für mich fast vollkommen unverständlich.)

Zumindest in den Autobiografien einzelner Autisten wird Gott, für die meisten der Eckstein religiöser Erfahrung, immer noch eher als ein Prinzip dargestellt und nicht so sehr als psychische Wesenheit. Für Autisten scheint Gott eine gesichtslose Kraft im Universum zu sein, die für die Struktur des Kosmos und deren Aufbau direkt verantwortlich ist – er arrangiert die Materie auf ordentliche Weise oder »behandelt« die Entropie –, oder er wird gleich auf die Logik kalter wissenschaftlicher Rationalität reduziert. Für Schneider ist der Katholizismus, statt der emotionalen Korrelate kirchlicher Rituale, die so häufig mit der Physiologie spiritueller Erweckungserlebnisse einhergehen (der Anthropologe Harvey Whitehouse von der Universität Oxford nennt das »sensorisches Heidentum«[13]), mit seinen formalen, vorhersagbaren Abläufen und der Klarheit seiner Richtlinien eher ein angstreduzierendes Medium. Er gibt seine Anweisungen fast Schritt für Schritt und sagt den Autisten, wie sie sich in einer sehr bedrohlichen, verwirrenden sozialen Welt verhalten sollen, und vermittelt ihnen eine gewisse Kontrolle.

Es fällt auf, dass in den vorangehenden Berichten ein Gefühl für interpersonale Beziehungen zwischen dem Autisten und Gott fehlt. Es scheint fast, als würden die im Umgang mit anderen Menschen benutzten algorithmischen Strategien – wie jene der Dame am Geldautomaten – auch in die religiösen Überzeugungen der Autoren hineinspielen. Anstelle einer emotionalen Abhängigkeit oder einer reichen sozialen Beziehung zu Gott wird deduktive Logik angewandt; mit ihrer Hilfe errichten sie die Fundamente für das Verständnis der Existenz und erlegen einer chaotischen Welt Ordnung auf. Der Sinn für das *Numinosum*, das spirituelle »Andere«, das den religiösen Überzeugungen der meisten Menschen innewohnt, ist beim Autisten auffallend unterentwickelt.

All das läuft daraus hinaus, dass Gott für Autisten möglicherweise eher durch Verhalten als durch eine Psyche definiert ist. Falls das tatsächlich so ist, sollten Menschen mit Autismus weniger geneigt sein, Naturereignisse als Träger einer Art subtiler, verborgener Botschaft zu sehen. So könnte ein einsamer, allein lebender Autist vielleicht beten, eine Frau zu bekommen, aber nicht imstande sein, einen symbolischen Hinweis in Form eines natürlichen Ereignisses zu erkennen, mit dem Gott sein Gebet »beantwortet« – etwa wenn der Ehemann einer Bekannten diese für eine andere Frau verlässt. Ein nicht autistischer religiöser Beobachter könnte das als Gottes »Wunsch« deuten, dass er mit seiner Bekannten zusammen sein soll. Er würde also meinen, Gott habe diese Folge gesellschaftlicher Ereignisse absichtsvoll arrangiert und damit auf sein Gebet reagiert; der Autist dagegen würde, weil seine Fähigkeit zur Mentalisierung beeinträchtigt ist, bei diesem Vorfall nicht so leicht auf Gottes Absichten schließen. Tatsächlich stellte ein Mann mit Asperger-Syndrom in einem Internetforum die Frage, ob andere mit dieser Störung so wie er »sich nicht bewusst seien, eine Rückmeldung von Gott zu erhalten«. Falls Gott sich in der subtilen Sprache natürlicher Ereignisse mitteilt, ist es kein Wunder, wenn Menschen innerhalb der Bandbreite autistischer Störungen so oft nicht imstande sind, seine Botschaften zu begreifen.

•

Das klinische Gegenstück des Autismus ist die paranoide Schizophrenie. Der Ausdruck »paranoid« bezeichnet die wahnhafte Komponente der Erkrankung und umreißt den Kern einer vollständig außer Kontrolle geratenen Mentalisierung. Betroffene sehen in fast allem persönliche Zeichen und Botschaften. Die in der Psychologie dieser Patienten mehr oder weniger endemische Erfahrung der *Apophänie* (in zufälligen oder bedeutungslosen Erscheinungen werden Muster und Beziehungen entdeckt) ist besonders aufschlussreich. So schreibt der Psychiater Jonathan Burns von der Universität Edinburgh:

> Patienten mit Schizophrenie suchen in den bizarren Phänomenen ihrer Psychosen nach Bedeutung. Ihre Halluzinationen sind von theistischen und philosophischen Erscheinungen bevölkert, während im Zentrum von Symptomen wie Gedankeneingebung, Vorstellungen von Zeichen und paranoiden Wahnideen die fiebrige Suche nach und die falsche Zuschreibung von Intentionalität liegen muss.[14]

Doch selbst kognitiv normalen, nicht schizophrenen Personen fällt es oft schwer, in natürlichem Geschehen *keine* verborgenen Botschaften zu sehen. An der menschlichen Psyche hat mich unter anderem stets fasziniert, dass wir so oft Entscheidungen treffen, ohne zuerst unser Wissen und unsere Überzeugungen zurate zu ziehen. Ein wissenschaftlich denkender und ansonsten rationaler Mensch kann mit absoluter Überzeugung sagen: »Ich bin nicht gläubig.« Doch unter den passenden Umständen kann es sein, dass Physiologie, Emotionen und sogar Verhalten dieser Individuen scheinbar das Gegenteil verkünden. Sehr oft sind uns diese Widersprüche in unserem Denken absolut nicht bewusst, oder zumindest werden sie selten beachtet. Doch hin und wieder kommt es zu einer Art Zusammenstoß zwischen dem Rationalen und dem Irrationalen.

Mir zum Beispiel wird immer wieder sehr eindringlich bewusst, dass meine Psyche ein Eigenleben entwickelt, wann immer ein paar zufällig zusammenkommende Ereignisse geeignet sind, Gedanken an meine verstorbene Mutter auszulösen. Ja, bildlich ausgedrückt, »lebt sie in meinem Herzen«. Doch was immer von Alice Bering zurückgeblieben sein mag – diese lächelnden, lachenden Augen, die sich so rasch mit aufquellenden riesigen Tränen füllten, ihr Sinn für Humor, die Finger, die sanft über den Haarschopf meines fiebrigen Kopfes strichen, als ich ein Junge war, die sorgenvolle Falte zwischen den Brauen als Zeichen unausgesprochener Verzweiflung, selbst der Krebs, der all das mit Gewalt fortriss –, all das hat sich in einem mit Satin ausgeschlagenen, zwei Meter unter der sonnengetränkten Erde Floridas begrabenen Sarg in einem überfüllten jüdischen Friedhof über zehn Jahre hinweg in Staub verwandelt.

Inzwischen glaube ich – ohne jegliches Aufflackern agnostischen Zauderns –, dass alles, was von meiner Mutter noch existiert, als zerbrechliches Artefakt in diesem einsamen Grab eingeschlossen ist. Außerdem glaube ich, dass ihr mentales Leben vor meinen Augen an einem grimmigen Januarabend 2001 in einem großen, atemlosen Seufzer zu Ende ging –»wie die geringe Asche eines beim Waldbrand verbrannten Schmetterlingsflügels«, wie Camus von seinem seit langer Zeit toten Vater sagte.[15] Doch seitdem habe ich mich bei mehreren Gelegenheiten bei einer ziemlich komplizierten Lüge ertappt. Dabei habe ich auf einer bestimmten Ebene den Schluss gezogen, meine Mutter führe nach wie vor ein sehr reges geistiges Leben – das ich selbstverständlich nur mithilfe meiner Fähigkeit zur Mentalisierung wahrnehmen kann.

Während der langen schlaflosen Nacht der Totenwache nahm mein Bewusstsein beispielsweise die ruhigen Harmonien der Klangspiele vor ihrem Schlafzimmerfenster wahr. Es wäre gelogen, wenn ich sagte, mein erster Gedanke sei nicht gewesen, dass sie versuchte, mir durch diese liebenswerten Installationen eine sanfte Botschaft zu übermitteln. Ich *glaubte* nicht, dass es so sei; ich wusste sehr gut, dass sich wahrscheinlich in diesem Augenblick, viele Meilen entfernt, der Assistent eines Leichenbeschauers im Arztkittel um ihren Körper kümmerte. Doch in diesem Moment waren meine Überzeugungen belanglos. Mein Gehirn umging sie heiter und wechselte in den Übersetzungsmodus: *Sie sagt mir, dass alles in Ordnung ist.*

Bei dieser Art von Quasiglauben – ursprünglicher als eine voll ausgebildete Überzeugung oder gar eine Imagination – wird ein mentaler Zustand durch Einflüsse aus der Umgebung ausgelöst, was sehr reale Verhaltensweisen und emotionale Reaktionen hervorruft. Der Betreffende ist jedoch nicht überzeugt, dass der Auslöser eine *wahre* Tatsache wiedergibt.[16] Anders gesagt, das Bewusstsein der Person wird irgendwie durch Hinweise aus der Umgebung getäuscht, die in der Welt unserer Vorfahren gewöhnlich mit adaptiven Reaktionen verknüpft gewesen wären. Der Oxforder Psychologe Ryan McKay und der Philosoph Daniel Dennett haben 2009 in ihrem Aufsatz in der Zeitschrift *Behavioral and Brain Sciences* ein besseres Beispiel für diesen Quasiglauben vorgestellt:

> Jemand, der auf der über den Grand Canyon ragenden Glasboden-Aussichtskanzel zittert (oder Schlimmeres), glaubt ebenso wenig wie ein Kinobesucher in einem Horrorfilm, dass er in Gefahr ist, doch sein Verhalten in diesem Augenblick zeigt, dass er in einem glaubensähnlichen Zustand ist, der sich erheblich auf das Verhalten auswirkt.[17]

Für meine Reaktion auf die Klangspiele gibt es sogar noch eine einfachere Erklärung als diesen Quasiglauben: Ein Teil von mir wollte, dass es ein Leben nach dem Tod gibt und dass wir sehen, was wir sehen wollen. Mein Wunsch, der Geist meiner Mutter möge doch irgendwie ihren körperlichen Tod überlebt haben, führte somit einfach zu einem Kurzschluss in der Rationalität meiner materialistischen Überzeugungen. Doch bloße Emotionalität ist in solchen Beispielen wahrscheinlich eine unangemessene Erklärung. Schließlich erleben viele Tiere beim Tod eines geliebten Partners emotionale Verzweiflung.[18] Doch ohne die Fähigkeit zur Mentalisierung könnten Menschen die Toten nicht so wahrnehmen, als würden diese ihnen bewusst Telegramme in den vielfältigen Formen natürlicher Ereignisse senden – schließlich werden solche Botschaften wahrgenommen, als kämen sie direkt aus dem Bewusstsein der Geister. Meine Mama *wollte* mich *wissen* lassen, dass sie die Zollformalitäten im Himmel hinter sich gebracht hatte (oder so etwas in der Art).

Es gibt noch eine weitere Erklärung für meine Reaktion auf die Klangspiele – sie wird von Kognitionswissenschaftlern wie Justin Barrett von der Universität Oxford und Stewart Guthrie von der Fordham-Universität bevorzugt. Demnach kommen solche psychischen Reaktionen zustande, weil unerwartete Bewegungen in der Umgebung einen »Mechanismus zur Entdeckung einer wirksamen Kraft« in Gang setzen.[19] Demnach habe sich im Menschen aufgrund der ständig präsenten Bedrohung durch tierische (und menschliche) Raubtiere in der Zeit unserer Vorfahren eine Art hochempfindlicher Sensor entwickelt. Dieser habe erkannt, wenn Bewegungen oder Geräusche von einer gefährlichen Kreatur (oder einer anderen potenziell tödlichen Gefahr) ausgelöst wurden, anstatt anzunehmen, sie kämen von einer harmloseren Erscheinung (wie dem Wind). Oft liegen wir damit falsch – ich habe so manchen Gartenschlauch fälschlicherweise für eine Schlange gehalten –, doch aus der Sicht der Gene wäre ein Irrtum in der anderen Richtung ein weit teurerer Fehler, und Vorsicht ist die Mutter der Porzellankiste. Wenn dann beispielsweise ein Klangspiel vorkommt, das sich vermeintlich aus eigenem Antrieb bewegt, beschwört das Fehlen einer Ursache in Form eines bedrohlichen physischen Wesens den Gedanken an ein nichtkörperliches Wesen herauf – etwa an einen Geist.

Doch auch damit lässt sich meine Reaktion auf die Klangspiele nicht angemessen erklären. Zunächst einmal bleibt meine Fähigkeit zur Mentalisierung völlig unberücksichtigt. Es war nicht einfach der unnahbare, ruhelose Geist meiner Mutter, der da draußen herumspielte, weil sie nichts Besseres zu tun hatte. Vielmehr nutzte sie – zumindest für meinen geheimen, unlogischen Zwilling, der in diesem Fall offenbar mein Wissenschaftlergehirn geentert hatte – die Klangobjekte, um mir eine persönliche Botschaft zu übermitteln. Diese erschien als friedliche Ode, als bedeutsames Wispern über ihre sichere Passage auf die andere Seite. Eigentlich versetzte ich mich in meine tote Mutter; ich bemühte mich mithilfe meiner Fähigkeit zur Mentalisierung, die Gründe für ihr Handeln zu entziffern. Ohne diese Mentalisierung wäre da nur der Klang der Glockenspiele im Wind. Und mit nichts weiter als einem Mechanismus zur Entdeckung einer wirksamen Kraft wäre es nur sie, die die Bewegung verursachte.

Damit ein Ereignis als bedeutsam wahrgenommen wird beziehungsweise für nicht beobachtbare mentale Zustände stehen kann, die als Ursache vermutet werden, ist die Fähigkeit zur Mentalisierung notwendig. Damit das Ereignis geschieht, muss ein beabsichtigter Zweck, ein intelligenter Grund vorhanden sein. Und das gilt sowohl, wenn wir in unbeseelten natürlichen Vorgängen wie Hurrikanen, Seuchen, Erdbeben und vom Wind bewegten Klangspielen Bedeutung wahrnehmen, als auch dann, wenn wir über das alltägliche soziale Verhalten anderer (lebender) Personen nachdenken. »Was hat das zu bedeuten?«, fragen wir uns sofort. »Warum tut Gott (oder unsere tote Mutter) so etwas?« Besonders aufschlussreich ist, dass die Frage, *wie* Gott auf das Universum einwirkt – statt einfach, *warum* er das tut –, im Denken der Menschen so selten auftaucht. Würde beispielsweise bei einem Gläubigen eine Krebserkrankung diagnostiziert, wäre es sehr ungewöhnlich, wenn er darüber nachdächte, wie Gott vorgegangen ist, als er die Zellen dazu brachte, sich in bösartige zu verwandeln. Hat er es mit seinen Händen vollbracht? Und falls er sich der Telepathie bediente: Heißt das, er hat ein physisches Gehirn? Dass solche Fragen nach realer physikalischer Kausalität – wie Gott vorgeht, wenn er seine Absichten in greifbare Vorgänge der physischen Welt umsetzt – so seltsam klingen, verrät, wie unnatürlich sie in psychologischer Hinsicht sind. Jedenfalls bieten sie selten Stoff für Predigten in der Kirche.

Unser menschlicher Hang, in unerwarteten Naturereignissen bedeutsame Zeichen zu sehen, ist von vielen Glaubenssystemen des New Age mit großem (und profitablem) Erfolg ausgenutzt worden. Eine führende Persönlichkeit im Geschäft mit der »engelzentrierten Therapie« ist beispielsweise die Kalifornierin Doreen Virtue, die bislang eine Dreiviertelmillion Exemplare ihres Buchs *Botschaft der Engel* (2003, dt. 2009) verkauft hat. Und wer 150 Dollar pro Nase bezahlt, um an einem ihrer ganztägigen Workshops teilnehmen zu dürfen, erfährt von Virtue, dass jeder, der einfach glaubt und sich auf das umgebende eintönige Rauschen des Lebens um ihn herum einstimmt, imstande sein wird, klare Signale von freundlichen Schutzengeln, Feen, Chakren, toten Eltern und Göttinnen aufzunehmen. Ihr Pressesprecher wirbt auch damit, Virtues hellsehender Sohn Charles (der seltsamerweise in Deutschland sein eigenes »Engelzertifizierungsprogramm« durchführt) werde als besonderes Schmankerl »von einem kürzlich entdeckten Erzengel berichten, der dir dabei hilft, in deinem Leben starke und verblüffende Änderungen herbeizuführen«.[20] Verblüffend, das kann man wohl sagen.

Virtues Bücher sind zumeist Sammlungen unbelegter Anekdoten: begeisterte Zeugnisse, in der ersten Person geschrieben von Leuten, die absolut überzeugt sind, dass unsichtbare Wesen in regelmäßigem Kontakt zu ihnen stehen. In Virtues letztem Buch *Signs from Above* (2009) – ihr Sohn ist Koautor – schildert eine unentschlossene Frau, wie sie sich dem Rat eines Engels mit einem Federfetisch beugte, als sie eine wichtige Lebensentscheidung zu treffen hatte.

> Eines Morgens, als ich zur Arbeit fuhr, hatte ich Zweifel, ob ich meine Pläne vorantreiben sollte, die Arbeitszeit zu reduzieren, damit ich mich auf die Selbstständigkeit in meinem gewünschten Sektor konzentrieren konnte. Einen Moment später bog ich auf den Highway ein. Plötzlich war ich von einer Wolke weißer Federn eingehüllt, die überall um mein Auto wirbelten. Ich fragte mich, ob das Auto vielleicht einen Vogel erwischt hatte, doch auf der Straße war davon nichts zu sehen. Als ich in den Rückspiegel schaute, waren die Federn verschwunden! Bei der Ankunft an meiner Arbeitsstelle fand ich an meinem Auto eine Feder von reinstem Weiß.

> Das habe ich als Zeichen genommen, dass ich meine Geschäftspläne vorantreiben sollte, und meine Arbeitsstunden entsprechend reduziert.[21]

Diese Frau mag ja ihren aktuellen Geschäftserfolg (oder möglicherweise dessen Ausbleiben) einem glücklosen Huhn verdanken, das von einem Geflügeltransport gefallen ist, aber für unsere Zwecke ist das egal. Und tatsächlich müssen wir die Glaubenssysteme des New Age nicht gutheißen, um uns selbst dabei zu ertappen, dass wir allgemein auf diese Weise denken. Auch wenn wir oft sehr wenig darauf achten, herrscht in den Nuancen unseres Alltags diese Art des Denkens vor. Das kann subtil ablaufen – man findet sich in einer Buchhandlung wieder, die Hand landet absichtslos auf dem schiefen Rücken eines alten Buches, und es scheint, als sei man selbst *ausersehen*, es zu lesen. Eine frustrierende Folge von Pannen, Verspätungen, verlegten Dokumenten oder im Flughafen verlorenem Gepäck könnte auch den größten Skeptiker zu der Frage verleiten, ob einem da etwas – oder vielmehr jemand – mitzuteilen versucht, dass man besser nicht in diesen Flieger steigen sollte.

Ein Jahr nach dem tragischen Tod ihres jüngeren Bruders bei einem Verkehrsunfall vertraute mir eine sehr intelligente und klar denkende Freundin an, sie habe plötzlich angefangen, überall Frösche zu sehen. Sie meinte, sie könne einfach nicht anders, als darin eine Art Botschaft ihres Bruders zu sehen, weil er zu Lebzeiten starkes Interesse an Fröschen gehabt habe. Auch ich bin nicht abergläubisch, doch als ich einst bei einem Hauskauf als stolzer neuer Besitzer mitten im Wohnzimmer auf einen großen toten Raben stieß, kam ich für Sekundenbruchteile auf merkwürdige Gedanken. Und selbstverständlich bereichert die farbige Geschichte der Begegnungen mit meiner verstorbenen Mutter ganz einfach die Überfülle solcher Beispiele. Es kann purer Unfug sein – ausnahmslos. Doch dank unserer überaktiven Fähigkeit der Mentalisierung ist es auch absolut natürlich.

•

Als ich eines Tages vor dem Waschbecken stand und mir die Zähne putzte, geschah unerwartet etwas, das mich schließlich dazu brachte, den Geist meiner Mutter in ein richtiges psychologisches Experiment einzubringen. Von unten hörte ich ein lautes Krachen – Glas zerschmetterte auf hartem Fußboden. »Die Katze«, dachte ich. Doch die Katze saß oben auf dem Bett; sie grinste, schielte und begrüßte mich mit wedelndem Schwanz. Die weitere Überprüfung ergab, dass der Lärm von einer dekorativen Fensterscheibe aus farbigem Glas verursacht worden war. Ich hatte sie vor Jahren in einem Antiquitätengeschäft gekauft und schräg gegen eine Wand gelehnt. Bis heute habe ich keine Ahnung, wie sie umfallen konnte, kann aber sagen, dass ich instinktiv schloss, der Geist meiner Mutter stecke dahinter – es war zufällig an ihrem Todestag, und ich hätte schwören können, dass sie mir einst gesagt hatte, sie sei nicht gerade froh über das gute Stück.

Jedenfalls brachte mich der Vorfall schließlich dazu, wie ein wissenschaftlicher Psychologe zu denken: Welche psychische Struktur ist erforderlich, damit jemand abergläubisch ist, und wie lässt sich das im Labor untersuchen? Also begannen meine Kollegin Becky Parker von der Universität von Arkansas und ich im Sommer 2005 die erste Studie über psychische Voraussetzungen der Fähigkeit, in unerwarteten natürlichen Ereignissen Botschaften – Zeichen oder Omen – wahrzunehmen.[22] Wie wir wussten, spielte die Mentalisierung eine Rolle: Die untersuchte Fähigkeit setzt voraus, dass man herausfinden will, welche mentalen Gründe das übernatürliche Wesen für sein Handeln gehabt haben mag. Weil aber frühere Untersuchungen ergeben hatten, dass eine voll entwickelten Fähigkeit zur Mentalisierung erst bei etwa vierjährigen Kindern auftritt (vorher lesen Kinder durchaus in den Absichten anderer, doch sie können die Perspektiven anderer nicht besonders gut übernehmen und neigen dazu, häufig ichbezogene Fehler zu machen), vermuteten wir, bei der Fähigkeit von Kindern zur Deutung von Alltagsereignissen könnte es subtile, mit dem Alter zusammenhängende Unterschiede geben.

Für diese ersten Versuche, die bei meinen Studenten als »Prinzessin-Alice-Studien« bekannt wurden, luden wir eine Gruppe drei- bis neunjähriger Kinder in unser Labor ein und erzählten ihnen, sie sollten an einem lustigen Ratespiel teilnehmen. Bei diesem einfachen Spiel wurde jedes Kind einzeln getestet. Es wurde aufgefordert, in die Ecke des Raumes zu gehen und die Augen zu verdecken. Dann sollte es zurückkommen und erraten, in welchem von zwei großen Kästen ein Ball versteckt war. Das Kind musste nur eine Hand auf die Kiste legen, in der es den Ball vermutete. Für die Entscheidung wurde ihm eine kurze Zeitspanne eingeräumt, doch in dieser Zeit durfte das Kind – das ist wichtig – jederzeit seine Meinung ändern und die Hand auf die andere Kiste legen. Die gültige Antwort wurde in jedem der vier Durchgänge anhand der Kiste festgestellt, auf der die Hand des Kindes lag, als der Experimentator sagte: »Die Zeit ist abgelaufen.« Kinder, die richtig geraten hatten, erhielten als Belohnung einen Sticker.

Tatsächlich war die Angelegenheit ein wenig komplizierter. Es waren nämlich zwei Bälle im Spiel – in jeder Kiste einer –, und wir hatten schon vorher festgelegt, ob die Kinder bei jedem der vier Durchgänge »richtig« oder »falsch« raten würden. Am Ende jedes Versuchs wurde dem Kind nämlich nur der Inhalt einer Kiste gezeigt. Die andere Kiste blieb geschlossen. Sollte ein »falsches« Ergebnis zustande kommen, wurde nur die Kiste geöffnet, die das Kind nicht gewählt hatte, und das Kind musste hineinschauen (»Schade. Diesmal ist der Ball in der anderen Kiste. Siehst du?«). Kindern, die per Los der Kontrollgruppe zugeteilt worden waren, sagte man, sie seien bei zwei der vier Durchgänge zufallsbestimmt erfolgreich gewesen. Die Kinder der Versuchsgruppe erhielten vor Beginn des Spiels eine zusätzliche Information. Ihnen wurde erzählt, im Raum befinde sich eine freundliche Zauberin namens »Prinzessin Alice«, die sich unsichtbar gemacht habe. Wir zeigten ihnen ein Bild von Prinzessin Alice, das an der Innenseite der Tür hing (das Bild ähnelte Barbie auffällig), und gaben dazu folgende Information: »Prinzessin Alice hat dich richtig gern und wird dir bei diesem Spiel helfen. Sie wird es dir irgendwie mitteilen, wenn du die *falsche* Kiste gewählt hast.« Vor dem Beginn jedes einzelnen Durchgangs wiederholten wir diese Information für den Fall, dass sie einem Kind entfallen war.

Für jedes Kind der Studie – in der Kontrollgruppe (»Keine Prinzessin Alice«) wie in der Versuchsgruppe (»Prinzessin Alice«) – präparierten wir den Raum so, dass ein spontanes und unerwartetes Ereignis genau in dem Augenblick eintrat, in dem das Kind die Hand auf eine der Kisten legte. So krachte in einem Fall das Bild von Prinzessin Alice auf den Boden, als das Kind seine Entscheidung traf, in einem anderen Fall ging eine Tischlampe auffällig an und aus. (Damit es zu diesen überraschenden Ereignissen kam, mussten wir nicht bei einem Versandhandel für Zauberzubehör um Rat fragen; ein Student entfernte einen Magneten von der anderen Türseite, worauf das Bild herunterfallen konnte, und für die Tischlampe hatten wir in der Tasche des Experimentators eine Fernbedienung versteckt.) Die Vorhersagen waren klar: Wenn die Kinder der Versuchsgruppe das fallende Bild und das flackernde Licht als Zeichen von Prinzessin Alice werteten, dass sie die falsche Kiste gewählt hatten, sollten sie die Hand auf die andere Kiste legen.

Was wir herausfanden, war sogar für uns ziemlich überraschend. Nur die ältesten Kinder (zwischen sieben und neun Jahren) der Versuchsgruppe (Prinzessin Alice) legten als Reaktion auf die unerwarteten Ereignisse die Hand auf die andere Kiste. Die gleichaltrigen Kinder der Kontrollgruppe bewegten die Hände dagegen nicht. Dieser Befund besagt, dass eine explizite *Vorstellung* von einem speziellen übernatürlichen Wesen – wahrscheinlich aus kulturellen Quellen erworben und durch sie verstärkt – erforderlich ist, damit Menschen in natürlichen Vorkommnissen Botschaften erkennen. Anders gesagt, zumindest Kinder schließen bei Naturereignissen nicht automatisch auf Bedeutung, wenn sie nicht vorher irgendwie durch die Idee eines identifizierbaren übernatürlichen Wesens wie Prinzessin Alice vorbereitet worden sind (es kann auch Gott, die tote Mutter oder womöglich ein Mitglied von Doreen Virtues buntscheckiger Engelherde sein).

Merkwürdiger war jedoch, dass die etwas jüngeren Kinder in der Studie – selbst jene, denen man von Prinzessin Alice erzählt hatte – in den flackernden Lichtern oder den fallenden Bildern anscheinend keinerlei übermittelte Botschaft erkannten. Diese Kinder ließen die Hand einfach liegen, wo sie war. Als man sie später fragte, warum solche Dinge geschehen seien, sagten diese Fünf- und Sechsjährigen, das habe Prinzessin Alice bewirkt. Doch sie betrachteten sie lediglich als exzentrische unsichtbare Frau, die durch den Raum lief und dabei Bilder von der Wand fallen oder die Lichter flackern ließ. Für sie war Prinzessin Alice eine Art schelmischer Poltergeist mit Aufmerksamkeitsdefizit: Sie machte das, weil sie es so wollte, und das war es dann auch. Eines der Kinder antwortete, Prinzessin Alice habe das Bild von der Wand geschlagen, weil sie meinte, auf dem Boden sehe es besser aus. Das heißt, sie waren außerstande, Alice' »Verhalten« in irgendeiner Weise mit der Entscheidung in Verbindung zu bringen, die sie im Ratespiel soeben getroffen hatten – sie sahen darin keine »Zeichen«.

Die jüngsten Kinder der Studie, die Drei- und Vierjährigen beider Gruppen, zuckten nur mit den Schultern oder gaben physikalische Erklärungen für die Vorfälle – an dem Bild sei nicht genug Kleber gewesen, um an der Wand haften zu können, oder die Lampe sei defekt gewesen. Ironischerweise waren diese kleinsten Kinder letztlich die wissenschaftlichsten Teilnehmer, vielleicht weil sie »unsichtbar« einfach als »abwesend« deuteten, nicht als »durchsichtig«.[23] Im Gegensatz zu der verbreiteten Annahme, abergläubische Überzeugungen würden eine kindliche Phase schludrigen und unentwickelten Denkens darstellen, erfordert die Fähigkeit zum Aberglauben eine gewisse mentale Raffinesse. Zum Allermindesten aber ist es eine erworbene kognitive Fertigkeit.

Doch das wahre Rätsel unserer Ergebnisse lag in den Reaktionen der Fünf- und Sechsjährigen in der Gruppe Prinzessin Alice. Unter Unsichtbarkeit verstanden sie eindeutig dasselbe wie die älteren Kinder, weil sie ebenfalls glaubten, Prinzessin Alice habe die spukhaften Ereignisse im Labor verursacht. Aber obwohl wir diesen Kindern wiederholt in Erinnerung riefen, dass Prinzessin Alice es ihnen irgendwie mitteilen würde, wenn sie die falsche Kiste wählten, waren sie außerstande, eins und eins zusammenzuzählen.[24] Welche entscheidende Veränderung führt nun zwischen dem sechsten und siebten Lebensjahr dazu, dass es den älteren Kindern möglich wird, natürliche Ereignisse als übermittelte Botschaften *zu ihrem eigenen* Verhalten (in diesem Fall die Wahl der Kiste) wahrzunehmen, anstatt darin nur die launenhaften und willkürlichen Handlungen eines unsichtbaren oder sonstigen übernatürlichen Wesens zu sehen?

Die Antwort hat möglicherweise damit zu tun, dass in dieser kritischen Phase der Hirnentwicklung die Fähigkeiten der Kinder zur Mentalisierung heranreifen. Wie Untersuchungen des Psychologen Josef Perner von der Universität Salzburg gezeigt haben, sind Kinder im Alter von etwa sieben Jahren erstmals imstande, über »mehrere Ebenen« mentaler Zustände nachzudenken.[25] Dabei handelt es sich um die alltägliche, erwachsene soziale Wahrnehmung, bei der die Mentalisierung mühelos in komplexe Interaktionen (im Stil der Seifenoper) mit anderen Personen eingelagert wird. Wir denken nicht nur darüber nach, was im Kopf eines anderen vorgeht, sondern überlegen auch, was andere Leute sich über das denken, was im Kopf weiterer Personen abläuft! Im sozialen Alltag (ohne übernatürliche Einsprengsel) würde man zum Beispiel diese Art reifer Mentalisierung benötigen, um wie folgt zu denken:

> Jakob denkt, Adrienne weiß nicht, dass ich die Juwelen geklaut habe.

Während es sogar einem Kind im Vorschulalter mithilfe einfacher Mentalisierung (»erste Ebene«) möglich ist, die erste Aussage einer Feststellung wie »Jakob denkt, dass …« nachzuvollziehen, ist eine einigermaßen ausgereifte Mentalisierung (»zweite Ebene«) erforderlich, damit das ganze soziale Szenario verständlich wird: »Jakob denkt, [Adrienne weiß nicht, dass] ...«

Die meisten Menschen kommen beim Nachdenken über mentale Zustände anderer nicht weit über vier Ebenen hinaus (man sehe sich die machiavellistische Komplexität von, sagen wir, Leo Tolstojs Romanen an). Allerdings zeigen Studien, dass das absolute Maximum für Erwachsene bei etwa sieben Ebenen mentaler Zustände liegt. Dabei ist festzuhalten, dass es Kindern unter sieben Jahren wegen ihrer noch in der Entwicklung befindlichen Fähigkeiten zur Mentalisierung sehr schwerfällt, über mehrere Ebenen mentaler Zustände nachzudenken. Dieses Wissen hilft uns nun, die überraschenden Resultate aus dem Versuch mit Prinzessin Alice zu verstehen. Damit die Kinder den Test in Reaktion auf das fallende Bild oder das flackernde Licht bestehen (also ihre Hand auf die andere Kiste legen) konnten, mussten sie im Grunde wie folgt überlegen:

> Prinzessin Alice weiß, dass [ich nicht weiß], wo der Ball versteckt ist.

Damit die Ereignisse als übermittelte Botschaft – *mit Bezug auf* die Entscheidung im Ratespiel – interpretiert werden können, ist so etwas wie eine Perspektive der dritten Person auf die eigenen Handlungen erforderlich: »Was muss dieses andere Wesen, das mein Verhalten beobachtet, über das denken, was in meinem Kopf vorgeht?« Die Ergebnisse mit Prinzessin Alice sind insofern von Bedeutung, als sie uns sagen, dass das Denken von Kindern unter sieben Jahren für abergläubische Erklärungen kognitiv noch nicht ausreichend gereift ist. Dagegen ist das Innenleben der etwas älteren Kinder mit symbolischer Bedeutung durchtränkt. Ein Zweitklässler war sogar überzeugt, die Glocke im Turm der nahen Universität sei Prinzessin Alice, die zu ihm »spricht«.

Man braucht sich nur an die eigene Kindheit zu erinnern, an die Zeit, als die alltäglichen Erfahrungen anfingen, vielfältige symbolische Bedeutung anzunehmen – speziell mit Botschaften »von der anderen Seite«. In einem meiner frühesten Tagebucheinträge – ich war damals neun – schildere ich eine Begegnung mit einem streunenden Hund auf dem Parkplatz eines Ladens, in dem mein Vater gerade Kerosin für ein Heizgerät kaufte. Der Hund hatte sich mir freundlich genähert und dann auf einmal spielerisch nach meiner neuen Uhr geschnappt, mit der er prompt abhaute. Der Vorfall hatte mich anscheinend schwer beeindruckt, denn es war am Tag nach dem Tod meines eigenen Hundes: Ich sah die ganze Geschichte als eine Art spielerischer, an mich gerichteter Geste, die von dem Geist jenes anderen, gestorbenen Hundes ausging.

Prinzessin Alice hat vielleicht nicht dieses gewisse Etwas der Jungfrau Maria oder das hitzige Charisma des abrahamitischen Gottes, das wir alle kennen, doch in jedem Fall ist sie eine Art empirisch konstruierte Stellvertretergottheit. Entscheidend ist, dass diese grundlegenden kognitiven Abläufe – nämlich die Fähigkeit zur Mentalisierung – auch beteiligt sind, wenn der Gläubige das Gefühl hat, göttliche Führung von den anderen Mitgliedern der beliebten Heiligen Familie zu erhalten. Wenn die Menschen Gott bitten, ihnen ein Zeichen zu geben, stecken sie oft fest, stehen an einer Weggabelung und sind in einem Moment existenzieller Ambivalenz wie gelähmt. In solchen Fällen spitzen wir die Ohren, die Augen sind weit aufgerissen, die Gedanken kreisen unaufhörlich um ein spezielles Problem – oft »weiß nur Gott«, was in uns vorgeht und wie sehr wir uns abstrampeln, eine

Entscheidung zu treffen. Es sind nicht Fragen der Art, welche Kiste wir wählen sollten, sondern eher Fragen wie diese: Soll ich mit diesem Menschen zusammenbleiben oder ihn verlassen? Soll ich alles riskieren und in einer anderen Stadt neu anfangen oder hierbleiben, wo ich ersticke und mich langweile? Soll ich noch ein Kind bekommen? Soll ich weiterhin eine quälende medizinische Behandlung über mich ergehen lassen, oder soll ich einfach zusammenpacken und mich vom Leben verabschieden? Genau wie bei dem in einer der beiden Kisten verborgenen Ball sind wir davon überzeugt, dass es für so bedeutsame Lebensentscheidungen eine richtige und eine falsche Antwort gibt. Und für die meisten von uns ist es Gott, nicht Prinzessin Alice, der die bevorzugten Antworten hat.

Selbstverständlich gibt Gott die Antworten nicht direkt. Kein Nicken nach links, kein vielsagender Ellbogenstoß in die Rippen, kein »pssst« ins Ohr. Vielmehr stellen wir uns vor, dass Gott – und andere Wesen seiner Art – strategische Informationen in einer fast unendlichen Palette natürlicher Ereignisse verschlüsselt: Eine Uhr bleibt prophetisch zu einer bestimmten Stunde stehen, überraschend schreit ein Falke, auf unserer Nase taucht am Vorabend eines wichtigen Interviews ein peinlicher Pickel auf, ein erstklassiger Parkplatz in einer belebten Straße tut sich auf, als wir gerade um die Ecke biegen, im Flugzeug sitzt ein interessanter Fremder direkt neben uns: endlose Möglichkeiten. Wenn das emotionale Klima stimmt, gibt es kaum eine Gestalt oder Form, den der »Beweis« nicht annehmen könnte. Unsere Psyche erzeugt Bedeutung, indem sie das Bedeutungslose zur eindeutigen Aussage macht.

Merkwürdigerweise ist jeder von uns vollkommen überzeugt, Gott teile die eigenen Meinungen und Ansichten mit uns, weshalb es einen Sinn ergibt, wenn er uns vorsätzlich durch gelegentliche Hinweise in Form natürlicher Ereignisse weiterhilft. Die Mitglieder der in Topeka, Kansas, ansässigen Westboro Baptist Church, einer wegen ihrer gegen Schwule gerichteten Phrasen und ihres religiösen Extremismus berüchtigten Glaubensgemeinschaft (sie unterhalten eine bezaubernde kleine Webseite unter der Bezeichnung God Hates Fags – etwa »Gott hasst warme Brüder«), sehen in so gut wie jeder der Menschheit bekannten Katastrophe Zeichen für Gottes homophoben Zorn. Für sie summt und raunt die Natur ständig Sprüche gegen Homos. In scheinbar bizarr verdrehter Logik demonstriert die Gruppe oft bei Begräbnissen von (heterosexuellen) amerikanischen Soldaten, die im Irak gestorben sind – in der Überzeugung, der Krieg sei wie jede andere Tragödie eine von Gott gemachte Katastrophe, die ihren Grund in der nachlässigen moralischen Einstellung des Landes Schwulen und Lesben gegenüber habe. Eine Mahnwache dieser Art wurde bei der Gedenkfeier für den 20-jährigen Armeeangehörigen Brushaun Anderson aus Columbus, Georgia, abgehalten. Er war wegen nicht im Kampf erlittener Verletzungen am ersten Tag des Jahres 2010 in Bagdad ums Leben gekommen. »Diese Soldaten sterben für homosexuelle und andere Sünden Amerikas«, war auf einem Flugblatt der Westboro-Baptisten zu lesen, das den »friedlichen« Protest bei Andersons Beisetzung ankündigte. »Gott ist jetzt der Feind Amerikas, und Gott selbst kämpft gegen Amerika.« Nur wenige Meter vom Sarg des jungen Mannes reckten Kirchenmitglieder stolz Transparente mit der Aufschrift »Dankt Gott für tote Soldaten« und »Warme Brüder sind der Untergang von Nationen« in die Höhe. In ihrer Vorstellung sendet Gott uns netterweise nicht ganz so subtile Botschaften und warnt uns mithilfe von Naturkatastrophen, die Bewegung für Schwulenrechte nicht länger zu unterstützen, weil es sonst noch viel, viel schlimmer werde. Gott schlägt zu, weil er liebt.[26]

Die meisten von uns glauben selbstverständlich, die Mitglieder der Westboro Baptist Church hätten bei der Übersetzung etwas nicht richtig mitbekommen. Doch wie neuere Befunde des Psychologen Nicholas Epley und seiner Kollegen an der Universität von Chicago zeigen, sind die meisten von uns ungeachtet der jeweiligen Einstellung zu besonders wichtigen Fragen ungeheuer sicher, dass Gott unsere Einstellung auch teilt. Das heißt, ob wir im politischen Sinn nun nach rechts oder nach links neigen, wir glauben, Gott sei auf unserer Seite – von der Homosexuellenehe über embryonale Stammzellenforschung und Schulgebet an staatlichen Schulen bis hin zum Atomwaffenprogramm Nordkoreas. Und sollten wir unsere Meinung zu diesen Themen grundsätzlich ändern, nachdem wir überzeugende Gegenargumente vernommen haben, glauben wir, dass Gott – nicht aber andere Leute – seine Meinung in gleicher Weise geändert hat. Oder wir gewinnen zumindest die Überzeugung, unsere eigene revidierte Haltung zu diesen heiklen Fragen habe seine *wahre* Einstellung ohnehin die ganze Zeit wiedergegeben. Epley und seine Gruppe erkundeten nicht, was die Leute von den persönlichen Anschauungen des Teufels hielten, aber vielleicht ist es ja dessen Job, uns mit irreführenden Zeichen in Gestalt natürlicher Geschehnisse zu falschen Entscheidungen zu verführen.

Auf alle Fälle bleibt festzuhalten, dass *außerhalb des Kopfes* stattfindende natürliche Geschehnisse mithilfe unserer evolutionär entstandenen Mentalisierung gefiltert und dann *innerhalb des Kopfes* subjektiv interpretiert werden. Und das Nachdenken über irgendetwas, was außerhalb unseres eigenen Schädels stattfindet, gibt nicht zwangsläufig die Wirklichkeit dessen wieder, was wir wahrnehmen.

Analog dazu kann man sich ansehen, wie wir Gerüchen einen Sinn geben – diese wahrgenommenen Signale sind weit banaler als jede Bedeutung. Es lohnt sich, darauf hinzuweisen, dass es so etwas wie einen »üblen Geruch schlechthin« in Wahrheit nicht gibt, auch wenn einem das überraschend vorkommen mag. Vielmehr gibt es lediglich olfaktorische Reize – wie wir sie wahrnehmen, ist weitgehend das Ergebnis unseres speziellen evolutionären Erbes als Menschen. Die Aussage, vergammeltes Fleisch sei ekelerregend, entspricht der Aussage, ein Sonnenuntergang sei schön: Eine dem Sonnenuntergang innewohnende Eigenschaft »schön« gibt es ebenso wenig wie eine vergammeltem Fleisch innewohnende Eigenschaft »ekelerregend«. Vielmehr werden verfaultes Fleisch und Sonnenuntergänge vom menschlichen Bewusstsein nur in dieser Weise wahrgenommen; Adjektive wie »schön«, »ekelerregend« und »wundervoll« beschreiben lediglich, wie wir die phänomenologischen Eigenschaften der Natur subjektiv erleben. Jeden beliebigen Geruch, der uns Menschen abstoßend erscheint, würde mein Hund Gulliver, dessen bin ich mir sicher, wahrscheinlich als unwiderstehlich verlockend wahrnehmen. Und ich denke da an vergammeltes Fleisch und alles mögliche andere, das einem einfallen mag, vielleicht mit Ausnahme des Geruchs von Stinktieren und der eigenen Fäkalien, die hoffentlich einvernehmlich verschmäht werden. Weder wir noch Gulliver nehmen diese Gerüche »korrekt« wahr – in beiden Fällen werden sie einfach von den Sinnesorganen erfasst und durch die Wahrnehmung übereinstimmend mit den evolutionären Anlagen der jeweiligen Spezies übersetzt.

Ebenso ist es mit der Bedeutung: Nur weil wir sie sehen,

fühlen und erleben, wird aus ihr noch lange keine absolute Bedeutung.

•

Als ich gegen Ende 2007 in mein derzeitiges Haus in einem kleinen nordirischen Dorf umzog, warteten immer noch einige Arbeiten auf Erledigung – beispielsweise musste in einem unerträglich kleinen, veralteten Badezimmer in der Garage der Boden gefliest werden. Mehr als ein Jahr lang fixierte mein Blick jeden Tag, wann immer ich barfuß auf dem kalten Betonboden stand und das verrichtete, was ein Mann auf der Toilette eben so verrichtet, für etwa zehn Sekunden einen Bodenbereich genau am Rohrbogen in der Wand. Dort war wie zum Hohn in weißer Farbe das mysteriöse Wort »ORBY« zu lesen, in einem Zug auf den Beton gepinselt wie der Namenszug eines Künstlers, der ein Meisterwerk in stolzer Hast signiert hatte. In dem betäubten Zustand, in dem ich mich am frühen Morgen üblicherweise befand, belastete dieser Schriftzug »Orby« meine Gedanken zumeist nicht besonders. Vielmehr taumelte ich häufig einfach wieder ins Bett zurück und überlegte, warum jemand – vielleicht ein Bauunternehmer, ein Bauhandwerker oder vielleicht der vorige Besitzer des Hauses – diese spezielle Inschrift auf dem Boden hinter einer Toilettenschüssel hinterlassen haben sollte. Welcher schmutzige Arbeiterwitz mochte zu einem so unergründlichen Akt geführt haben? War es ein Scherz für Eingeweihte? Eine verschlüsselte Botschaft für eine bestimmte Person, für jemanden, der einst genau vor dieser Toilettenschüssel gestanden hatte? Und was war »Orby« überhaupt für ein Wort oder Name? Dann glitt ich ebenso oft wieder in den Schlaf und vergaß alles über Orby, zumindest bis meine Blase mich wieder weckte. Das heißt bis zu der Nacht, in der ich blinzelnd aus schlaftrunkenem Delirium hochfuhr und mich vorbeugte, um das Wort genauer zu inspizieren. Dabei wurde peinlicherweise offenbar, dass »Orby« überhaupt keine Schrift war – es handelte sich nur um zufällig verspritzte Farbtropfen, die aus der Entfernung aussahen, als würden sie etwas Bedeutsames und Kryptisches ausbuchstabieren. »Was bin ich doch für ein Idiot!«, dachte ich mir.

Vielleicht sollte ich nicht so streng mit mir sein. Schließlich haben mehrere neue Studien mit kleinen Kindern gezeigt, dass Menschen schon in sehr jungem Alter den Anschein von Ordnung mit einer absichtlichen Handlung in Zusammenhang bringen. So wurde in einer Studie des Psychologen George Newman und seiner Kollegen an der Universität Yale (veröffentlicht in *Proceedings of the National Academy of Sciences*) einer Gruppe Vierjähriger eine Geschichte über den kleinen Billy erzählt. Billy hatte in seinem Schlafzimmer eifrig mit seinen Spielsachen gespielt und dann beschlossen, draußen weiterzuspielen. Den Kindern zeigte man dann ein Bild von Billys Zimmer, als er es verließ. Im Zentrum fanden sich mehrere Haufen mit Spielsachen, die in einer bestimmten Weise arrangiert waren. Anschließend wurden den Kindern zwei Bildkarten vorgelegt; sie zeigten jeweils unterschiedliche Veränderungen im Zimmer, die sich angeblich in Billys Abwesenheit ergeben hatten. Auf der einen Karte waren die Spielsachen ordentlich – nach Farbe und Größe usw. sortiert – aufgeräumt. Auf der anderen Karte waren dieselben Gegenstände zu sehen, wenn auch unordentlich verstreut. Einer Hälfte der teilnehmenden Kinder erzählte man, eine kräftige Sturmböe sei durch ein offenes Fenster in den Raum gewirbelt und habe die Anordnung der Sachen im Zimmer verändert. Die andere

Hälfte erfuhr dagegen, Billys ältere Schwester Julie habe alles verändert. Dann wurden alle Kinder einfach gefragt: »Welche Anordnung der Spielsachen sieht am ehesten so aus, als hätte [Julie, der Wind] sie verändert?« Die Kinder in der Windgruppe zeigten direkt auf die unordentlich herumliegenden Objekte, während die aus der Gruppe Julie mit gleicher Wahrscheinlichkeit auf die unordentlich wie auf die ordentlich arrangierten Objekte deuteten. Anders gesagt, diese Kinder im Vorschulalter glaubten, dass kausale Kräfte wie der Wind nur zu Unordnung führen konnten, wohingegen absichtsvoll Handelnde (wie Billys Schwester Julie) entweder Ordnung oder Unordnung verursachen würden. Mittels nonverbaler Methoden fanden Newman und seine Koautoren heraus, dass erstaunlicherweise sogar Kleinkinder von zwölf Monaten genau diese kognitive Tendenz zeigten.[27]

In diesen Befunden liegen deutliche Hinweise für das Verständnis der unausrottbaren Seuche des im vorigen Kapitel erörterten religiösen Kreationismus. Wie Newman und Kollegen schreiben, »ist die Neigung, die Existenz von Ordnung durch absichtsvoll Handelnde zu erklären, oft als Grund angeführt worden, weshalb manche Leute Versionen des ›Design-Arguments‹ verwenden, um planvoll handelnde Gottheiten heraufzubeschwören, die ein geordnetes Universum erschaffen«.[28] Bekanntlich kritisierte Richard Dawkins in *Der blinde Uhrmacher* (1986) die aus dem 18. Jahrhundert stammende Naturtheologie des Theologen und Philosophen William Paley – er belegte klar, wie mechanisch ablaufende evolutionäre Prozesse den Anschein einer schöpferischen Absicht hervorbringen können, ohne dass Vorplanung oder Intelligenz beteiligt ist. Doch es lag nicht einfach an der Unterstellung, Gott habe nur um der Ordnung willen Ordnung erschaffen, dass all diese vor Darwin schreibenden »ökumanischen« und unaufgeklärten Denker wie Paley in Verzückung gerieten. Das allein war nicht besonders interessant. Diese Naturalisten wollten vielmehr wissen, *warum* Gott die Dinge in dieser Weise und nicht irgendwie anders angeordnet hat.

Faszinierender an Newmans Arbeit ist deshalb, wie relevant sie für unsere Suche nach Bedeutung in der Natur ist. Gläubige sehen in Gott nicht nur den ordentlichen Hausmann, der die Dinge nett und sauber erledigt; er hat uns auch Hinweise hinterlassen – eine Art Signatur an den Rändern –, damit wir seine Absichten und den Zweck seiner Ordnung erkennen und verstehen mögen. Wenn beispielsweise Julie in das Zimmer ihres Bruders geht und alles durcheinanderwirft, ist leicht zu erkennen, dass dieser Akt auch eine hämische Botschaft an Billy ist (»Das kommt dabei heraus, wenn du Sachen über mich erzählst«). Dagegen übermittelt sie eine positivere Botschaft, wenn sie seine Spielsachen umsichtig ordnet (»Ich sage es dir nicht oft genug, aber du bist nicht halb so schlimm wie andere kleine Brüder«). In gleicher Weise sieht man Gott, wie er Botschaften in die geheime Sprache von Pflanzen, Organismen, Genen und in all die poetischen Zufälligkeiten einbettet, mit denen diese Dinge untereinander verknüpft sind. Zumindest war das die Ansicht vieler berühmter Naturforscher, die sich die ganze Geschichte hindurch bemüht haben, mithilfe ihrer Empirie das Rätsel Gottes zu lösen – das gilt selbstverständlich vor allem für jene, die ihre Fähigkeiten einsetzten, ehe Darwins Theorie der natürlichen Auslese zur Hauptströmung wurde.

1829 beispielsweise vermachte ein exzentrischer britischer Adliger – exzentrisch unter anderem deshalb, weil er dafür bekannt war, Dinnerpartys für seine Hunde zu veranstalten, die er dazu in die aktuell angesagteste Mode kleiden ließ – namens Frances Egerton (auch bekannt als der 8. Earl of Bridgewater) auf dem Totenbett der Royal Society einen Teil seines finanziell aufgeblähten Familienbesitzes. Mithilfe des Geldes sollte eine Gruppe prominenter Naturforscher beauftragt werden, ein großes apologetisches Glaubensbekenntnis »über die Macht, Weisheit und Güte Gottes, wie sie sich in der Schöpfung manifestiert haben«, zu verfassen.[29] (Anders gesagt, werfen wir doch einen Blick auf die Natur, um zu sehen, was in Gottes Geist vor sich geht.) Am Ende wählte man acht Autoren aus; jeder erhielt 1000 Pfund Sterling, was damals eine hübsche Summe war. Die einzelnen im Rahmen des Projekts – es wurde unter dem Namen *The Bridgewater Treatises* bekannt – veröffentlichten Bücher tröpfelten über einen Zeitraum von sieben langen Jahren herein (1833 bis 1840). Eines, ein dickes zweibändiges Werk des bekannten Insektenforschers William Kirby,[30] versuchte populäre theologische Lehren mit der außerordentlichen und fein gesponnenen biologischen Diversität im Tierreich zu versöhnen, die für ihn so offenkundig war. Kirby, ein frühes Mitglied der Linné-Gesellschaft, hatte sich einen Namen gemacht, als er englische Bienen auf dem Gelände einer ländlichen Pfarrei in Suffolk studierte. Er scheint sich eher als Detektiv denn als Naturforscher gesehen zu haben:

> Weil Gott nichts ohne Grund erschaffen hat, können wir weiterhin versichert sein, dass dieses System der Darstellung mit einer speziellen Absicht eingerichtet worden ist. Die häufigste Unterrichtsmethode besteht darin, dem Lernenden gewisse Zeichen und Symbole vor Augen zu bringen, die Laute oder Vorstellungen repräsentieren; und deshalb legte der große Lehrmeister dem Menschen diese Welt vor –

> als offenes, wenn auch geheimnisvolles Buch, in dem die verschiedenen Gegenstände die Buchstaben und Wörter der Sprache sein sollten, aus deren Studium er Wissen verschiedenster Art gewinnen möge.[31]

Selbst zu ihrer Zeit waren *The Bridgewater Treatises* so mit christlicher Propaganda gespickt, dass sie von den meisten Mitgliedern der Wissenschaftsgemeinde abgelehnt wurden. Der Anatom Robert Knox, ein renommierter Kritiker der Naturtheologie (besser bekannt als der Anatomieprofessor, der in den berüchtigten Leichenraubfall Burke und Hare verwickelt war – Knox hatte ein Mörderpaar dafür bezahlt, dass sie ihm für seine Sektionsvorlesungen an der Universität Edinburgh frische Leichen beschafften), hatte offenbar auch Sinn für Humor: Er bezeichnete sie als »The Bilgewater Treatises« (Die Bilgenwasser-Abhandlungen).[32] Doch ungeachtet der zweifelhaften Qualität des Werkes kann man anhand der oben zitierten Kirby-Passage erkennen, wie entscheidend damals die Fähigkeit zur Mentalisierung für das aufkommende Gebiet der Naturtheologie war.

Eigentlich ist sie das bis heute geblieben, und sie ist mit ein Grund dafür, dass viele zeitgenössische Naturwissenschaftler keinen Konflikt zwischen ihrem Glauben und ihrer Arbeit erkennen. In dem Buch *Thank God for Evolution* (2009) des selbst ernannten »evolutionären Evangelisten« Michael Dowd kommt genau dieses alte Thema wieder hoch. Dowd, der sich rühmt, eine ungewöhnliche Personalunion aus einem Darwinisten und einem Befürworter des Christentums zu sein, schreibt »Fakten sind Gottes Muttersprache!«:

> Die Entdeckung von Fakten durch die Wissenschaft ist ein sehr eindrucksvoller Weg, direkt mit Gott zu-

sammenzutreffen. Durch die neue globale Gemeinschaft der Wissenschaftler, die zusammenarbeiten und die Entdeckungen der anderen infrage stellen, und mit Unterstützung durch die Wunder der Technologie wird »Gottes Wort« weiterhin enthüllt. Durch diese immer erwartungsvolle, aber auch zur Hinnahme von Demütigungen stets bereite Haltung universellen Forschens wird enthüllt, dass Gottes Wort wundersamer und für diese Welt relevanter ist, als man in der Vergangenheit vielleicht je hat begreifen können.[33]

Es mag überraschend erscheinen, dass die Naturtheologie immer noch Unterstützer in Kreisen ziemlich bekannter Philosophen und Wissenschaftler hat. 2008 beispielsweise hat die John Templeton Foundation zu diesem Thema eine große internationale Konferenz im Oxforder Naturgeschichtemuseum finanziert. Diese Versammlung mit dem passenden Thema »Nach Paley: Erneuerung der Sicht der Naturtheologie« hatte zum Ziel, »jeden Aspekt der Frage wieder aufzugreifen, ob das Göttliche durch die Natur erkannt werden kann«.[34] Genau wie William Kirby neigen die heutigen Verteidiger der Naturtheologie dazu, Gott als eine Art rätselhaften Ausländer zu sehen, der eine fremde Sprache spricht – die schwierige und schöne Sprache der Natur. Und ihre primäre wissenschaftliche Aufgabe besteht darin, diese merkwürdige, beinahe nicht mit dem Verstand erfassbare Sprache in eine Form zu übertragen, die der Menschheit Gottes wohlwollende schöpferische Absichten enthüllt. (Zumindest aber in eine Form, die ihrer eigenen Ansicht von dem entspricht, was Gottes Absichten sein sollten.) Gastredner bei der Veranstaltung in Oxford waren in der christlichen Gemeinde wohlbekannte Gestalten wie Simon Conway Morris (ein Evolutions-Paläobiologe aus Cambridge, dessen Gifford-Vorlesung des letzten Jahres überschrieben war mit »Darwins Kompass: Wie die Evolution das Lied der Schöpfung entdeckt«), Justin Barrett (dieser Psychologe glaubt, der psychische Apparat des Menschen habe sich während der Evolution gemäß der Absicht Gottes entwickelt, ihn genauer wahrnehmen zu können) und Alister McGrath (umstrittener Autor von *The Dawkins Delusion** und einer der wichtigsten Verfechter einer modernen »wissenschaftlichen Theologie«).

Ironisch daran ist, dass diese zeitgenössischen Gelehrten höchstwahrscheinlich ihre absichtslos und evolutionär entstandene Fähigkeit zur Mentalisierung nutzen, um dem Bedeutungslosen eine Bedeutung zu geben. Andernfalls müssen wir ihnen zustimmen, dass »da draußen« wirklich Bedeutung ist und die Evolution des menschlichen Gehirns in der Tat von Gott gelenkt wurde. Dieser Gott hat unsere Vorfahren also über Milliarden Jahre hinweg langsam und systematisch in die perfekten selektiven Bedingungen versetzt, in denen sie den einen adaptiven Zug – die Fähigkeit zur Mentalisierung – entwickeln konnten. Und dieses Merkmal hat dann nicht nur seine eigenen gewaltigen adaptiven Funktionen für die Interaktion mit anderen Menschen erfüllt, sondern diese eine Spezies auch noch in die Lage versetzt, am Ende Gottes höchst kryptischen Wegen nachzugrübeln und Vermutungen darüber anzustellen, was in seinem Kopf vorgeht.

•

* Der Titel ist eine polemische Retourkutsche gegen Dawkins' Bestseller *The God Illusion* (dt. *Der Gotteswahn*).

Selbstverständlich besitzt die Theorie der natürlichen Auslese mehr als genug erklärende Durchschlagskraft, um uns von der Ursuppe am ersten Tag des irdischen Lebens bis zu den schwindelerregenden, raumfahrenden, anderen die Schuld zuweisenden und technologisch reifen Ballungszentren zu bringen, die wir heute sehen. Selbst wenn ein absichtlich handelnder Gott für die Existenz an sich erforderlich gewesen sein sollte (was keineswegs offensichtlich ist), war er sicherlich nicht für unsere spezielle Existenz als Menschen notwendig. Ebenso wenig wurde er für jene Evolution des kognitiven Systems – die Mentalisierung – gebraucht, die es uns ermöglicht hat, Theorien über nicht beobachtbare mentale Zustände einschließlich seiner zu entwickeln. Und schon gar nicht war er erforderlich, um zu erklären, was wir infolge unserer Evolution als »gut« und böse« wahrnehmen; auch das ist eindeutig das Werk der natürlichen Auslese, der unser Gehirn und unsere Verhaltensweisen unterworfen sind.

Für den Glauben, Gott ärgere sich über das soziale, sexuelle oder moralische Verhalten der Menschen – nur eine von vielen hundert derzeit lebenden Primatenarten –, gibt es ebenso wenig einen Grund wie für die Überzeugung, er sorge sich zutiefst um das, was Mittelmeergeckos am Mittag zu sich nehmen, oder verbringe schlaflose Nächte wegen der Entscheidung von rotschnäbeligen Madenhackern, aufgedunsene Parasiten entweder vom Rücken der Kühe oder der Flusspferde zu picken. Wir sind nur eine von Milliarden Arten, die diesen mit Kohlenstoff durchtränkten, in diesem Sonnensystem kreisenden Planeten besetzen. Jede einzelne dieser Arten samt jeder Einzelheit des Körperbaus, des Verhaltens und der Gehirne (selbst wenn ihnen Körper, Verhaltensweisen und Gehirne fehlen) kann durch natürliche evolutionäre

Vorgänge erklärt werden. Was antwortete doch der legendäre Biologe J. B. S. Haldane scherzhaft auf die Frage, was er bei seinen Studien der Evolution über Gott gelernt habe: »Der Schöpfer, wenn es ihn denn gibt, hat eine ungeheure Begeisterung für Käfer.«[35]

Ist es nicht erstaunlich, wie all diese verschlungenen, endlosen Pfade des Denkens, all die je bekannt gewordenen oder noch bekannt werdenden fruchtlosen Suchaktionen nach dem Göttlichen immer bei der gleichen kognitiven Fähigkeit beginnen und enden – bei der Mentalisierung?

Seltsam unsterblich

In seinem Roman *Die Falschmünzer* (1925) macht der französische Autor André Gide uns mit einem mutlosen, lebensmüden alten Mann namens Monsieur de La Pérouse bekannt. Nachdem seine Frau gestorben ist und sein geliebtes Enkelkind seiner Zuneigung mit schmerzender Gleichgültigkeit begegnet, beschließt La Pérouse, sein einsames Leben endgültig zu beenden. Seit Jahren schon hat er für ebendiese traurige Gelegenheit eine geladene Pistole neben seinem Bett bereitgehalten. Doch seltsamerweise findet sich der alte Mann, als er am Ende den Entschluss fasst, seinen Suizid auszuführen, mit einem eher unerwarteten psychologischen Dilemma konfrontiert:

> Ich saß lange so da, mit der Pistole an der Schläfe. Ich hatte den Finger am Abzug. Ich drückte ein wenig; doch nicht stark genug. Ich sagte mir: »Gleich werde ich stärker drücken, und der Schuss geht los.« Ich spürte das kalte Metall und sagte mir: »Gleich werde ich nichts mehr spüren. Doch vorher höre ich einen entsetzlichen Knall …« Bedenken Sie doch, so nah am Ohr! … Das war es vor allem, was mich zurückschrecken ließ: – die Angst vor dem Knall … Es ist absurd; wenn man erst tot ist … Ja; aber ich wollte im Tod doch Schlaf finden; von einer Detonation wird man wachgerüttelt, da schläft man nicht ein.[1]

Das Dilemma von La Pérouse ist ein gutes Beispiel dafür, wieso unsere evolutionär entstandene Mentalisierung uns einen interessanten Streich spielt, wenn es um die Fähigkeit geht, klar über den Tod nachzudenken. Nicht nur über die Gedanken Gottes oder anderer Menschen stellen wir so eifrig Überlegungen an, sondern auch über unseren eigenen Geist. Wenn wir über unser künftiges Ich nachdenken und speziell über das, was wir angesichts einer Zusammenstellung hypothetischer Variablen – beispielsweise jener, die wir im Leben nach dem Tod vorhanden glauben – erleben werden, so ähnelt das dem Nachdenken darüber, wie es wäre, eine andere Person zu sein. Beides beruht auf unserer Fähigkeit, das Hier und Jetzt unserer gegenwärtigen mentalen Erfahrungen zeitweilig aufzuheben – der Psychologe Alan Leslie von der Rutgers University verwendet dafür den Ausdruck »abkoppeln«[2] – und uns in eine andere Figur zu versetzen, die mit einer völlig anderen Realität konfrontiert ist. Denn wer oder *was* sind die Toten (sogar unser künftiges totes Ich) letztlich anderes als körperloser Geist?

Bei dem alten La Pérouse aus dem Roman *Die Falschmünzer*, der sich nichts weiter wünscht als die friedliche Auslöschung all seiner zwanghaften, depressiven Gedanken, der hofft, in die unendliche Leere traumlosen Schlafes zu sinken, ist der Finger am Abzug durch die Blockade seiner Mentalisierung gelähmt. Als Materialist ist ihm klar, das ist dumm, doch er kann nicht anders, er fürchtet das Krachen des Schusses – ein Geräusch, das in seinem auf der Stelle zerstörten Gehirn nicht so lange verweilen würde, dass er zurückzucken könnte.

•

Aus der Sicht eines wissenschaftlichen Psychologen lautet die entscheidende Frage nicht, ob es ein Leben nach dem Tod gibt. Ihm geht es eher darum, wie es überhaupt zu dieser Frage kommt. Und nicht nur in der Religion sehen wir sie aufflackern. Die Frage, was nach dem Tod mit uns geschieht, ist Ausgangsmaterial für die Volkskultur. Und in fast jedem Fall wird angenommen, wir seien mehr als nur unser physischer Leib – unser Körper soll ein »Wesen« oder eine »Seele« enthalten, die sich nach dem Tod ablöst. Als Konsumenten in einer Welt säkularer Unterhaltung überschwemmt man uns mit Produktionen, die das Gespenstergenre bedienen. Eine wahre Flut toter Seelen verstopft die Fernsehkanäle (etwa in der CBS-Serie *Ghost Whisperer – Stimmen aus dem Jenseits*, in James Van Praaghs Talkshow *The Other Side* und in einem Schwall britischer »Reality-Shows« aus dem Reich des Paranormalen wie *Most Haunted*) und die Kinos (alles von *The Sixth Sense* [1999] bis hin zu Kinderfilmen wie *Coraline* [2009] befasst sich mit den durchsichtigen Geistern der Toten). Das betrifft auch die Buchhandlungen (zu den neueren Titeln gehören Van Praaghs *Ihr seid nicht allein: Was die Toten uns über das Leben lehren* und Sylvia Brownes *All Pets Go to Heaven*) und sogar die Rundfunksender. Es ist beispielsweise verzeihlich, wenn man sich während einer ruhigen Autofahrt dabei erwischt, wie man beim näselnd und herzig misstönend vorgetragenen Text von »Let the Mystery Be« (1993) der Folksängerin Iris Dement zustimmend nickt: Es handelt sich um einen bescheidenen Lobgesang auf das Jenseits, in dem Dement versichert, dass »niemand sicher weiß«, was nach unserem Tod geschieht, und wir uns deshalb nicht selbst betrügen und etwas anderes denken sollten.

Das einzig wahre Mysterium ist aber, warum wir so überzeugt sind, dass es da überhaupt ein Mysterium um den Ort gibt, an den wir gehen, wenn »die ganze Geschichte vorbei« ist. Schließlich ist das Gehirn wie jedes andere Organ ein Teil unseres physischen Körpers. Und Geist ist, was das Gehirn tut – es ist eher ein Verb als ein Hauptwort. Warum fragen wir uns, wohin unser Geist geht, wenn der Körper tot ist? Sollte es nicht offensichtlich sein, dass dann auch der Geist tot ist?

Doch in allen Kulturen glauben Menschen an irgendeine Art von Leben nach dem Tod oder sind zumindest unsicher, was beim Tod mit dem Geist geschieht. Aufgrund meiner eigenen psychologischen Forschung auf diesem Gebiet glaube ich, dass diese unlogischen Überzeugungen, anstatt nur aus der Religion zu kommen oder nur dazu zu dienen, uns vor dem Schrecken des Nichtseins zu bewahren, auch ein unvermeidliches Nebenprodukt unserer Fähigkeit zur Mentalisierung sind. Für das Nachdenken darüber, was auf den Tod folgt, ist unsere alltägliche Mentalisierung nicht angemessen – eigentlich scheitert sie vollständig. Weil wir fehlendes Bewusstsein nie mit Bewusstsein erlebt haben, können wir uns nicht vorstellen, wie es sich anfühlen würde, tot zu sein. In Wahrheit fühlt es sich überhaupt nicht wie irgendetwas an – und darin liegt das Problem.

Von wissenschaftlich geprägten Individuen wird die verbreitete Ansicht vom Tod als großes Geheimnis gewöhnlich vom Tisch gewischt – als emotional befeuerter Wunsch zu glauben, der Tod sei nicht das Ende der Straße. Und tatsächlich behauptet eine bekannte Forschungsrichtung der Sozialpsychologie, genannt »Terror-Management-Theorie«, die Überzeugungen vom Leben nach dem Tod existierten – wie weniger offensichtliche Glaubensinhalte, Verhaltensweisen und Einstellungen – zu dem Zweck, alles zu dämpfen, was sonst als lähmende Angst um die Nichtexistenz des Ichs wirksam würde.

Nach den Theoretikern des Terror-Managements besitzt jeder ein geheimes Arsenal psychischer Abwehrmechanismen, die dazu da sind, die Todesangst in Schach zu halten (und einen davor zu bewahren, in fötaler Stellung zu enden und sich auf dem iPod Nick Drake anzuhören). Dass ich dieses Buch schreibe, würde beispielsweise als Übung in »symbolischer Unsterblichkeit« gedeutet; die Vertreter der Terror-Management-Theorie würden wahrscheinlich sagen, ich hätte es für die Nachwelt geschrieben und so einem konkreten Ensemble meiner flüchtigen Ideen ermöglicht, mich – den biologischen Organismus – zu überleben. (Ich würde sagen, ich wäre schon froh, wenn das Buch in einem Jahr noch einen schwachen Puls zeigen würde.) Doch es gibt einige für die Terror-Management-Theorie störende Hinweise: Andere Forscher sind beständig daran gescheitert, irgendeine Korrelation zwischen Todesfurcht und dem Glauben an ein Leben nach dem Tod zu finden. Anders gesagt, nur weil jemand große Angst vor dem Tod hat, heißt das nicht, dass er mit hoher Wahrscheinlichkeit auch an ein Leben nach dem Tod glaubt – da gibt es einfach keinen Zusammenhang.

Ein paar Forscher, darunter auch ich, plädieren immer mehr dafür, dass die Evolution der Mentalisierung ein völlig anderes Problem mit sich bringt, wenn es um unsere Fähigkeit geht, den Tod zu begreifen. Dieser Position zufolge litten unsere Vorfahren aufgrund ihrer Unfähigkeit, sich selbst hinlänglich in ein Leben nach dem Tod ohne Empfindungen und mentale Erlebnisse hineinzudenken, an der unerschütterlichen Illusion, ihr Geist sei unsterblich. Es ist dieser kognitive Schluckauf massiver Irrationalität, den wir unverkennbar von ihnen geerbt haben. Dank der evolutionsbedingten kognitiven Struktur des Menschen und speziell der immer eingeschalteten Mentalisierung fiel es den Individuen von Anfang an schwer, sich die eigene psychische Nichtexistenz vorzustellen.

Das Problem gilt sogar für jene, die vorgeben, nicht an ein Leben nach dem Tod zu glauben. So schrieb der Philosoph und Gründer des Center for Naturalism Thomas W. Clark 1994 in einem Artikel für *The Humanist*:

> Hier ... ist die zur Debatte stehende Ansicht: Wenn wir sterben, folgt darauf nichts; der Tod ist ein Abgrund, ein schwarzes Loch, das Ende der Erfahrung; er ist ewiges Nichts, die beständige Auslöschung des Seins. Und hier liegt, kurz gesagt, der in dieser Ansicht enthaltene Fehler: Das Nichts wird verdinglicht – es wird zu einer positiven Bedingung oder Eigenschaft gemacht (beispielsweise »Schwärze«), in der man das Individuum nach dem Tod unterbringt, sodass wir irgendwie ins Nichts fallen, um dort auf ewig zu bleiben.[3]

Nehmen wir eine ziemlich bestürzende Tatsache: Wir werden nie erfahren, dass wir gestorben sind. Vielleicht spüren wir ja, wie es mit uns dahingeht, doch es ist nicht so, als wäre da ein »Ich« in der Nähe, das sicherstellen kann, dass es, nachdem alles vorbei ist, dann auch wirklich passiert ist. Nur zur Erinnerung: Um aussagefähiges Wissen irgendwelcher Art einschließlich der Tatsache, dass man gestorben ist, besitzen zu können, benötigt man einen funktionierenden Kortex. Und sobald man gestorben ist, ist das Gehirn so phänomenal produktiv wie ein Salatkopf. Der Philosoph Shaun Nichols von der University of Arizona hat das 2007 in einem Aufsatz für die Zeitschrift *Synthese* so ausgedrückt: »Wenn ich mir meine eigene Nichtexistenz vorzustellen versuche, muss ich mir vorstellen, dass ich etwas von meiner Nichtexistenz wahrnehme oder weiß. Kein Wunder, dass hier ein Hindernis vorliegt!«[4]

Diese Bemerkung mag sich nicht wie eine große Offenbarung anhören, doch ich wette, dass kaum jemand je bedacht hat, was sie eigentlich bedeutet: Aus der Perspektive der ersten Person ist die eigene Unsterblichkeit nicht zu widerlegen. Dieses Hindernis hat Johann Wolfgang von Goethe angeblich zu der Bemerkung veranlasst, jeder trage den Beweis für die eigene Unsterblichkeit in sich.[5] Und auch Sigmund Freud, der Begründer der Psychoanalyse, begann einst, in dieser Richtung zu schürfen, obwohl er den Ansatz zugunsten der enttäuschend glanzloseren Theorie der »Wunscherfüllung« aufgab (im Kern der Sammelbegriff für die skeptische Ansicht, wir würden glauben, weil wir wünschen, dass es wahr sei). In seinem Essay *Zeitgemäßes über Krieg und Tod* (1915) dachte Freud darüber nach, warum junge Soldaten während des Ersten Weltkriegs so begierig darauf waren, in den Krieg zu ziehen, und kam zu dem Schluss, dieser merkwürdige Defekt im Denken des Menschen habe wahrscheinlich etwas damit zu tun: »Der eigene Tod ist ja auch unvorstellbar, und sooft wir den Versuch dazu machen, können wir bemerken, dass wir eigentlich als Zuschauer weiter dabeibleiben [...] im Unbewussten [ist] jeder von uns von seiner Unsterblichkeit überzeugt.«[6]

In *Die Pest* (1947) schrieb Camus über einen atheistischen und materialistischen Arzt, der einst über das düstere Schicksal seiner von der Pest geschlagenen Patienten nachsann: »Und ich bin auch wie sie. Ach was! Der Tod macht Menschen wie mir nichts aus. Er ist ein Ereignis, das ihnen recht gibt.«[7] Inzwischen können wir erkennen, wie grundlegend Camus' Arzt irrt; angesichts der Tatsache, dass er nicht anwesend sein wird, um seine eigene Hypothese zu bestätigen, ist ihm anscheinend nicht klar, dass ein solcher Beweis auf ewig außerhalb seiner Reichweite bleiben wird.

Psychische Erkrankungen liefern oft Einsichten in normale kognitive Vorgänge, die aus dem Ruder gelaufen sind. Eine seltene Wahnerkrankung namens Cotard-Syndrom äußert sich häufig in der Überzeugung, man existiere gar nicht, sei sich dessen aber bewusst, oder man sei bereits tot, psychisch aber unsterblich. In einem Kommentar schildern die beiden französischen Psychiater David Cohen und Angèle Consoli einen solchen Fall: »Die Wahnvorstellung bestand darin, dass die Patientin felsenfest glaubte, sie sei bereits tot und warte auf die Beerdigung, sie sei unsterblich, habe keine Zähne und Haare mehr, und ihr Uterus sei missgebildet.« Die Autoren kommen zu dem Schluss, dass »allein schon die Existenz des Cotard-Syndroms [die] Ansicht von einem kognitiven System stützt, das dazu da ist, illusionäre Repräsentationen von Unsterblichkeit zu erzeugen«.[8]

•

Nicht nur Existenzialphilosophen, Psychiatriepatienten und exzentrische Protagonisten alter französischer Romane begehen diesen Irrtum. Eine 2002 von mir im *Journal of Cognition and Culture* veröffentlichte Studie zeigt, dass die Illusion der Unsterblichkeit im Denken von Studenten in vollem Gange ist – wir hatten ihnen eine Reihe von Fragen über die psychischen Fähigkeiten eines Toten gestellt, eines Lehrers namens Richard mit Eheproblemen.[9] Ich erzählte den Studenten, Richard sei sofort tot gewesen, als sein Auto in einen Strommast gerast sei. Nachdem die Teilnehmer eine Geschichte über Richards Gedanken unmittelbar vor dem Unfall gelesen hatten (angeblich hatte er auf dem Weg zur Arbeit intensiv über die Untreue seiner Frau nachgedacht), fragte ich sie, ob der Mann jetzt, wo er tot war, die Fähigkeit behalten habe, mentale Zustände zu erleben. »Denkt Richard immer noch über seine Frau nach?«, wollte ich wissen. »Kann er nach wie vor den Geschmack seiner Pfefferminzpastillen wahrnehmen, die er direkt vor seinem Tod zu sich genommen hat? Möchte er gerne am Leben sein?«

Man kann sich leicht vorstellen, was für Blicke mich trafen, weil anscheinend nicht viele Leute innehalten und darüber nachdenken, ob Seelen Geschmacksknospen haben, sexuell erregt werden oder Kopfschmerzen bekommen. Dennoch gaben die meisten Probanden Antworten, die auf »Überlegungen zugunsten psychischer Kontinuität« deuteten – sie stellten sich vor, Richards Seele funktioniere trotz seines Todes weiter. Beispielsweise äußerten sie: »Er ist nicht mehr auf seine Frau wütend, weil er es nun in einem größeren Rahmen sieht und ihr vergeben hat« oder »Er erinnert sich noch daran, was er letzte Nacht zur Vorbereitung auf seine heutige Vorlesung gelesen hat, doch das Zeug spielt keine Rolle mehr« oder »Er will gar nicht am Leben sein, weil es besser ist, wo er jetzt ist«. In der Regel kamen diese Überlegungen zugunsten psychischer Kontinuität nicht überraschend: Die meisten Teilnehmer hatten sich auf einer separaten Skala dazu bekannt, an irgendeine Form des Lebens nach dem Tod zu glauben.

Überraschend war jedoch, dass viele Teilnehmer, die angegeben hatten, an eine »Auslöschung« zu glauben (sie hatten angekreuzt: »Was wir als ›Seele‹ oder bewusste Persönlichkeit ansehen, verschwindet für immer, wenn der Körper stirbt«), gelegentlich ebenfalls eine Kontinuität bejahten. Tatsächlich verrieten die Antworten von 32 Prozent der »Auslöschungsanhänger«, dass sie insgeheim meinten, Richards Emotionen und Wünsche würden seinen Tod überdauern; weitere 36 Prozent der Antworten in dieser Gruppe legten nahe, dass sie diese Überlegung für Richards mentale Zustände »höherer Ordnung« anstellten (etwa Erinnerung, Glaube oder Wissen). Beispielsweise hielt ein besonders vehementer Auslöschungsanhänger die ganze Fragenfolge für dumm und schien mich als Holzkopf zu betrachten, weil ich überhaupt gefragt hatte. Doch unverdrossen arbeitete er sich zu der Aussage vor, Richard wisse selbstverständlich, dass er tot sei, weil es kein Leben nach dem Tod gebe und Richard das nun erkannt habe. Dieser Student ließ mich an den englischen Dichter John Gay denken, der sich 1732 folgende ziemlich neckische Inschrift auf den Grabstein meißeln ließ:

> Life is a jest, and all things show it; I thought so once, and now I know it.[10]
> (Etwa: »Leben heißt Spaß, das zeigt sich ganz klar; einst dacht ich es nur, jetzt weiß ich, es ist wahr.«)

In vielen Fällen wiesen religiös oder spirituell orientierte Teilnehmer die Möglichkeit zurück, Richards körperliche Zustände und Wahrnehmungen (wie Durst oder Geschmacksempfinden) könnten seinen Tod überdauern – sie unterstellten, diese Arten mentaler Zustände seien »physischer Natur« oder »Körperfunktionen«. Dagegen würden die emotionalen Zustände sowie Wünsche und Wissen Richards weiter bestehen, weil sie »spiritueller Natur« seien. Vertreter der kognitiven Neurowissenschaften würden, so viel ist sicher, dieser Einschätzung nicht zustimmen.

Sich die illusionäre Natur des Problems bewusst zu machen hilft kaum, unsere Ängste zu beschwichtigen. Selbst wenn wir verzweifelt daran glauben möchten, dass unsere Seele mit dem Tod endet und »Nichts« lediglich eine Verdinglichung, einen Trick des Denkens darstellt, ist es ein harter Kampf, sich diese Denkrichtung praktisch zu eigen zu machen. Wer würde beispielsweise nicht zusammen mit dem Protagonisten Pablo in Sartres Kurzgeschichte *Die Mauer* (1939) erschauern, als dieser nach seiner aufgeschobenen Hinrichtung weiterlebt? In dieser im Spanischen Bürgerkrieg spielenden Geschichte wird der Widerstandskämpfer Pablo zusammen mit zwei anderen eingesperrt; man lässt ihn glauben, er werde in der Morgendämmerung mit verbundenen Augen vor einer Mauer des Gefängnishofes erschossen. »Aber da ist was, das geht nicht«, sagt Zellengenosse Tom zu Pablo. »Ich sehe meinen Leichnam: Das ist nicht schwer, aber ich sehe ihn mit meinen Augen. Ich müsste es aber fertigbringen zu denken, dass ich gar nichts mehr sehen werde, gar nichts mehr hören werde und dass die Welt für die anderen weiterbestehen wird. So was zu denken, dafür ist man nicht gemacht, Pablo.«[11] Ironie der Geschichte: Fast 40 Jahre nachdem Sartre die Geschichte verfasst hatte, wachte er als verwirrter und alt gewordener Mann in einem Klinikbett auf, zupfte am Ärmel seiner Krankenschwester und fragte, ob er tot sei.

•

Warum also ist es so schwierig, sich Nichtexistenz überhaupt vorzustellen? Hier ein Teil meiner Erklärung (ich bezeichne sie als »Hypothese der beschränkten Simulation«): Wenn wir uns vorzustellen versuchen, wie es ist, wenn wir tot sind, greifen wir auf den eigenen Hintergrund bewusster Erfahrungen zurück – die meisten Gedankenexperimente gehen wir auf diese Weise an. Doch der Tod ist nichts, was wir je erlebt haben. Weil wir nie mit Bewusstsein bewusstlos waren, sind selbst unsere besten Simulationen eines echten Nichts einfach nicht gut genug.

Für uns Vertreter einer endgültigen Auslöschung ist das etwa so, als würden wir in ein Spiegelkabinett blicken – doch wir haben es nicht mit einem visuellen Trick zu tun, sondern setzen uns mit kognitiven Echos subjektiver Erfahrung auseinander. In dem existenzialistischen Roman *Das tragische Lebensgefühl* (1912) des spanischen Philosophen Miguel de Unamuno kann man dem Autor fast dabei zusehen, wie er sich die Haare rauft, während er über genau diese Tatsache nachdenkt: »Der Leser bemühe sich, in ganz wachem Zustande den Zustand seiner Seele während eines tiefen Schlafes nachzubilden, sein Bewusstsein mit der Vorstellung des Unbewusstseins ganz zu erfüllen, und er wird mir recht geben. Das Bemühen, solches zu begreifen, macht uns in der furchtbarsten Weise schwindeln.«[12]

Halt, sagt da einer, vergisst Unamuno nicht etwas? Wir haben ganz sicher Erfahrung mit dem absoluten Nichts. Eigentlich jede Nacht, wenn wir traumlos schlafen. Doch mit dieser Annahme läge er falsch. Bei Thomas W. Clark liest sich das so: »Vielleicht haben wir gelegentlich den *Eindruck*, eine Periode der Bewusstlosigkeit erlebt zu haben oder ihr ›unterworfen‹ gewesen zu sein, doch das ist natürlich nicht möglich. Das ›absolute Nichts‹ der Bewusstlosigkeit kann keine erfahrene Gegebenheit sein.«[13] Das Gleiche gilt natürlich auch für die doch recht lange Epoche, die das Leben vor uns ausmachte – diesen gähnenden Abgrund der Zeit vor unserer Zeugung, den wir ebenfalls nie erfahren haben. Tatsächlich lassen ein paar erste Befunde einer meiner Doktorandinnen, Natalie Emmons, darauf schließen, dass kleine Kinder in gleicher Weise über ihre vorher existierende Seele nachdenken wie über die Seelen im Leben nach dem Tod. Sie schauen auf dieses »Stadium« zurück, als wären sie ein psychisches Wesen gewesen, das auf das Leben wartet.[14]

•

Wenn psychische Unsterblichkeit der intuitiven, natürlichen Art des Nachdenkens über den Tod entspricht, dann sollten wir erwarten, dass kleine Kinder besonders geneigt sind, in dieser Weise zu argumentieren. Als Achtjähriger sah ich zu, wie die sterblichen Überreste unserer Golden-Retriever-Hündin Sam im Wald hinter unserem Haus beerdigt wurden. Ich wusste sehr gut, dass ihr Gehirn, das für ihre Gedanken und ihr Verhalten zuständig gewesen war, Teil dieser Asche war. Dennoch glaubte ich, Sam habe eine Seele, die irgendwie von ihrem physischen Gehirn getrennt war und wissen konnte, dass ich sie liebte. Weder meine Eltern noch sonst jemand hatten mir je explizit gesagt, dass Sams Geist weiterleben würde. Sie befand sich in Form von ein paar Unzen Staub in einer inzwischen mit Wasser vollgesogenen Kiste, doch ich kam nie auf die Idee, dass es ziemlich seltsam war, über die Gefühle meines toten Hundes nachzudenken.

Wenn man mich jedoch gefragt hätte, was Sam nach ihrem Tod denn nun erlebe, hätte ich wahrscheinlich etwas in der Art gemurmelt, was Gerald P. Koocher im Rahmen einer 1973 in *Developmental Psychology* veröffentlichten Studie gehört hat. Der damalige Doktorand an der University of Missouri, Columbia, und spätere Präsident der American Psychological Association fragte Sechs- bis 15-Jährige, was geschieht, wenn Menschen sterben. In Übereinstimmung mit der Hypothese der beschränkten Simulation beruhten viele Antworten zur Beschreibung des Todes auf Alltagserfahrungen – »mit Verweisen auf Schlaf, ein Gefühl des ›Friedens‹ oder einfach einen sehr ›benommenen Zustand‹«.[15]

Koochers Untersuchung selbst sagt uns nicht, woher solche Vorstellungen kommen. Zum Glück kann diese Frage mithilfe wissenschaftlicher Verfahren geklärt werden. Falls der Glauben an ein Leben nach dem Tod ein Ergebnis kultureller Indoktrination ist, bei der die Kinder derlei Ideen durch Religionsunterricht, Medien oder informell durch Familie und Freunde aufgreifen, sollte man mit einigem Recht vorhersagen können, dass das Denken im Sinne einer psychischen Kontinuität mit dem Alter zunimmt. Abgesehen davon, dass ältere Kinder sich ihrer eigenen Sterblichkeit stärker bewusst werden, sind sie schließlich auch der Vorstellung eines Lebens nach dem Tod für längere Zeit ausgesetzt gewesen. Doch tatsächlich zeigen neuere Studienergebnisse eine gegenteilige Entwicklung. In einer in *Developmental Psychology* vorgelegten Untersuchung führten der Psychologe David Bjorklund von der Florida Atlantic University und ich vor 200 Drei- bis Zwölfjährigen ein Puppenspiel auf. Alle Kinder wurden mit der Geschichte von Baby Mouse konfrontiert, der voller Unschuld durch die Wälder spaziert. »Genau da«, erzählten wir ihnen, »bemerkt er etwas sehr Merkwürdiges. Die Büsche bewegen sich! Ein Alligator springt aus dem Gebüsch und verschlingt ihn mit Haut und Haar. Baby Mouse lebt nicht mehr.«[16]

Genau wie die Erwachsenen der schon erwähnten Studie wurden die Kinder zu den psychischen Funktionen der toten Figur befragt. »Möchte Baby Mouse immer noch nach Hause gehen?«, fragten wir. »Fühlt er sich noch krank?« »Kann er den Duft der Blumen noch riechen?« Die kleinsten Kinder der Studie, die Drei- bis Fünfjährigen, argumentierten mit signifikant größerer Wahrscheinlichkeit in Begriffen psychischer Kontinuität als die Kinder der beiden älteren Gruppen. Doch der wirklich seltsame Teil kommt noch: Selbst die Vorschulkinder hatten einen soliden Begriff des biologischen Endes. Sie wussten zum Beispiel, dass der tote Baby Mouse nichts mehr zu essen und zu trinken brauchte. Ihnen war klar, dass er nicht mehr zu einer erwachsenen Maus heranwachsen würde. 85 Prozent der jüngsten Kinder erzählten uns sogar, dass sein Gehirn nicht mehr arbeite. Doch in den Antworten auf unsere spezifischen Fragen schrieben die meisten der sehr kleinen Kinder dem toten Baby Mouse weiterhin Gedanken und Emotionen zu. Sie sagten, er sei hungrig oder durstig, es gehe ihm besser, oder er sei immer noch böse auf seinen Bruder. Man kann also nicht sagen, dass die Vorschulkinder keine Vorstellung vom Tod hatten – fast allen Kids war klar, dass biologische Imperative nach dem Tod nicht mehr gelten. Es schien ihnen vielmehr schwerzufallen, mithilfe dieses Wissens theoretisch über damit zusammenhängende mentale Funktionen nachzudenken.

Manche Gelehrte glauben, aus evolutionärer Sicht sei eine kohärente Theorie über den psychischen Tod nicht lebensnotwendig. Wie der Anthropologe H. Clark Barrett von der University of California in Los Angeles argumentiert, seien in der Zeit unserer frühen Vorfahren wahrscheinlich eher dadurch Leben (und damit Gene) gerettet worden, dass sie das Ende körperlicher »Handlungsfähigkeit« verstanden (beispielsweise, dass ein totes Lebewesen nicht mehr plötzlich aufspringen und einen beißen kann). Dagegen habe es, wie Barrett meint, keinen Überlebenswert, wenn man das Ende der psychischen Tätigkeit erkennt, weshalb das in evolutionärer Hinsicht völlig nebensächlich gewesen sei.[17]

In einer 2005 in der Zeitschrift *Cognition* veröffentlichten Studie berichteten Barrett und die Psychologin Tanya

Behne von der University of Manchester (England), dass vierjährige Stadtkinder aus Berlin schlafende Tiere ebenso gut von toten unterscheiden können wie Kinder einer Jäger- und Gartenbauerkultur aus der Shuar-Region in Ecuador.[18] Sogar heutige Stadtkinder, die in der Regel selten mit Leichen konfrontiert werden, scheinen also wahrnehmbare Zeichen des Todes recht gut zu erkennen. Eine »Verletzung der Körperhülle« (in anderen Worten, ein geschädigter Körper) ist ein ganz guter Hinweis darauf, dass keiner befürchten muss, er werde weiter herumschleichen.

•

Einerseits ist Kindern also schon sehr früh klar, dass Leichen nicht mehr ins Leben zurückkehren werden. Andererseits statten die Kids Tote ebenfalls sehr früh mit weiterlaufenden psychischen Funktionen aus – dazu verwenden sie ihre Fähigkeit zur Mentalisierung. Diese Auffassung könnte zumindest teilweise begründen, warum die Vorstellung hirnloser Zombies uns so unplausibel erscheint – warum sie allenfalls in Horrorfilmen vorkommt oder auf eine Handvoll Kulturen beschränkt bleibt –, während irgendeine Art geistigen Weiterlebens, für die die bewusstseinsfähigen Seelen der Verstorbenen auf die andere Seite hinübergehen, auffällig profan erscheint. An welcher Stelle aber geraten dann Kultur und religiöse Lehren, wenn überhaupt, in diese Mischung?

Für die Anreicherung und Ausarbeitung dieser natürlichen kognitiven Einstellung ist in der Tat entscheidend, dass sie mit der Vorstellung eines Lebens nach dem Tod in Berührung kommt – etwa so, als würde man eine Art Gerüst errichten, nur dass in diesem Fall die Kultur die angeborenen psychischen Bausteine religiösen Glaubens entwickelt und bearbeitet. Der fertige Bau kann dann beliebig ausgeschmückt oder karg sein – angefangen beim Kopfschmerzen auslösenden Wiedergeburtsglauben der Theravada-Buddhisten bis zur Philosophie des Mannes auf der Straße, der glaubt, dass es »da draußen *etwas* gibt« –, doch er besteht überall aus denselben Grundelementen. Die Idee von einem Leben nach dem Tod wird ungeachtet ihrer speziellen Ausgestaltung von unseren Intuitionen gelenkt, und diese werden allein durch unsere Illusionen erzeugende Mentalisierung ermöglicht. Diese erlaubt es uns, um es noch einmal zu sagen, über das nach dem Tod gehirnlose Bewusstsein unserer verstorbenen Lieben wie auch über das unsere nachzudenken. Aus einer grundlegend kognitiv-wissenschaftlichen Sicht ist die spezifische Art des Glaubens an ein Leben danach also weitgehend belanglos. Es macht keinen Unterschied, ob einer glaubt, dass die Seele aufsteigt, absteigt, wiedergeboren wird, schläft, schwebt oder wieder in Umlauf kommt. Worauf es ankommt, ist, dass die Seele mit individuellem Bewusstsein oder einer Art geistigem »Wesen« des Einzelnen gleichgesetzt und gleichermaßen als seltsam unsterblich gesehen wird.[19]

Der Psychologe Paul Harris von der Harvard University und die Forscherin Marta Giménez von der Universidad Nacional de Educación a Distancia in Spanien unterstützen die Vorstellung, dass die Kultur unsere natürliche Neigung verstärkt, den Tod der Psyche zu verneinen. Wie sie in ihrer im *Journal of Cognition and Culture* veröffentlichten Studie von 2005 zeigen konnten, führt die verstärkte Auswahl medizinischer oder wissenschaftlicher Ausdrücke in Interviews mit Kindern (in diesem Fall waren es Sieben- bis Elfjährige aus Madrid) dazu, dass die Vorstellungen von psychischer Kontinuität seltener werden. Kinder, denen in der Studie die Geschichte eines Priesters erzählt worden war, der einem Kind mitteilt, dass seine Großmutter »bei Gott« sei, wiesen der Verstorbenen mit höherer Wahrscheinlichkeit fortdauernde mentale Fähigkeiten zu als jene, denen man die gleiche Geschichte erzählt hatte, nur dass hier ein Arzt erklärte, ein Großvater sei »tot und begraben«.[20]

Für eine Wiederholung des Experiments mit Baby Mouse kooperierten David Bjorklund und ich mit dem Psychologen Carlos Hernández Blasi von der Universität Jaume I in Spanien, um Kinder einer katholischen Schule mit Kindern einer öffentlichen Sekundarschule im spanischen Castellón zu vergleichen (*British Journal of Developmental Psychology* 2005). Wie in der vorhergehenden Studie gab eine überwältigende Mehrheit der kleinsten Kinder – Fünf- bis Sechsjährige – aus beiden Erziehungsmodellen an, die mentalen Fähigkeiten von Baby Mouse würden nach dem Tod weiterleben. Die Art des Lehrplans – säkular oder religiös – spielte keine Rolle. Mit zunehmendem Alter wirkte die Kultur sich jedoch eindeutig aus: Die Kids aus der katholischen Schule dachten mit höherer Wahrscheinlichkeit in Begriffen psychischer Kontinuität als die aus der säkularen Schule. Im Lager der Letzteren gab es sogar eine Reihe von jungen Verfechtern einer Auslöschung.[21]

Aus diesen gesammelten Befunden zum Denken von Kindern über die Psyche nach dem Tod können wir entnehmen, dass Erziehung eine Rolle spielt – wenn auch möglicherweise nicht so ausgeprägt wie gemeinhin angenommen. Dieses Denken wird nicht einfach durch religiöse Erwachsene eingeimpft; in Kindern ist vorab die Überzeugung vorhanden, dass mentale Fähigkeiten den Tod überdauern, wenn auch auf eine unbestimmte, nicht näher ausgedrückte Weise. Doch es wäre in gewisser Hinsicht irreführend, diese Befunde so zu deuten, als würden Kleinkinder an ein »Leben nach dem Tod« glauben: Wie wir gesehen haben, ist das Weiterleben eine variable soziale Vorstellung. Durch gesellschaftliche Überlieferung wird sie angereichert und mit Struktur und spezifischen kulturellen Details ausgestattet. Stattdessen kann man sich besser vorstellen, dass kleine Kinder von Natur aus dafür *vorbereitet* sind, die Vorstellung eines Lebens nach dem Tod gutzuheißen, weil sie zu ihren eigenen Intuitionen über das Weiterbestehen der Psyche nach dem Tod passt. Das fälschlicherweise auf die Kategorie der eigenen Existenz angewandte teleofunktionalistische Denken unserer Spezies lässt uns zu kreationistischen Erklärungen und zum Glauben an eine Bestimmung neigen. In gleicher Weise bringt uns die irrigerweise auf den zustandslosen Zustand des Todes angewandte Mentalisierung dazu, an ein Leben nach dem Tod zu glauben.

•

Die bisher behandelten Arten kognitiver Hürden mögen für unser angeborenes Gefühl der Unsterblichkeit verantwortlich sein. Doch auch wenn die »Hypothese der beschränkten Simulation« zu einer Erklärung beitragen kann, warum so viele Menschen an etwas so phantastisch Unlogisches wie ein Leben nach dem Tod glauben, sagt sie uns nicht, warum wir oft meinen, die Seele löse sich vom Körper und schwebe wie ein unsichtbarer Heliumballon ins Reich der Ewigkeit davon. Schließlich gibt es keinen Grund, nicht an ein Leben nach dem Tod zu glauben, in dem die noch aktive Psyche im Schädel eingebettet und im glücklichen Delirium ist oder sich in den Sekunden vor dem Hirntod eine Ewigkeit halluziniert. Doch das glaubt fast niemand. Das Bauchgefühl der

Leute entspricht eher dem, was Pessoa in *Das Buch der Unruhe des Hilfsbuchhalters Bernardo Soares* (1916) so zusammenfasst:

> Mir kommt der Tod, wenn ich einen Toten sehe, wie eine Abreise vor. Der Leichnam wirkt auf mich wie ein abgelegtes Kleidungsstück. Jemand ist fortgegangen, ohne das einzige Kleid, das je wirklich sein war, mitnehmen zu müssen.[22]

Diese Tendenz, sich die unsichtbare Seele vorzustellen, als husche sie in eine andere, nicht sichtbare Welt, kann ebenso wie die Neigung, hirnlosen Toten mentale Funktionen zuzuschreiben, durch kognitive Faktoren erklärt werden. Als wir noch in den Windeln lagen, haben wir gelernt, dass Menschen nicht schon deshalb zu existieren aufhören, weil wir sie nicht mehr sehen können. Für diese grundlegende Erfahrung haben die Entwicklungspsychologen sogar einen flotten Ausdruck: *Personenpermanenz.* Ein solches – auch ohne Internetzugang funktionierendes – soziales Bewusstsein lässt uns stillschweigend annehmen, dass Menschen, die wir kennen, irgendwo sind und irgendetwas tun. Während ich hier in Belfast schreibe, kann ich beispielsweise meine Freundin Ginger in New Orleans vor meinem inneren Auge heraufbeschwören, wie sie gerade ihren Pudel spazieren führt oder neckisch mit ihrem Mann schimpft – ich weiß, dass sie die Dinge normalerweise tut.

Wie wichtig die »Personenpermanenz« für unsere Neigung ist, uns das Leben nach dem Tod als einen *Ort* vorzustellen, an dem die Seele irgendwo gedeiht, wissen mehrere unglückliche Familien in Boca Raton, Florida, nur allzu gut. An einem heißen Nachmittag im Juli des Jahres 1979 quetschten sich zehn Teenager in einen goldfarbenen Dodge Van und brachen (wahrscheinlich zusammen mit einigen Kästen Bier) zu einer Beach-Party ins nahe gelegene Hallandale auf. Anschließend hatten ein paar der Teens »die tolle Idee«, noch ein bisschen rumzufahren[23] – vielleicht auf dem Florida-Turnpike ins 150 Meilen nördlich gelegene Melbourne. Fünf Abweichler wollten sich dem überhasteten Plan nicht anschließen und stiegen in der Nähe einer Highway-Ausfahrt in Boca Raton aus. Die anderen fünf – vier Jungs und ein Mädchen – brausten im Van in den großartigen Sonnenuntergang. Man sah oder hörte nie wieder etwas von ihnen – zumindest schien es für sehr lange Zeit so.

Fast zwei Jahrzehnte lang konnten die Familien der fünf jungen Leute nur darüber spekulieren, was aus ihnen geworden war. Man füllte Vermisstenanzeigen aus, und es ging das Gerücht um, die Gruppe habe sich einer Hippie-Kommune irgendwo draußen im Westen angeschlossen. Einige Jahre nach ihrem Verschwinden rief sogar jemand in der *Phil Donahue Show* an, um zu erzählen, das vermisste Mädchen sei am Leben; es gehe ihm gut in Kalifornien, wo sie und einer der Jungs geheiratet hätten und glücklich zwei Kinder großzögen. Die ernüchternde Wahrheit über diese mysteriöse Nacht kam dann aber im Februar 1997 ans Licht. Ein Fischer, der eine Sonnenbrille mit polarisierenden Gläsern trug, erkannte unter seinem Boot durch Zufall in sechs Meter Tiefe den metallischen Schimmer eines sehr großen goldenen Objekts, das auf dem Grund eines trüben Entwässerungskanals in Boca Raton lag. In dem alten Van fanden sich die mit Algen überzogenen und mit Schlamm bedeckten Skelette der fünf vermissten Teenager. Doch hätte das Wissen, dass die Angehörigen in dieser Nacht gestorben waren, die Familienmitglieder überhaupt davon abhalten können, sich vorzustellen, die Teens seien irgendwo »dort draußen«? Wahrscheinlich nicht. »Ich bin froh zu wissen, dass er die letzten 17 Jahre bei Gott gewesen ist«, sagte eine der Schwestern der toten Jungs, als sie von der Entdeckung erfuhr.[24] Auch das Leben nach dem Tod ist ein Ort.

Die kognitiven Fähigkeiten des Menschen sind nicht dafür ausgerüstet, die Personalliste unserer komplexen sozialen Dienstpläne auf den aktuellen Stand zu bringen, wenn jemand plötzlich nicht mehr da ist. Wir können unsere Vorstellung der Personenpermanenz nicht einfach deshalb abstellen, weil jemand gestorben ist. Diese kognitive Unfähigkeit wird natürlich bei denen besonders bedeutsam, die uns am nächsten standen und von denen wir uns oft vorstellten, dass sie die verschiedensten Tätigkeiten verrichteten, wenn wir sie nicht sahen. Die Hauptfigur in John Fowles' Kultklassiker *Der Magus* (1966) versucht genau dieses Problem der Personenpermanenz zu begreifen, als seine Geliebte unerwartet stirbt:

> [...] zwang er mich, an sie nicht als an jemand zu denken, der in diesem Augenblick noch irgendwo existierte, und sei es nur in der Erinnerung, schlief oder atmete oder tätig war, irgendwo, sondern als eine Schaufel voll Asche [...] eine biologische Belanglosigkeit, ein Heraustreten aus der Wirklichkeit.[25]

Bei jenen, die an ein Leben nach dem Tod glauben, hängt die Vorstellung der Personenpermanenz auch damit zusammen, wie die Toten psychisch in Echtzeit repräsentiert sind – wie man sie sich im Geiste vorstellt. In gewissem Sinn scheint die Trennung von Körper und Seele in der gerade erörterten dualistischen Weise nicht zu der Art zu passen, wie wir im Alltag über bestimmte tote Menschen in deren Leben nach dem Tod nachdenken – nämlich über unsere Angehörigen. Dem Philosophen Mitch Hodge von der Queen's University Belfast zufolge würden die meisten Leute, wenn man sie bei einer Straßenumfrage auffordert, die Seele zu definieren, wahrscheinlich sagen, sie überlebe den körperlichen Tod, würde den elenden Körper hinter sich lassen und so weiter. In Wahrheit aber, argumentiert Hodge, ist es uns nicht möglich, uns all diese Seelen vorzustellen, wie sie da im Leben nach dem Tod herumtoben, ohne sie uns zugleich in irgendeiner körperlichen Form vor Augen zu führen.[26]

Demnach ist Dualismus ein sehr diesseitiger Begriff, der sich nicht auf die Vorstellung von Seelen im Leben nach dem Tod ausdehnen lässt. Wenn wir beispielsweise an die tote Großmutter im Himmel (oder in der Hölle, was ja vorkommen kann) denken, muss sie aussehen wie etwas, was Substanz hat, selbst wenn das nur ein feiner Geist oder ein nebulöser Schatten ist. Wahrscheinlich sieht man sie so, wie man sie aus dem Leben in Erinnerung hat. Zudem dürfte sie wahrscheinlich nicht nackt sein – das hoffe ich zumindest –, sondern irgendwelche Kleidung tragen. Man stelle sich das einmal vor: Wäre die Seele wirklich so ätherisch, wie man tendenziell von ihr sagt, dann könnte eine gnadenlose Feuerzunge nicht über die Haut des Sünders lecken, der Märtyrer fände keine Wonnen am fleischlichen Busen der 72 versprochenen Jungfrauen, und auch jene vertrauten Gesichter, die vor uns dahingegangen sind, könnten uns nicht mit einem warmen Lächeln begrüßen, wenn wir »ins Licht träten«.

Anders gesagt, Hodges Argument läuft darauf hinaus, dass es, wenn wir an die Toten und an uns selbst als Tote denken, in der Praxis nicht einfach ist, den üblichen Dualismus anzuwenden. Eigentlich kommt es uns nachvollziehbarer vor, wenn wir uns die Seele als eine Art physischen Körper vorstellen – nur eben anderswo. Als der Psychologe David Lester vom Richard Stockton College und seine Kollegen 2002 für einen Artikel in der Zeitschrift *Omega* Studenten nach ihren Vorstellungen vom Leben nach dem Tod befragten, fanden sie die gleichen scheinbaren Widersprüche zwischen den expliziten Überzeugungen der Studenten zum Thema Himmel und ihren praktischen Überlegungen über die dort hausenden Seelen:

> Sie (die Studenten) glauben, dass Seelen den Körper verlassen, erwarten aber dennoch kein Problem damit, im Leben nach dem Tod andere körperlose Seelen zu erkennen. Wenn ich vorschlage, die Geister könnten vielleicht Namensschilder tragen, lachen sie, haben aber keine besseren Vorschläge zu machen.[27]

Das Problem, wie man seine Lieben im Leben danach ausfindig macht, können wir hier nicht lösen. Klar ist aber, dass die Personenpermanenz in Verbindung mit der beschränkten Simulationsfähigkeit unserer Mentalisierung eine weitere kognitive Hürde darstellt, wenn es darum geht, die Toten wirklich als das zu erkennen, was sie sind – auf ewig ortsgebundene, unbelebte Kohlenstoffreste. Natürlicher erscheint es stattdessen, sich vorzustellen, dass sie an einem exotischen, unsichtbaren Ort ihr Leben als Tote verbringen.

•

Die Wissenschaft vom Seelenglauben ist eine faszinierende Angelegenheit, und die Kognitionswissenschaftler haben erst damit begonnen, sie mithilfe experimenteller Methoden und kontrollierter Verfahren zu untersuchen. Die bisherigen Befunde lassen erhebliche Zweifel an der verbreiteten Annahme aufkommen, der Glaube an ein Leben nach dem Tod könne durch den Verweis auf eine Theorie der »Wunscherfüllung« wegerklärt werden – sie postuliert, wir würden glauben, weil wir uns wünschen, es wäre wahr. Auch wenn die Angst vor dem Tod zweifellos ein wichtiger Grund dafür ist, dass die Menschen sich zäh an die Illusion der Unsterblichkeit klammern: Sobald diese Furcht auftaucht, kann sie die Illusion zunächst nicht hinreichend erklären. Schließlich wünschen wir uns von vielen Dingen, dass sie wahr werden – dass die Wolken sich am 21. Dezember 2016 zusammenziehen und herrliche Schokolade auf einen herabregnen lassen, dass man seinen 500. Geburtstag gesund und fit wie ein 30-Jähriger, aber abgeklärt wie ein biblischer Weiser erlebt oder dass man sich morgen Mittag und dann an jedem folgenden Tag für 20 Minuten in einen wunderschönen Schmetterling verwandelt. Dass diese Beispiele erfreulich oder wünschenswert, aber trotzdem vollkommen absurd erscheinen, während die ebenso bizarre Vorstellung, das psychische Leben könne unabhängig von einem physischen Gehirn existieren, den meisten intelligenten und geistig vollkommen gesunden Menschen absolut vernünftig vorkommt, spricht für die kognitiv verführerische Macht einer fehlgeleiteten Mentalisierung.

Tatsächlich können wir – nach unzähligen Jahrtausenden, in denen wir intuitiv anders gedacht haben – allein durch geistige Anstrengung zum offensichtlichsten aller möglichen logischen Schlüsse kommen: *Die Psyche ist das, was das Gehirn tut; mit dem Tod enden die Gehirnfunktionen; deshalb ist der subjektive Eindruck, die Psyche überlebe den Tod, eine psychische Illusion, die sich in den Gehirnen Lebender abspielt.* Kann die Antwort auf die Frage, was nach dem Tod mit uns geschieht, dieses profunde Mysterium, tatsächlich so simpel sein? Jede Gegenrede müsste zeigen, dass eine der beiden Voraussetzungen der logischen Beweisführung in irgendeiner Weise falsch ist, was zu einer falschen Schlussfolgerung führen würde.

•

Wir haben nun gesehen, wie die evolutionär entstandene Wahrnehmung – speziell unsere Fähigkeit zur Mentalisierung – unmittelbar verantwortlich ist für die Illusionen von Zweck und Bestimmung, für das Gefühl, im Auftreten natürlicher Ereignisse seien Botschaften aus dem Jenseits verschlüsselt, und für unsere intuitive Überzeugung, unser psychisches Leben werde nach dem vollständigen neurologischen Tod weitergehen. Noch nicht gesehen haben wir, wie diese drei fundamentalen Illusionen in einer einzigen Psyche zusammenkommen, um das Ich in einer bedeutsamen Welt zu begründen – insbesondere, wenn es um unsere moralischen Überlegungen geht. Im nächsten Kapitel werden wir diese Verknüpfung zwischen den Illusionen des Zwecks, der Zeichen und des Lebens nach dem Tod erkunden. Dazu wollen wir die alte theologische Frage wieder aufgreifen, warum guten Menschen Schlimmes widerfährt. Und auch hier kann die Fähigkeit zur Mentalisierung dazu beitragen, die verborgenen Annahmen in dieser zeitlosen Frage in einem ganz neuen Licht zu begreifen und zu deuten.

Wenn Gott Menschen von Brücken stürzt

Welch seltsame Gedanken im Gehirn von William Cooke, dem Eigentümer des Zirkus Cooke, im Frühjahr 1845 zusammengekommen sein mögen, werden wir wohl nie erfahren. Jedenfalls veranlassten sie ihn, als »Nelson der Clown« in einer von vier vorgespannten Gänsen gezogenen Badewanne den Fluss Bure hinabzuschippern. Die Nachricht von der lang erwarteten Nummer sorgte bei den guten Leuten von Great Yarmouth – einer geschäftigen Küstengemeinde in den Norfolk Broads im Osten Englands – sicher für Gesprächsstoff. Am 2. Mai waren Nelson und seine gefiederte Mannschaft bereit, von den Kais des britischen Ferienorts in See zu stechen. Um fünf Uhr nachmittags versammelten sich Hunderte – zumeist erwartungsvolle, naive Schulkinder, die Cookes überall in der Gegend angeklebte bunte Zirkusflugblätter gesehen hatten – mit Bangen auf einer 24 Meter hohen eisernen Hängebrücke und warteten darauf, einen Blick auf die komische Szene werfen zu können. Keiner schien das verbündete Ruderboot zu bemerken, das die Badewanne an einem verborgenen Seil direkt unter der Wasseroberfläche hinter sich herzog. Doch Cooke, der sich dem Publikum über ihm möglichst ausgiebig präsentieren wollte, gab dem Ruderer im Näherkommen zu verstehen, er solle den Kurs leicht korrigieren. Damit wollte er sicherstellen, dass er direkt unter der Brücke hindurchfuhr und die Menge der kichernden Zuschauer oben dazu brachte, in Massen zum Schwerpunkt der Brücke zu eilen.

Der Rest ist leider die Geschichte eines Unglücks. »Es erhob sich ein grässliches Geschrei: ein lautes, unirdisches Kreischen«, berichtete die Zeitung *Norfolk Chronicle* ein paar Tage darauf. »Und von einem Augenblick zum anderen wurden diese Leute, die einen Moment zuvor voller ›Lebenslust‹ gewesen waren, mit in freudiger Erregung klopfenden Herzen, in die Ewigkeit geschleudert.«[1] Über die genaue Zahl der Einwohner, die an diesem berüchtigten Tag ihr Leben verloren haben, gehen die Berichte auseinander, doch es waren wohl an die 100 Menschen, darunter etwa 60 Kinder. Gegen Mitternacht fischten die Schiffer die Leiche einer Mutter aus dem Wasser – ihr Säugling klammerte sich noch immer an ihre Brust, und sie hielt die Hand ihrer vierjährigen Tochter in der eigenen fest. »Sogar im Tod hatte sie die beiden noch festgehalten, und ihr Griff war so fest, dass die Körper nur schwer voneinander zu trennen waren.« Mittlerweile, schreibt der Reporter, »hatte man viele Kinder gefunden, deren Kopf im Brückengeländer eingeklemmt war; man konnte sie nur schwer daraus befreien, und einige hatten gebrochene Arme und Beine«.[2]

Nelson der Clown überlebte den Unfall völlig unbeschädigt. Im Anschluss an die öffentliche Untersuchung floh er mit seinen berüchtigten Gänsen – dieses Mal im Schlepptau – aus Great Yarmouth, ohne jemals wieder in den Annalen des historischen Clownswesens in Erscheinung zu treten. Die Jury kam zu dem Schluss, die Brücke sei wegen eines Schweißfehlers und minderwertiger Bauausführung eingestürzt, und hielt einen gewissen William Cory, den Eigner der Baufirma, die die Brücke erstellt hatte, für den Hauptverantwortlichen.

Abgesehen von ein paar eher trivialen Einzelheiten ist über das Hängebrückenunglück von 1845 in Yarmouth nur wenig bekannt. Nach den ernsten Untersuchungsberichten können wir uns jedoch vorstellen, wie die düstere Szene aus der Perspektive eines Fußgängers ausgesehen haben mag: triefende, schlaffe Körper ertrunkener Knirpse, die man aus dem Fluss fischt und verzweifelt zu den mit Kerzen beleuchteten Terrassen der Häuser an der Brücke bringt; wie im Fieber geflüsterte Gebete in den dunklen Pflastergassen; junge Geschwister, von Stahl und Wasser plötzlich und für immer auseinandergerissen, und übermüdete Schiffer, die ihre Ruder für die neu aufgetauchten Leichen der Unschuldigen teilnahmslos in das stille Wasser tauchen.

Von den verzweifelten Versuchen der Einwohner in den folgenden Tagen, Monaten und Jahren, einen Sinn in diesem so tragischen Ereignis zu entdecken, ist wenig überliefert. Doch als Menschen und weil wir wissen, was es mit der Mentalisierungsfähigkeit unserer Spezies auf sich hat, können wir sicher sein, dass es diese Suche gegeben hat. Wie aus Aufzeichnungen zu entnehmen ist, handelte in den folgenden Gottesdiensten mehr als eine Predigt davon, dass Gottes Verstand und sein großer Plan unergründlich seien. Sie ermahnten die Gemeindemitglieder, ihr Vertrauen in ihn zu legen, der sich nicht selbst rechtfertigt. Überzeugt, der Brückeneinsturz sei ein Akt göttlicher Strafe für die Sünden der Stadtbewohner gewesen, gab ein örtlicher Geistlicher, Pastor Henry MacKenzie, eine besonders beliebte Predigtreihe über dieses Thema zum Besten. Pastor MacKenzie meinte, die Gemeinde müsse besonders dringend »über die notwendige Reue und Beschämung, den Glauben und die Besserung des eigenen Lebens« nachdenken.[3] Läuft man heute durch den alten Kirchhof auf den früheren Trampelpfaden des Pastors bei der Pfarrkirche St. Nicholas, kann es sein, dass man über die zerbrochenen Grabsteine derer stolpert, die an diesem traurigen Tag ertrunken sind – alle, so der kopfschüttelnde Pastor MacKenzie, wegen ein paar liederlichen Weibern, Saufgelagen, Schlägereien, wegen Glücksspiels, Tratsches und der ganzen übrigen Bürde menschlicher Laster.

Dieses Denken ist keineswegs eine altmodische psychologische Anomalie des gottgesättigten viktorianischen Zeitalters, sondern trifft mitten ins Herz der menschlichen Natur. Das Leben ist nicht fair. Es ist aber auch nicht unfair. Es *ist* einfach. Schon die Frage, warum guten Menschen Böses widerfährt, setzt ein intelligentes, moralisch betroffenes, handelndes Wesen voraus, mindestens aber einen bewussten Impulsgeber hinter den Kulissen. Es ist, als suchten wir nach einer Antwort über der Antwort. Wenn uns etwas Schlimmes zustößt, wissen wir oft sehr genau, *wie* es dazu kam. Aber wir fragen dann immer noch weiter, *warum* es geschah – genauer gesagt, warum es *uns* geschah. An dieser Stelle überschneiden sich kausales Denken und die Überlegung, welchen einzigartigen und persönlichen Platz ein jeder in der Welt hat. Dieses Gebiet gehört zu den wichtigsten Bereichen der Kognitionswissenschaften, wird aber zu wenig untersucht. Und merkwürdigerweise ist es dieses Thema – die dem Untergang geweihten Brücken einschließlich der Menschen, die das Pech haben, genau im Moment des Einsturzes darauf zu stehen –, bei dem das psychologische Phänomen besonders deutlich sichtbar wird. Die statistische Wahrscheinlichkeit, dass eine bestimmte Person unter manchmal Millionen möglichen anderen genau in dem Moment auf einer ansonsten stabilen Brücke zu finden ist, in dem diese einstürzt, ist unendlich klein. Deshalb können wir uns nur mit Mühe vorstellen, dass dieser

Mensch nicht durch ein unergründliches und vorsätzliches Schicksal auserwählt worden ist.

•

Die Menschen der Arbeiterklasse, die im England des 19. Jahrhunderts in den Norfolk Broads lebten, scheinen mit heutigen Menschen im östlichen Oklahoma nicht viel gemein zu haben, doch die beiden Bevölkerungsgruppen werden durch einen ähnlichen dunklen Punkt in ihrer Geschichte belastet. Am Morgen des 26. Mai 2002 verlor ein übermüdeter Schlepperkapitän mit Herzproblemen das Bewusstsein, während er sein Schiff unter einer Fernstraßenbrücke in Webbers Falls hindurchmanövrierte. Dabei rammte der Schlepper einen zentralen Brückenpfeiler. Gail Shanahan und Maggie Green, die nach der Teilnahme an einer Pferdeshow in Arkansas früh aufgebrochen waren und ihre Pferde im Anhänger transportierten, starben zusammen mit 14 weiteren Personen – einschließlich eines dreijährigen Mädchens, das mit den Großeltern auf einem Ausflug war –, als ihr Fahrzeug beim Einsturz der Brücke in den Fluss fiel. Ein Jahr später sprach Shanahans Schwester aus, was viele der Hinterbliebenen sich wahrscheinlich ebenfalls fragten: »Ich habe mich gefragt, warum hier, warum war sie genau in diesem Augenblick auf dieser Brücke? Ich denke, ich muss auf Gott vertrauen und das durchstehen.«[4]

In seinem Klassiker über die moralische Entwicklung von Kindern – *Das moralische Urteil beim Kinde* (1932) – schildert Jean Piaget, wie eine Kollegin namens Mlle. Rambert einer großen Gruppe von Schulkindern in der Schweiz eine Reihe von Geschichten der folgenden Art vorliest:

> Es waren einmal zwei Kinder, die stahlen Äpfel von einem Apfelbaum. Plötzlich taucht ein Wächter auf, und die beiden Kinder laufen davon. Der eine wird erwischt. Der andere geht auf einem Umweg nach Hause, überquert den Fluss auf einer schlechten Brücke und fällt ins Wasser. Was hältst du davon? Wenn er die Äpfel nicht gestohlen hätte und doch über die schlechte Brücke gegangen wäre, wäre er dann auch ins Wasser gefallen?[5]

In Übereinstimmung mit Piagets Überzeugung, dass kleine Kinder »Artifizialisten« sind (sie neigen zu dem Glauben, Gegenstände würden in geheimer Absprache mit den erziehenden Eltern handeln), antworteten die Kinder unter acht Jahren negativ – sie sagten, die Brücke sei nur zusammengebrochen, weil das Kind die Äpfel gestohlen hatte. Ältere Kinder erkannten, worauf Rambert hinauswollte. Sie antworteten in Begriffen des »mechanischen Zufalls«, wie Piaget es ausdrückte. Die brüchigen Planken hätten, erklärten sie, unabhängig von dem nachgegeben, was sich auf der Brücke befand. Doch in Hinblick auf seinen (hier in Kapitel 2 erwähnten) Verdacht gegenüber »halb gebildeten Erwachsenen«, die fröhlich teleofunktionalistische Aussagen über die Natur bestätigten (etwa »die Sonne ist da, um uns Licht zu geben«), traute Piaget diesen rationalen Antworten nicht ganz. Er glaubte vielmehr, instinktives abergläubisches Denken bei Kindern und Erwachsenen mit wissenschaftlichen Kenntnissen werde oft »durch einen Mantel von Worten gerechtfertigt«. Piaget hatte diesen Verdacht unter anderem deshalb, weil manche der älteren Kinder Rambert erklärten, der Junge sei natürlich nur aufgrund eines bloßen Zufalls in den Fluss gefallen, nachdem er die Äpfel gestohlen hatte. Allerdings konnten sie sich die anschließende Bemerkung nicht verkneifen, es sei trotzdem eine Strafe für das gewesen, was er getan hatte.

Ein anderer, der sich dafür interessiert hat, mit welch natürlicher Selbstverständlichkeit der Einsturz einer Brücke als eine Art zorniger Quittung angesehen wird, war der amerikanische Schriftsteller Thornton Wilder. In *Die Brücke von San Luis Rey* (1927) beginnt die Geschichte damit, dass eine jahrhundertealte Seilbrücke über eine Schlucht der peruanischen Anden reißt, wobei fünf Menschen in den Tod stürzen. Der im Ort lebende Mönch, Bruder Juniper, sieht in dem Unglück eine Möglichkeit, dass »die Theologie ihren Platz unter den exakten Wissenschaften einnähme«.[6] Er untersucht, warum Gott es so einrichtete, dass genau diese fünf Menschen in ebendiesem Augenblick auf der Brücke gewesen waren. »Manche sagen, es gebe kein Wissen für uns und wir seien den Göttern nichts anderes als Mücken, wie die Knaben sie haschen und töten an einem Sommertag«, grübelt er, »und manche wieder sagen, kein Sperling verliere ein Federchen, das ihm nicht hinweggestreift wurde von der Hand Gottes.«[7]

Bruder Juniper, im Herzen Wissenschaftler, sichtet alte Bankunterlagen, Tagebücher und Liebesbriefe der Toten. Er sucht Beweise dafür, dass sie etwas getan hatten, für das sie ein so schreckliches Ende verdient hatten. Doch trotz all seiner gescheiterten Bemühungen, in so sorgfältig zusammengetragenen biografischen Leckerbissen das Bewusstsein eines gerechten und rationalen Gottes zu entdecken, war »die Sache [...] schwieriger, als er vorhergesehen hatte«.[8] Die Kirchenväter, die nicht akzeptieren können, dass Gott in Sachen Leben oder Tod willkürlich handelt, sehen in dem fehlgeschlagenen Experiment zudem einen Anlass, Bruder Juniper für ein Werkzeug des Teufels zu halten. Was dann prompt zur raschen Auflösung des zum Wissenschaftler mutierten Bruders auf einem Scheiterhaufen führt.

Als er die Geschichte schrieb, war Wilder klar, dass unerwartete Tragödien etwas an sich haben, was die Leute veranlasst, über Moral nachzudenken. In einer Passage schildert er die emotionalen Nachwirkungen bei den fassungslosen Bewohnern Limas, das in der Nähe der abgestürzten Brücke liegt:

> [...] und es begann ein großes Gewissenerforschen in der wunderschönen Stadt Lima. Zofen gaben Armbänder zurück, die sie ihren Herrinnen gestohlen hatten, und Geldverleiher hielten ihren Frauen erregte Reden zur Verteidigung des Wuchers.[9]

Wilder war da auf einen recht wichtigen Zusammenhang gestoßen. Wie wir in Kapitel 3 gesehen haben, beruht unsere Neigung, in Naturereignissen Botschaften zu erkennen, auf unserer evolutionsbedingten Fähigkeit zur Mentalisierung. Dieser Hang zum Zeichenlesen hat aber einen klaren und eindeutigen Bezug zur Moral. Wenn es zu unerwartetem Kummer oder einer Tragödie kommt, kann unser Verlangen, die Bedeutung dieser missverständlichen »Botschaften« zu enthüllen, zügellos werden. Unglücksfälle erscheinen uns kryptisch, symbolisch; sie scheinen sich eindeutig *auf unser Verhalten* zu beziehen. Unser Bewusstsein sammelt unablässig Schnipsel der Vergangenheit auf, als wären sie wichtige Hinweise auf das, was gerade geschehen ist. Und dabei wird jeder Stein umgedreht. Nichts ist zu alltäglich oder trivial; alles ist recht, was unsere rastlosen Gedanken davon abhalten kann, auf die undenkbare Wahrheit zu stoßen – dass es keine Antwort gibt, weil da kein Rätsel ist; dass das Leben das Leben ist: Das war's dann auch schon. So ganz allgemein lässt sich das natürlich leicht sagen, doch wenn wir es überzeugend auf das eigene Leben übertragen, ist es etwas ganz anderes.

Auch Weisheit und Alter scheinen unseren persönlichen Moralvertrag mit Gott nicht entwerten zu können. Ich bin seit der Oberschule Diabetiker, und deshalb landete ich im Lauf der Jahre einige wenige Male in der Klinik, gewöhnlich wegen einer beiläufigen Überdosis Geburtstagskuchen oder einer anderen dummen Fehlberechnung, die mir in der seltsamen Alchemie von Glukose und Insulin unterlaufen ist. Doch in Erinnerung geblieben ist mir von diesen halbwegs regelmäßigen Ausflügen in die lokalen Kliniken (sei es in den Vororten von Fort Lauderdale, den Ozark Mountains in Arkansas oder im vom Bürgerkrieg verwüsteten Belfast), dass die endokrinologische Abteilung, in die Diabetiker häufig überwiesen werden, oft einen Flur mit der Geriatrie teilt. Da Diabetes unter älteren Menschen verbreitet vorkommt, ist das natürlich sinnvoll. Eine interessante Folge dieses praktischen Arrangements ist aber, dass ich in der Klinik sehr oft 80-Jährige als Zimmergenossen hatte, die außerdem leider oft allein und von starken Schmerzen geplagt waren. Während dieser langen, öden Tage, an denen die einzige Unterhaltung aus dem Summen der in Fensterscheiben gefangenen sterbenden Fliegen, dem gedämpften Applaus von Gameshows im Fernsehen und dem Geräusch eingeschlossener, aus dem Anus alter Menschen entweichender Luft besteht, sei einem vergeben, wenn man heimlich lauscht. Und ich muss gestehen, ich habe diesen älteren Patienten ein paarmal zugehört, als sie einige ihrer letzten Kümmernisse mit Gott auflisteten. Ein alter Mann wollte wissen, was er und seine Frau (beide waren den rasch voranschreitenden Verwüstungen des Alters unterworfen) denn wohl getan haben könnten, um sich dieses tragische Ende verdient zu haben. Mehr als einer flehte um Gnade. Eine 84-jährige fromme Katholikin aus Irland beugte sich einmal zu mir herüber und vertraute mir an, Gott müsse es eigentlich für angebracht halten, ihr die Gesundheit zurückzugeben, schließlich sei sie nach wie vor Jungfrau.

Tatsächlich zeigen Befunde der letzten Zeit, dass Gott eine besondere Affinität zum Leiden hat. Wie die Harvard-Psychologen Kurt Gray und Daniel Wegner 2010 in einem Artikel der Zeitschrift *Personality and Social Psychology Review* darlegen, gehören menschliches Leid und Gott zusammen, weil unsere evolutionär entstandenen kognitiven Systeme mit den amoralischen Launen des Schicksals grundsätzlich unzufrieden sind. Weil wir eine so zutiefst soziale Spezies seien, so der Kern ihrer Argumentation, begännen wir, sobald uns etwas Schlimmes zustößt, sofort nach dem dafür verantwortlichen Menschen zu suchen. Und weil wir in dieser Weise moralisch wachsam seien – also den Schuldigen festzustellen versuchten –, könnten wir schuldige, antisoziale Menschen wirksam bestrafen. Damit erhielten wir den funktionalen Zusammenhalt unserer Gruppe und die genetischen Interessen jedes Einzelnen aufrecht. Das sei alles gut und schön, meinen Gray und Wegner, wenn uns einer ins Gesicht schlägt, uns bestiehlt oder mit unserer Freundin schläft. Wenn unser Missgeschick jedoch abstrakter sei (man denke an Krebs, Tsunamis oder Erdbeben) und keinem offensichtlichen menschlichen Täter ein Vorwurf gemacht werden könne, dann sähen wir die Hand Gottes.

Dass wir Gott moralische Verantwortung zuschreiben, ist diesen Autoren zufolge also eine Art übrig gebliebener Nebeneffekt unserer alltäglichen Sozialpsychologie im Umgang mit anderen Menschen: »Wenn man keinem die Schuld geben kann, müssen die Menschen eine andere absichtsvoll handelnde Instanz finden, um das Ereignis mit Bedeutung zu versehen und ein gewisses Gefühl von Kontrolle zu ermöglichen.«[10] Folgende kleine Skizze kann vielleicht dazu beitragen, die Position der Forscher zu verdeutlichen:

> Stellen wir uns eine kleine Familie vor, die irgendwo in einem abgelegenen friedlichen Tal ihr Picknick genießt. Vögel zwitschern, die Sonne scheint, es weht eine milde Brise. Alles die reine Idylle. Ein böswilliger Arbeiter am Staudamm flussaufwärts, der voll Neid auf das Glück der Familie schaut, sorgt dafür, dass der Wasserspiegel plötzlich anschwillt. An jenem Tag ertrinkt die ganze Familie (samt dem kleinen Hund) im Tal. Hat Gott den Tod der Familie verursacht?[11]

Wer so denkt wie die meisten Teilnehmer, die in der Studie von Gray und Wegner eine Version dieser Geschichte gelesen hatten, wird sagen: »Natürlich nicht. Das war der verfluchte Staudammarbeiter, Dummkopf.« Als die Autoren aber den handelnden Menschen aus der Geschichte nahmen, geschah etwas Interessantes. Die Hälfte der Teilnehmer las die gleiche Geschichte, nur ohne den gemeinen Arbeiter. Sie erfuhren also nur, dass der Wasserspiegel plötzlich gestiegen war und die ganze Familie ertränkt hatte. Und wie so mancher erwartet haben dürfte, schrieben diese Probanden das Ereignis weit häufiger Gott zu als jene aus der Gruppe mit dem Staudammarbeiter. Zudem dachten die Teilnehmer das nur dann, wenn die Familie ertrank. Wenn dagegen kein »moralisches Leid« geschehen war (das Essen wurde ungenießbar, die Familie blieb aber gesund), war Gott kein Vorwurf zu machen.

In einer anderen cleveren Studie erstellten Gray und Wegner einen nach US-Bundesstaaten gegliederten »Leidensindex« und fanden eine positive Korrelation zwischen dem relativen Elend (im Vergleich zum Rest des Landes) und dem Glauben der jeweiligen Bevölkerung an Gott. Um eine objektive Skala für dieses relative Elend zu erhalten, werteten die Forscher Daten aus dem staatlichen Gesundheitsindex der United Health Foundation von 2008 aus. Neben anderen Erscheinungsformen von Leid enthält dieser regelmäßig ermittelte Index die Raten von Kindersterblichkeit, Krebstoten, Infektionskrankheiten, Gewaltverbrechen und pathogenen Umweltfaktoren. Wie Gray und Wegner herausfanden, waren Leid und Glaube an Gott hochgradig korreliert – *selbst nachdem Einkommen und Bildung berücksichtigt worden waren*. Anders gesagt, der Glaube an Gott ist in Gebieten wie Mississippi, Alabama und South Carolina besonders ausgeprägt – und ebenso das Elend, zumindest in der für diese Studie definierten Form. Und das, sagen die Autoren, sei kein zufälliges Zusammentreffen: Wo immer ein Pfad des Jammers ist, ist merkwürdigerweise auch Gott unterwegs.

Gray und Wegner sind sich des logischen Gegenarguments wohlbewusst: Gott werde auch als Erklärung für positive Ereignisse und erfreuliche Gelegenheiten herangezogen. Die Autoren leugnen diese Tatsache nicht, bringen jedoch vor, Gott trete in den Köpfen der Leute besonders wahrscheinlich als Reaktion auf die unerfreulichen Dinge des Lebens in Erscheinung. »Gott mag als Sendbote des Elends dienen«, schreiben sie. »Aber er kann auch eine emotionale Krücke sein … Dass Gott sowohl Ursache als auch Heilung der Leiden sein kann, weist darauf hin, weshalb Leid uns stärker zu Gott führt als Hilfe. Wird den Menschen geholfen, danken sie ihm vielleicht, doch aufgrund des Leids wird er sowohl verflucht als auch begrüßt.«[12] Diese Resultate beleuchten, warum das verheerende Erdbeben, das Haiti Anfang 2010 heimsuchte, die Gläubigen aufrüttelte. Ja, Gott hat viele Menschen getötet, räumten sie ein. Aber, »gelobt sei Jesus Christus«, er hatte auch viele verschont – nämlich sie selbst.

•

Ein weiteres Puzzleteilchen liegt vielleicht in der Art, in der unsere neuronale Struktur mit unseren Gefühlen verknüpft ist. Die Psychologin Alison Gopnik von der University of California in Berkeley behauptet, Menschen besäßen einen »angeborenen Erklärungstrieb«, der uns stark dazu drängt, nach kausalen Erklärungen zu suchen. Vor ungefähr zehn Jahren schrieb Gopnik ein Buchkapitel mit dem provokanten Titel »Erklärung als Orgasmus und der Drang zu kausalem Verständnis«. Darin behauptet sie, wir würden aus dem gleichen Grund Antworten suchen, weshalb wir auch nach einem sexuellen Höhepunkt streben – das heißt allein wegen der Erregung und des damit verbundenen Glücksgefühls.[13] Es ist nur eine Analogie, aber die ist nützlich. So, wie diese wenigen Sekunden im Bett oder auf der Waschmaschine sich von Natur aus großartig anfühlen und einem ein Lächeln ins Gesicht zaubern, lässt einen auch dieser flüchtige Eureka-Moment bei der Lösung eines vertrackten Problems freudig erstrahlen (mag ja sein, dass einen Kreuzworträtsel oder Sudoku nicht direkt dazu bringen, sich vor Ekstase in die Oberlippe zu beißen, aber das Prinzip sollte klar sein). Kurz, zu wissen, warum, fühlt sich gut an. Es nicht zu wissen lässt uns nach einer erlösenden Erklärung ächzen.

Psychologisch gesehen, sagt Gopnik, sei das Gehirn darauf ausgerichtet, Jagd auf diese kurzlebigen Momente der Lust zu machen: Im einen Fall sei es der Orgasmus, weil Sex die mit Wohlgefühl verbundene List der Natur sei, die eigenen Gene hinaus in die Welt zu befördern. Im anderen Fall sei es die Erklärung, weil das Wissen, warum etwas auf eine bestimmte Weise funktioniert, einen in die Lage versetzt, etwas zu lernen und deshalb künftig besser angepasst zu reagieren. Besonders auffällig ist dieser Drang zu kausalem Wissen in der frühen Kindheit. In diesem Entwicklungsabschnitt ist es für den Einzelnen entscheidend, möglichst viele Fakten darüber einzusammeln, wie die Welt funktioniert. Wer je gesehen hat, wie ein Kleinkind das Katzenklo als ganz persönliche archäologische Ausgrabungsstätte genutzt hat, den brutalen Nachforschungen eines neugierigen Fünfjährigen zum Thema Brustwarzen entflohen ist oder einen Grillanzünder aus den Händen eines kleinen Pyromanen im Schlafanzug gerissen hat, der weiß bereits, wie unersättlich Kinder sind, wenn es um erklärendes Wissen geht. Dieser neugierige Drang lässt mit der Zeit nach – wie viel später im Leben auch der Sexualtrieb. Aber ebenso wie die Intensität des Sexualtriebs variiert auch die Lebensdauer unserer heftigen Neugier mit der jeweiligen Person. Gopnik glaubt in der Tat, dass Wissenschaftler, die per se stark motiviert sind, ihre komplizierten wissenschaftlichen Probleme zu lösen, Kindern sehr ähnlich sind. Beide jagen ständig nach Höhepunkten, die aus Erklärungen resultieren.

Der Witz dabei ist, wie Gopnik betont, dass die Erklärungen eigentlich nicht zutreffend sein müssen, um einem diese befriedigende Riesenpille orgiastischer Lust zu verschaffen, die die Suche nach Antworten in Gang hält. Auch hier sei es ähnlich wie beim Sex, schreibt Gopnik: »Sex behält auch dann seine Reproduktionsfunktion, wenn in der überwiegenden Mehrzahl der

Fälle keine Reproduktion stattfindet.«[14] Sex führt zum Orgasmus, und das fühlt sich an sich schon gut an, selbst wenn es letztlich eine fruchtlose Kreislaufübung ist. Das ist auch beim angeborenen Erklärungstrieb so – man muss nur glauben, das Problem gelöst zu haben, schon verspürt man die Lust:

> Das könnte dazu beitragen, die ansonsten verwirrende Frage zu klären, ob es auf das Gleiche hinausläuft, wenn man eine schlechte beziehungsweise eine Pseudo-Erklärung oder gar keine Erklärung hat … Es könnte eine wahre Erklärung geben, doch oft könnte das Resultat auch falsch sein. Das stimmt vollkommen mit der Ansicht überein, dass das System sich deshalb entwickelt hat, weil es uns in der Regel auf lange Sicht und speziell in der Kindheit zutreffende Informationen über den kausalen Aufbau der Welt liefert.[15]

Anders gesagt, obwohl unsere Erklärungen nach dem Schrotschussprinzip funktionieren, fragwürdig und oft einfach nur falsch sind, sind sie gelegentlich auch richtig – besonders dann, wenn wir in einem wissenschaftlichen Rahmen arbeiten. Und ab und zu richtig zu liegen ist schon mal bei Weitem besser, als gar nicht erst nach Problemlösungen zu suchen. Laut Gopnik hätten die gelegentlich wahren kausalen Erklärungen unseren Vorfahren einen Wettbewerbsvorsprung vor denen beschert, die nicht den inneren Wunsch hatten, überhaupt solche Antworten zu suchen. Damit wäre das System insgesamt – trotz seiner Fehleranfälligkeit und seiner Neigung, übernatürliche Logik hervorzubringen – von der natürlichen Auslese bevorzugt worden.

Für die Art Frage, die uns hier interessiert – warum

widerfährt guten Menschen Böses? –, könnten wir also eine Anleihe bei Gopniks Analogie machen. Wir könnten uns Gott vorstellen, als trüge er den kognitiven Keuschheitsgürtel einer Denksportaufgabe: Er hat seine Gründe, unseren Bitten um Antworten so prüde zu begegnen, doch angesichts unseres angeborenen Dranges nach Erklärungen können wir uns nach wie vor nicht davon abhalten, in seinen Schubladen zu schnüffeln. Und der schlichte Schluss, uns »sei es nicht bestimmt zu wissen«, hat durchaus seinen eigenen erklärenden Reiz. Viele nutzen ihre Fähigkeit zur Mentalisierung und vermuten, Gott habe seine eigene moralische Logik, lasse sich aber nicht in die Karten schauen, und uns bloßen Sterblichen stehe es nicht zu, das zu verstehen. Vielleicht könnte man ja sagen, es sei wie bei der biblischen Gestalt des Hiob, der so eine Art Maus in den Pranken Gottes war: Als eine Möglichkeit, uns ihm näherzubringen, macht Gott uns manchmal völlig blind. Schließlich widmen wir Gott die meisten Gedanken, wenn wir persönlich im Fadenkreuz des Unheils oder bevorstehenden Ruins stehen.

Viele Nichtgläubige bevorzugen die Ansicht, die Menschen würden auf Gott zurückgreifen, weil ihnen solides wissenschaftliches Wissen um die Kausalität fehle. Da wir zunehmend besser verstünden, wie die Natur funktioniert, erklären die Vertreter dieser Ansicht, würde unser Bedürfnis nach Gott immer weiter schrumpfen und dürfte in absehbarer Zeit ganz verschwinden – letztendlich. Im Theologenjargon heißt diese Ansicht »Gott der Wissenslücken«: Weil wir das Gefühl haben müssen, Kontrolle über die launischen Taten der Natur zu haben, wird Gott immer dann als verantwortlicher Teilnehmer eingesetzt, wenn unser Wissen Lücken aufweist. Ein gutes Beispiel für diese allgemein verbreitete Ansicht findet sich in folgendem Zitat des amerikanischen Physikers Richard Feynman, der feststellte:

> Gott wurde immer dazu gebraucht, Geheimnisse zu erklären – Dinge, die man nicht verstand. Entdeckt man schließlich, wie etwas funktioniert, so wird ein Teil der Aufgabe von bestimmten Gesetzen übernommen, man braucht ihn dafür nicht mehr. Dafür benötigt man ihn jedoch für die anderen Geheimnisse. So überlassen wir ihm die Erschaffung des Universums, weil wir es noch nicht berechnen können, und Dinge, von denen wir glauben, sie seien durch Gesetze nicht zu erklären, wie das Problem des Bewusstseins oder das von Leben und Tod und so fort. Gott ist immer mit den Dingen verknüpft, die man nicht versteht.[16]

Im Prinzip klappt es gut, Gott in die Wissenslücken einzusetzen, weil uns die Fähigkeit zur Mentalisierung in die Lage versetzt, Ursachen einem handelnden Wesen zuzuschreiben, das etwas weiß, was wir nicht wissen. Wissenschaft ist harte Arbeit. Selbst wenn wir im Dunkeln tappen, können wir die Gewissheit behalten, dass es einen Grund gibt, und es dabei belassen.

Diese alltägliche Sicht, nach der die Wissenschaft aufgrund größerer Erklärungsfähigkeit und Vorhersagekraft Gott einfach ersetzt, hat jedoch mit einem zentralen Problem zu tun. Selbst wenn die wahren Ursachen bekannt, akzeptiert und übernommen worden sind, berufen sich viele Menschen für eine Erklärung weiterhin auf Gott. Zu wissen, *wie*, hält uns nicht von der Frage nach dem *Warum* ab. Nehmen wir das eingangs dieses Kapitels geschilderte Hängebrückenunglück im viktorianischen England. Das größte Mysterium liegt nicht darin, warum ein scheinbar vernünftiger und gerechter Gott die unglücklichen Kinder und Familien von Great Yarmouth an jenem Frühlingstag 1845 mit einem so grausamen Schicksal strafte. Rätselhaft ist vielmehr, warum die Überlebenden und wir, wenn wir auf sie zurückschauen, diese Frage nach dem Sinn überhaupt als natürliche Reaktion betrachten.

Schließlich bestand scheinbar keine Notwendigkeit, dem Einsturz der Brücke »einen Sinn zu geben«, wo doch die Ursache klar ersichtlich und von den Einwohnern akzeptiert war: einfach nur ein weiteres fatales Gebräu aus grandiosen Plänen eines Zirkusbesitzers, dem universellen Vergnügen von Kindern an theatralischen Absurditäten und einem nachlässigen Schweißer, dessen Vorarbeiter wahrscheinlich zu beschäftigt gewesen war und dessen Schlamperei nicht bemerkt hatte. Es war noch nicht einmal fraglich, wer die Verantwortung trug. Als die Baufirma die Rechnung für das Begräbnis Dutzender Opfer beglich, machte sie unmissverständlich klar, dass nicht Gott, sondern sie für die Katastrophe verantwortlich war. Warum also taucht im Kielwasser eines doch ziemlich verständlichen Unglücks die Frage nach dem Sinn quasi instinktiv auf? Warum können wir in solchen Fällen unsere Fähigkeit zur Mentalisierung nicht abschalten?

•

In jeder von Anthropologen je untersuchten Gesellschaft sind unkontrollierbare Tragödien als das vorsätzliche Werk eines bewussten, übernatürlichen Akteurs gesehen worden. Für die meisten ist »Gott« dieser Akteur. Für andere ist es ein Gott unter vielen, vielleicht auch ein verstimmter Vorfahre oder eine gereizte Hexe. Und oft glaubt man, Unglücksfälle hingen damit zusammen, dass wir etwas falsch gemacht haben – und manchmal einfach mit dem, was wir über falsches Verhalten denken.[17] Doch hier kommt es vor allem darauf an, dass ein so abergläubisches Denken und wissenschaftliche Kenntnisse einander nicht ausschließen. So hat der Anthropologe E. E. Evans-Pritchard in seiner berühmten Untersuchung zum Glauben an Hexerei bei den Azande im Südsudan entdeckt, dass die Menschen dort, auch wenn sie vielleicht keine formale Bildung besitzen, keineswegs naiv sind. Und sicher kann man ihnen nicht unterstellen, sie hätten keine Ahnung von logischen, wissenschaftlichen, natürlichen Ursachen. Vielmehr sind Unglücksfälle einfach die Methoden, mit denen Zauberer ihr Geschäft betreiben.

Eine der berühmtesten Passagen aller anthropologischen Ethnografien stammt aus Evans-Pritchards Werk *Hexerei, Orakel und Magie bei den Zande* (1937). Der Autor gibt da ein Beispiel für die typische Reaktion der Dorfbewohner auf ein Unglück:

> Im Zandeland stürzt manchmal ein alter Getreidespeicher ein. Daran ist nichts Bemerkenswertes. Jeder Zande weiß, dass Termiten die Stützbalken im Laufe der Zeit zernagen und dass auch das härteste Holz nach Jahren der Beanspruchung verrottet. Nun ist aber ein Speicher immer zugleich das Sommerhaus eines Zande-Gehöfts, und die Leute sitzen während der Mittagshitze darunter, plaudern oder spielen das afrikanische Lochspiel oder sind mit irgendeiner handwerklichen Tätigkeit beschäftigt. Infolgedessen kann es passieren, dass gerade dann, wenn er einstürzt, Leute daruntersitzen und verletzt werden, denn es ist ein massiver Bau aus Balken und Lehm

> und kann außerdem noch mit Eleusine gefüllt sein. Warum mussten gerade im Moment des Einsturzes ausgerechnet diese Leute unter dem betreffenden Speicher sitzen? Dass er einstürzen musste, ist leicht verständlich. Aber warum musste er gerade in dem Moment, als ausgerechnet diese Leute daruntersaßen, einstürzen?[18]

Wie Evans-Pritchard herausfand, führten diese unter den Dorfbewohnern ganz natürlich auftauchenden Fragen unvermeidlich dazu, dass sie der Hexerei die Schuld gaben. In jüngster Zeit haben die Psychologin Christine Legare von der University of Texas und ihre Kollegin Susan Gelman von der University of Michigan entdeckt, dass die Sesotho sprechenden Südafrikaner durchaus mit den biologischen Ursachen von Aids vertraut sind; ihr Wissen zu dieser Krankheit hält sie jedoch nicht davon ab, bei infizierten Personen auch den Fluch einer Hexe im Spiel zu sehen. Das heißt, in einem Land, in dem bei schwangeren Frauen ein verheerender Anteil von 30 Prozent HIV-positiv ist, ist wissenschaftliche Bildung vielleicht nicht das Wundermittel zur Ausrottung der Krankheit, das wir in ihr vermuten. So können schlaue Hexen sich beispielsweise in die individuelle Entscheidungsfindung einmischen, indem sie jemandem eine besonders attraktive – und infizierte – junge Frau genau an dem Tag über den Weg schicken, an dem er vergessen hat, ein Kondom in seiner Brieftasche zu verstauen.

Nach mehreren psychologischen Studien, in denen sie die Meinung von Kindern und Erwachsenen über Ausbreitung und Art des HIV verursachenden Virus sondierten, berichteten Legare und Gelman ihre Ergebnisse 2008 in einer Ausgabe von *Cognitive Science*: »Obwohl biologische Erklärungen für die Krankheit auf hohem Niveau bejaht wurden, ist oft auch Hexerei genannt worden. Was wichtiger ist: Erklärungen auf Basis von Hexerei waren nicht auf Unkenntnis zurückzuführen und ersetzten auch keine biologischen Erklärungen.«[19] Tatsächlich gaben Erwachsene mit höherer Wahrscheinlichkeit Hexerei als Erklärung an als Kinder, obwohl die Erwachsenen auch die Biologie der Erkrankung besser verstanden hatten.

In Anlehnung an einen Bericht des Autors Tracy Kidder in seinem Buch *Mountain Beyond Mountains* (2003) – es handelt von dem legendären humanistischen Arzt und Harvard-Anthropologen Paul Farmer – bieten Legare und Gelman auch ein humorvolles Beispiel für diese natürliche Koexistenz übernatürlicher und biologischer Erklärungen im Denken des Einzelnen. In dem Beispiel wird erzählt, wie Farmer, den man für die Entwicklung eines kostenlosen modernen Gesundheitssystems in einem der ärmsten Länder der Welt rühmt, mit einer älteren, an Tuberkulose leidenden Haitianerin ein ironisches Gespräch führt:

> Als er sie ein Jahr vorher erstmals interviewt hatte, war sie wegen seiner Fragen über Hexerei ein wenig beleidigt gewesen. Sie gehörte zu den wenigen Leuten, die leugneten, daran zu glauben. Sie sagte: »Ich bin nicht dumm. Ich weiß, Tuberkulose kommt von Leuten, die Keime aushusten.« Sie habe alle ihre Arzneien genommen und sei geheilt. Doch als er sie jetzt, ein Jahr später, erneut über Hexerei befragte, erklärte sie, sie glaube selbstverständlich daran. »Ich weiß, wer mir die Krankheit geschickt hat, und ich werde ihr das heimzahlen«, erklärte sie. »Aber wenn du das glaubst«, schrie er, »warum hast du dann deine Arznei genommen?« »*Chéri*«, erwiderte sie,

»eske-w pa ka kon-prang bagay ki pa semp?« Der kreolische Ausdruck *pa semp* bedeutet »nicht einfach« und läuft darauf hinaus, dass eine Angelegenheit Komplikationen einschließt, die oft mit Magie zu tun haben. Frei übersetzt, sagte sie Farmer also: »Herzchen, kapierst du komplizierte Dinge nicht?«[20]

•

Viele Menschen erwarten, von Gott auch dann bestraft zu werden, wenn ihre geheimen Missetaten nicht durch andere bestraft wurden. Und falls das ausbleibt, scheint es ihnen, als sei das moralische Universum irgendwie aus dem Lot geraten. Wie Sozialpsychologen schon lange wissen, lassen die meisten Menschen sich von der Erwartung leiten, dass die Welt gerecht sei. Doch in diesem Schatten lauert Gott. Nimmt man die Welt als gerecht wahr (was Untersuchungen zufolge auch unter Nichtgläubigen verbreitet vorkommt) – ist dann nicht irgendein achtsamer, wissender Akteur nötig, der das soziale Verhalten der Leute ständig im Auge behält und die Skalen nichtmenschlicher Gerechtigkeit justiert? Oder wer genau gewährleistet – für Buddhisten –, dass die bösen Jungs als Mistkäfer und Laborratten wiedergeboren werden?

In *Das moralische Urteil beim Kinde* (1932) stellt Piaget ein anschauliches, wenn auch nach etwas merkwürdigen Kriterien ausgewähltes Beispiel für den Glauben an eine gerechte Welt vor. Heutzutage ist Selbstbefriedigung nicht gerade ein Kapitalverbrechen, doch in der konservativen Schweiz Piagets herrschten damals andere sexuelle Sitten. »Tatsächlich ist nicht zu bestreiten«, schreibt er, »dass man bei den Onanisten eine systematische Angst vor den den Dingen selbst immanenten Strafen beobachten kann: nicht nur die Furcht vor Auswirkungen auf die Gesundheit, die Angst, blöde zu werden usw., sondern auch eine Neigung dazu, die unglücklichen Zufälle des Daseins als vom Schicksal gewollte Strafe auszulegen.«[21]

Bevor sich jetzt jemand wegen seines rationaleren Denkens auf die Schulter klopft, sollte er erst prüfen, ob er die eigenen psychischen Instinkte auch verdauen kann, wenn er über das Schicksal des Justo Antonio Padron nachgrübelt. Am 12. November 2007 wischte sich Padron, ein Berufskrimineller, den Schweiß von der Stirn und stemmte ein weiteres Türschloss auf – er knackte Autos in einer beliebten Ferienanlage in Südflorida. Als die Polizei ihn auf frischer Tat ertappte und die Sirenen aufheulen ließ, versuchte Padron durch einen beherzten Sprung in das Rückhaltebecken des Kasinos zu fliehen, wo er von einem übereifrigen, neun Fuß langen Alligator namens Poncho als überraschende Zwischenmahlzeit begrüßt wurde. Und es geht auch andersherum. Nehmen wir nur den glücklichen Einwohner Michigans namens Fred Toupas junior, der 2008 kurz nach seiner Entlassung aus dem Gefängnis, wo er wegen Vergewaltigung einer 13-Jährigen gesessen hatte, den Jackpot der staatlichen Lotterie in Höhe von 57 Millionen Dollar knackte.

Wer eher zu logischem Denken neigt, würde wahrscheinlich sagen, dass solche Dinge einfach passieren; er würde sie mit einem Schulterzucken als zufällige Ironie des Schicksals abtun. Ich wette aber, dass auch diese Leute bei Padron den Eindruck hätten, er habe bekommen, was er verdiente, während Toupas' Situation nicht so ganz in Ordnung sei. Toupas' unverhoffter Reichtum löste in der Tat einen Frontalangriff aufgebrachter Internetfreunde aus, die davon gelesen hatten – viele von ihnen waren Atheisten, die den Gläubigen die Frage stellten, welche Beweise sie denn noch bräuchten, um zu begreifen, dass es keinen Gott gibt, wenn nicht diesen Wiederholungstäter, der die Megalotterie gewinnt. Doch unsere evolutionär entstandene Mentalisierung verhilft Gott zu vielen Schlupflöchern. Eine Frau nutzte beispielsweise ihre sehr kreative einschlägige Fähigkeit dazu, in dieser Geschichte eine gewisse Cleverness zu entdecken. Sie erinnerte die zynischen Atheisten daran, dass Gott die Menschen stets austrickse, wenn es darum gehe, seine unerforschlichen Beweggründe zu enthüllen:

> Es gibt einen Gott, und Er weiß ganz bestimmt, was wir alle getan haben. Warten wir doch einfach ab, wo dieser Mann landet, wenn er ein Jahr lang mit dem Geld um sich geworfen hat und was sonst noch alles. Wir werden sehen, was Geld bei der falschen Art von Leuten anrichten kann.

In bestimmten seltenen Fällen würde jedoch selbst die wildeste Phantasie nicht ausreichen, Gottes unfassbarer Logik ein ausreichend großes Schlupfloch bereitzustellen. Dem Holocaust-Überlebenden Elie Wiesel zufolge glaubten in Nazideutschland angeblich einige, Gott sei verrückt geworden. Doch es zeigte sich eine noch düsterere Aussicht. Ein paar Juden begannen, ihre theologischen Ansichten zu überprüfen, und äußerten den Verdacht, Gott sei moralisch korrumpiert. In seinem halb autobiografischen Bericht *Gates of the Forest* (1966) schildert Wiesel eine besonders aussagekräftige Szene:

> In einem Konzentrationslager, an einem Abend nach der Arbeit, holte ein Rabbi drei seiner Kollegen zusammen und berief ein Sondergericht ein. Mit erhobenem Haupt stellte er sich vor sie und sprach wie folgt: »Ich beabsichtige, Gott des Mordes zu

> überführen, denn Er vernichtet Sein Volk und das Gesetz, das Er ihm gegeben hat … Ich habe unwiderlegliche Beweise in der Hand. Urteilt ohne Furcht oder Vorurteil. Was immer ihr zu verlieren habt, ist euch seit Langem genommen.« Das Verfahren lief in angemessener gesetzlicher Form, mit Zeugen für beide Seiten, mit Anträgen und Entscheidungen. Einstimmiges Urteil: »Schuldig.« … [Doch] am Ende hatte [Gott] das letzte Wort. Am Tage des Verfahrens wendete Er das Urteil gegen Seine Richter und Ankläger. Auch sie wurden zur Schlachtbank geführt. Und das sage ich euch: Wenn ihr Tod keine Bedeutung hat, dann ist das eine Beleidigung, und wenn er eine Bedeutung hat, ist es das noch viel mehr.[22]

•

Kosmische Strafe liegt oft im Auge des Betrachters. Für die Psychologin Janet Landman vom Babson College ist die dramatische Geschichte der Katherine Ann Power ein typisches Beispiel. In einem Sammelband mit dem Titel *Turns in the Road: Narrative Studies of Lives in Transition* (2001) schildert Landman einige ihrer Gespräche mit Power. Geführt wurden sie, als Letztere in einem Bundesgefängnis einsaß – wegen eines Verbrechens, das das Leben vieler Menschen, darunter auch das von Power selbst, zerstört hatte. »Narrative Psychologen« wie Landman sind der Ansicht, dramatische Lebensgeschichten würden es uns ermöglichen, universelle Aspekte der Humanpsychologie ins Auge zu fassen, die mit Laborverfahren nicht so leicht greifbar seien.[23]

Powers Geschichte ist ein Musterbeispiel für karmische Erwartungen. 1970, an einem Spätsommertag in

Brighton, Massachusetts, saß die redegewandte, romantische Studentin mit Hauptfach Soziologie an der nahe gelegenen Brandeis University – sie war auch mit Leidenschaft an den Vietnamprotesten beteiligt – hinter dem Lenkrad eines wartenden Fluchtwagens, während ihre schwer bewaffneten kriminellen Gefährten eine Bank um deren »kriegstreiberische« Mittel erleichterten. (Um die Regierung richtig stürzen zu können, so die Überzeugung der Gruppe, müsse man zunächst deren schmutzige Beute klauen und dann dadurch reinwaschen, dass man sie in Initiativen gegen den Krieg investierte.) Ohne Wissen Powers schoss einer ihrer friedensliebenden Landsleute einem fliehenden Polizeibeamten in den Rücken, was eine Witwe und neun vaterlose Kinder zurückließ.

Angeblich schockiert wegen dieses böse ausgegangenen Raubüberfalls, nahm Power die Identität eines ein Jahr vor ihrer eigenen Geburt gestorbenen Kindes an und erfand sich als »Alice Louise Metzinger« ein neues Leben. Die anderen wurden am Ende gefasst. Power dagegen tauchte in dem kleinen Kaff Lebanon im Nordwesten Oregons unter. Dort widmete sie sich ähnlich wie Jean Valjean in Victor Hugos *Die Elenden* (1862) einem Leben der Buße. Power wurde zur hingebungsvollen Mutter eines kleinen Sohnes und liebenden Gattin des örtlichen Fleischers; sie kaufte sich in ein beliebtes Restaurant ein, wurde zur aktiven Ehrenamtlichen, unterrichtete eine Klasse am Gemeindekolleg und schenkte einem bedürftigen Nachbarn sogar ihr Auto.

Doch sie, die einst die Abschlussrede der Highschool gehalten hatte, bei den katholischen Pfadfinderinnen war und einmal den Betty Crocker Cooking Award gewonnen hatte, stand für 14 ihrer 23 Fluchtjahre auf der FBI-Liste der zehn meistgesuchten Kriminellen. Geplagt von Scham, Schuldgefühlen und Paranoia, forderte Power oft das rächende Schicksal heraus. In den ersten Jahren im Untergrund nahm sie sogar ihre frühere Haarfarbe wieder an – so ähnelte sie wieder mehr ihrem eigenen Bild auf der in ihrer bevorzugten Bar aushängenden Fahndungsliste. Doch sie wurde nie erkannt; die wenigen Menschen, denen sie ihr dunkles Geheimnis anvertraute (ihrem Mann und ein paar engen Freunden), waren voller Verständnis und loyal. Ihr neues Leben wurde von einem guten Kismet bestimmt. 1984 waren die wenigen Hinweise, die einst eingetröpfelt waren, versiegt, und das FBI nahm sie von seiner Fahndungsliste der Meistgesuchten. Power kam es allmählich so vor, als bestehe ihre Strafe in dem grässlichen Gefühl unverdienter Normalität und des erreichten »Glücks«. Das war dann in der Tat so unerträglich, dass sie sich 1993 in Erfüllung ihrer »Abmachung mit Gott«, wie sie es nannte, den verblüfften Behörden in Boston stellte und sechs Jahre einer achtjährigen Haftstrafe verbüßte.

Wie Power können viele von uns nicht umhin, vergangene Ereignisse, die ihnen emotional nahegehen, immer wieder durchzuspielen. Und wir haben tief in unser Leben eingreifende Episoden erlebt, die – zumindest in unseren Köpfen – eine Art scharfer Trennungslinie zwischen dem Vorher und dem Nachher darstellen. Die Art subjektiven Drehs, den wir jenen albtraumhaften Ereignissen verleihen, und speziell die Weise, in der wir meinen, dass sie unser derzeitiges und künftiges Ich geformt haben, sagt manchen Sozialpsychologen zufolge viel über unsere Persönlichkeit aus.

Als Leiter des Foley Center for the Study of Lives an der Northwestern University ist Dan McAdams Vorreiter eines neuen Zweiges sozialwissenschaftlicher Persönlichkeitsforschung, der »narrativen Untersuchung von

Lebensläufen«. In einem 2001 in der Zeitschrift *Review of General Psychology* erschienenen Artikel verweist McAdams darauf, dass die autobiografische Erinnerung faszinierend kreativ sei:

> Lebensgeschichten beruhen auf autobiografischen Fakten, gehen aber insofern beträchtlich über die Tatsachen hinaus, als die Menschen sich selektiv Aspekte ihrer Erfahrung aneignen und in ihrer Vorstellung sowohl Vergangenheit als auch Zukunft konstruieren. Dazu stellen sie Geschichten zusammen, die für sie selbst und ihr Publikum einen Sinn ergeben, das Leben bereichern und zusammenhalten und ihm mehr oder weniger Bedeutung verleihen.[24]

Mithilfe quasistrukturierter Interviews, in denen ältere Personen zu den entscheidenden Wendepunkten ihres Lebens befragt werden, sortiert McAdams die Antworten mit einem ausgefeilten und detaillierten Codierungssystem. Es ist dafür ausgelegt, aus der Art, in der Menschen wichtige Ereignisse ihres Lebens im eigenen Denken einordnen, subtile darunterliegende Themen aufzuspüren.

Wie McAdams herausgefunden hat, gibt es auf dieser Welt zwei Menschentypen. Da sind einmal jene, die lebensverändernde Erfahrungen des frühen Erwachsenenalters (wie Tod, Sucht, Missbrauch, Beziehungskummer, Scheitern und andere abgründige, aber oft unausweichliche Zwangslagen der menschlichen Existenz) als Episoden ihrer Lebensgeschichte sehen, die ihr Leben »beschmutzt« haben. Im Rückblick wird alles vor dem Ereignis durch die rosa Brille gesehen; das Ereignis selbst erscheint als eine Art vergiftender Vorfall, der sich in die Gegenwart hineinfrisst und den Rest des Lebens ruiniert.

In einer Abfolge der Besudelung wird ein gutes Leben plötzlich schlecht. Das entscheidende persönliche Unglück wird eher als Fremdkörper behandelt und nicht in die Erzählung eingebaut. Menschen, die zu solchem Denken neigen, kommt es so vor, als wäre ein fröhliches Märchen rüde unterbrochen worden: Etwas – oder jemand – hat Gottes für sie vorgesehene Pläne mutwillig gestört.[25]

Dann gibt es jene, die solche dramatischen Ereignisse in ihrer Lebenserzählung als »erlösende Episoden« ansehen. Wie Katherine Ann Power wandeln diese Menschen schlimme Szenen schließlich in ein gutes Ende um oder schaffen einen Ausgleich, indem sie bessere Menschen und für die Gesellschaft nützlich werden. Wie man erwarten könnte, gehören diese älteren Leute, die im Rückblick ihre verschiedenen Lebenskrisen als rettende Episoden betrachten, die ihnen wertvolle Lehren brachten und sie zum Besseren veränderten (anstatt alles zu verderben), auch zu denen, die auf der Skala der »Generativität« hohe Werte erreichen. Dieser Maßstab zeigt an, welche positiven oder prosozialen Leistungen sie für andere und speziell für die jüngeren Generationen erbringen. Ja, diese Vorfälle waren schmerzlich, doch »alles passiert aus einem bestimmten Grund«. Jedenfalls ist das bei Power so – sie arbeitet mittlerweile für eine gemeinnützige Organisation gegen Aids in Boston.

McAdams glaubt also, es sei in mehr als einer Hinsicht aufschlussreich, wenn man erforscht, wie die Menschen ihre Lebensgeschichten zusammenschustern. »Manche konstruieren Lebensgeschichten, die sich an der klassischen Tragödie orientieren«, erklärt McAdams. »Andere dagegen übermitteln ihre Identität anhand von Sitcoms aus dem Fernsehen.«[26] Ironischerweise wird das wahre Leben in unserem Kopf nur selten als das Theatergenre dargestellt, das es wirklich ist: als die existenzielle Erzählung, in der die Dinge einfach geschehen. In diesem Genre gibt es keinen aufgeräumten narrativen Bogen, sondern nur einen eher unordentlichen, führerlosen Zug miteinander verbundener Ereignisse. Diese sind unpersönlich und deterministisch aneinandergekoppelt; die Verbindungsglieder sind mit bloßem Auge nicht sichtbar und entziehen sich der menschlichen Alltagsintelligenz. Im Denken der meisten scheint das eigene Leben vielmehr linear voranzuschreiten, zumeist aufgrund der persönlichen Aktivitäten und in Richtung auf einen zufriedenstellenden Höhepunkt. Der Psychologe Todd Heatherton vom Dartmouth College hat beispielsweise herausgefunden, dass die meisten Menschen dazu neigen, die eigene Vergangenheit in unvernünftigem Ausmaß schlechtzumachen – sie besetzen ihr fernes, mangelhaftes Ich als naive, glücklose Figur in der dritten Person.[27] Damit erscheint unser aktuelles Ich in der vollständigen autobiografischen Handlung als fortgeschrittener und weiter entwickelt.

Die überall anzutreffende Erwartung, das Leben schreite in Richtung auf einen Höhepunkt der Offenbarung weiter – auf einen Moment, in dem wir zur Weisheit gelangen, weil wir umfassend verstehen, weshalb diese erschütternden Sperren an genau den Stellen unserer Lebensautobahn errichtet wurden, an denen wir ihnen begegnet sind –, diese Erwartung kann besonders frustrierend sein, wenn wir uns in ernstlichem Leiden gefangen sehen. Ein besonders lebendiger (und schmerzlicher) Blick auf einen solchen Fall findet sich in John Gunthers ergreifender Biografie *Death Be Not Proud* (1949). Darin berichtet der gefeierte Journalist und Autor Gunther den Kampf seines 17-jährigen Sohnes Johnny gegen einen bösartigen, schnell wachsenden Gehirntumor. Der Junge war anscheinend eine Art Wunderkind gewesen. Er sollte nach Harvard gehen und hatte sowohl mathematische als auch dichterische Ambitionen. Als 16-Jähriger hatte er mit Albert Einstein einen Briefwechsel über eine Revision der Relativitätstheorie begonnen. In einem kurz vor seinem Tod verfassten Tagebucheintrag schrieb Johnny diese schlichten, aber tiefsinnigen Zeilen: »[Meine neue] Philosophie: Lass dich selbst los. Glück liegt in der Liebe. Akzeptiere Enttäuschungen. Sich durch Bekenntnis der Sünden erleichtern. Ich werde zu guter Letzt erwachsen.«[28] Dem Vater dieses so einsichtsvollen, empfindsamen, intelligenten und schöpferisch ambitionierten Jungen kam es ungeheuer grausam vor, dass der Krebs das eigentliche Zentrum dieser einzigartigen Gaben zerfressen sollte: das Gehirn. Gunther sinniert:

> Warum wurde Johnny dieser gnadenlosen Erfahrung unterworfen? Ich versuchte zu erklären, dass Leiden ein unausweichlicher Bestandteil der meisten Lebensläufe sei, dass keine dieser Prüfungen ohne einen gewissen Zweck war, dass Schmerz untrennbar zu all diesen Wachstumsprozessen gehöre und dass die ganze quälende Episode sein Gehirn vielleicht sogar besser, subtiler und empfindsamer machen könne als zuvor. Davon schien er nicht überzeugt. Dann war da noch eine Frage, die ich mir selbst unablässig stellte: Warum sollte Johnny »unter allen Möglichkeiten« genau in jenem Bereich betroffen sein, der sein bester war – im Gehirn? Welche philosophische Erklärung ließe sich dafür finden? War all das nur ein trister Unfall, völlig fruchtlos und zufällig? Beethoven wurde von Taubheit geschlagen und Milton von Blindheit, und ich kannte einmal einen Sänger, der Krebs an den Stimmbändern bekam. Doch wenn die Umstände weder

durch Zufall noch durch einen Unfall in Zusammenhang zu bringen waren, wo war dann die Gerechtigkeit?[29]

•

Wir sind, wie es in dem ziemlich deprimierenden Song von Kansas heißt, wirklich »Staub im Wind«. Und was das angeht, ist es ein atemloser Wind. Doch das spielt keine Rolle. Vielleicht mit Ausnahme einiger besonders luzider Gelegenheiten, wie etwa unserer momentanen Beschäftigung, sieht niemand sein Leben in dieser Weise. Wir können unser inneres Auge zukneifen und den blendenden Glanz unserer subjektiven Neigungen ein wenig reduzieren, aber im Allgemeinen haben wir einen wirksamen Satz kognitiver Illusionen entwickelt, der uns vor nachhaltigen Momenten der Klarheit bewahrt. Selbst wenn jemand den Eindruck hat, ihm sei der Lebenssinn geraubt worden (wie jene, die ihr Unglück als vergiftendes Ereignis sehen), bleibt immer noch die Annahme, es *sollte* eine Bedeutung vorhanden sein, alles *sollte* sich am Ende auszahlen, und alles *sollte* eines Tages einen Sinn ergeben, der uns enthüllt würde. Wenn es anders kommt, kommen wir uns betrogen vor, unsere emotionalen Gliedmaßen fuchteln wild durch die Gegend und haschen nach Antworten. Wie William James in *Die Vielfalt religiöser Erfahrung: Eine Studie über die menschliche Natur* (1979) schreibt: »Die Welt sieht jetzt entfernt, fremd, dunkel, unheimlich aus. Ihre Farbe verloren, ihr Atem ist fort, der Hauch ist kalt, die Augen, mit denen sie vor sich hinstarrt, nehmen nichts wahr.«[30]

Man dürfte nur schwer jemanden finden, der dies besser versteht als David Chase – er hat das Fernsehdrama *Die Sopranos* erdacht und produziert. Diese finstere, aber humorvolle Darbietung dreht sich um die alltäglichen Kümmernisse von Tony Soprano (gespielt von James Gandolfini), dem führenden Mafioso eines Verbrechersyndikats in New Jersey. Als Chase 2007 die Produktion nach der ungeheuer erfolgreichen Ausstrahlung der sechs Staffeln beendete, ließ er den Handlungsfaden auf beispiellose und, wie sich zeigte, umstrittene Weise auslaufen.

Die Schlussszene von *Die Sopranos* spielt in einem Esslokal der Gegend. Die Szenerie ist gewollt trivial gehalten: im Hintergrund klapperndes Besteck, eine Gruppe von Pfadfindern bei einer nahe gelegenen Telefonzelle, ein junges Liebespaar beim Rendezvous und andere städtische Alltäglichkeiten. Man sieht, wie Tony ungeduldig auf die Ankunft der übrigen Familie wartet; gelangweilt durchsucht er die Auswahl der Songs einer Musicbox und entscheidet sich schließlich für Journeys *Don't Stop Believin* (1981), das bis zum Ende der Szene läuft. Tonys Frau Carmela Soprano (gespielt von Edie Falco) erscheint, und die beiden schauen uninteressiert in die Karte; sie rollen die Augen wegen des Termins ihrer Tochter im Collegealter bei ihrem Gynäkologen. Kurz darauf setzt sich der jugendliche Sohn A. J. (gespielt von Robert Iler) an den Tisch und zankt sich mit seinem Vater, während man sieht, wie Tochter Meadow (gespielt von Jamie-Lynn Sigler) draußen Schwierigkeiten beim Einparken hat. Währenddessen stiehlt sich die Kamera immer wieder in ominöser Weise davon und zeigt einen Mann an der Theke, der auf Tony zu blicken scheint – vermutlich ein Auftragskiller. Der Mann steht auf und geht zur Toilette, eine Kellnerin serviert einen Teller Zwiebelringe, Meadows schafft es schließlich, das Auto zu parken, und kommt ins Restaurant. Tony schaut auf – und Schwarzblende. Ende.

Viele Fans waren außer sich. Manche verfluchten ihre unzuverlässigen Fernsehgeräte oder glaubten, ihr Kabelanschluss habe den Geist aufgegeben. Es kam einem einfach so… *unbefriedigend* vor. Doch so, verteidigte sich Chase, ist das Leben – und genau das ist entscheidend. Das Leben der Menschen entspricht nicht vollständigen, grammatikalisch korrekten Sätzen; der Punkt kann überall und jederzeit kommen, sogar mit einem Mund voller Zwiebelringe, wie es Tony Soprano vermutlich ergangen ist. Und wie wir im 4. Kapitel beim in sich widersprüchlichen Trugschluss des »Totseins« gesehen haben, bietet der Tod im richtigen Leben noch nicht einmal eine vergleichsweise luxuriöse Schwarzblende als Schluss. Vier Monate nach der Ausstrahlung des Finales – das Publikum schäumte immer noch – beschloss Chase, sich in einem Interview in *The Sopranos: The Complete Book* (2007) schließlich an seine Kritiker zu wenden. Auf die Frage, weshalb die Leute so versessen darauf seien, den Handlungsfaden abgeschlossen zu sehen, und ob der abrupte Schluss wirklich bloß ein großer Ulk gewesen sei, antwortete Chase:

> Ich weiß noch, dass ich meinem Kind und dessen Cousins regelmäßig Gutenachtgeschichten vorlas. Manchmal wollte ich zu den Erwachsenen zurückgehen und einen Drink nehmen, darum sagte ich dann Sachen wie: »Und sie fuhren die Straße hinunter, und das war's dann. Ende der Geschichte.« Dann schrien sie immer: »Warte doch! Das ist kein Schluss!« Wie es scheint, gibt es im Menschen ein Bedürfnis nach einem Finale. Aber wir sind keine Kinder mehr. Schon gar nicht, wenn wir uns eine Serie wie *Die Sopranos* ansehen, in der Sex und Gewalt vorkommen.[31]

Ich sah einige Beiträge in der Presse mit dem Tenor »Dem Publikum gegenüber war das ein donnerndes ›fuck you‹.« Wir hätten den Zuschauern ins Gesicht gesch… . Warum hätten wir das tun sollen? Warum hätten wir die Leute acht Jahre lang unterhalten sollen, um ihnen am Ende den Stinkefinger zu zeigen? Wir verachten das Publikum keineswegs. Ich glaube, in Wahrheit ist *Die Sopranos* die einzige Serie, die dem Zuschauer eine gewisse Intelligenz und Aufmerksamkeitsspanne zugestanden hat.[32]

Ich muss aber sagen, dass sogar Leute, die sie mochten, die Geschichte in gewissem Maß falsch interpretiert haben. Es ging nicht wirklich darum, »die Tür offen zu lassen«. Da gibt es keine esoterischen Hinweise. Keinen Da-Vinci-Code. Alles, was in diese Episode gehört, war darin enthalten. Und es war in der Episode davor und in der davor enthalten und in den Staffeln vor dieser und so weiter.[33]

Wie andere Fernsehproduzenten findet Chase sich in der sehr gottähnlichen Rolle des Meistererzählers wieder. Und die Frustration der Zuschauer wegen des Abschlusses verrät ihr starkes Bedürfnis nach einem erbaulichen Höhepunkt, nach etwas, das alles wie eine Offenbarung enthüllt. Selbst wenn die Kamera gezeigt hätte, wie Tony Soprano in den Kopf geschossen wird und seine Familie über dem Leichnam trauert, hätten die Zuschauer eher einen Abschluss bekommen als in der bekannten Version. Viele Menschen schalteten zunächst in Scharen ein, weil die Serie so voller Witz und so lebensnah war. Doch am Ende war ihnen die Geschichte dann vielleicht ein wenig zu lebensnah.

Wie die Vertreter der narrativen Psychologie glauben, stellen wir uns selbst insgeheim so dar, als würden wir eine Art vorgefasstes Drehbuch durchleben – recht ähnlich den fiktiven Geschichten, die wir lesen oder im Fernsehen und im Kino sehen. Dieses Drehbuch verspricht einen intelligenten erzählerischen Höhepunkt, der am Ende alle losen Enden auf eine bedeutsame und zusammenhängende Weise miteinander verknüpft. Diese verborgenen Erwartungen kommen vielleicht nicht an die Oberfläche, solange nicht eine geliebte Person wegen eines Aneurysmas im Gehirn tot auf den Küchenfußboden fällt, bei einem folgenschweren Autounfall frontal erwischt wird, als sie gerade die Kinder vom Fußballtraining abholen wollte, oder gar von einer Brücke fällt. »Ja, der Mensch ist sterblich«, schrieb Michail Bulgakow in *Der Meister und Margarita* (1965). »Aber das wäre nicht so schlimm. Schlimm ist, dass er manchmal sehr plötzlich stirbt, da liegt der Hase im Pfeffer!«[34] Dann plötzlich, durch die blendende Helle der Unordnung orientierungslos geworden, entwickeln wir einen Heißhunger nach Bedeutung. Wie sehr wir auch behaupten mögen, es besser zu wissen – solche Ereignisse empfinden wir als einen Tiefschlag, weil sie uns als grundlegende Verletzung der Regel erscheinen, nach der das Leben funktioniert.

Dass wir uns privat als Schauspieler in unserer Lebensgeschichte sehen, wirft natürlich die interessantere Frage auf, wer unserer Ansicht nach überhaupt das Drehbuch schreibt. Viele das Leben verändernde Ereignisse werden nicht so sehr direkt oder auch nur indirekt von uns selbst verursacht, sondern kommen eher durch zufällige Umstände über uns, die sich unserer Kontrolle entziehen. Für religiöse Menschen ist die Identität dieses rätselhaften Autors in keiner Weise fraglich: Es ist offenkundig Gott. Doch sogar Atheisten verfallen gelegentlich unverhohlen und ohne es zu merken in dieses offensichtliche

Denkmuster. Für viele Gläubige ist Gott ein passiver Gott, ein Wesen, das uns die Dinge eher zustoßen lässt, anstatt uns vorsätzlich zu bestrafen oder zu belohnen. Doch das heißt immer noch, dass man ihm die Absicht zuschreibt, nicht zu handeln. Es gibt auch Leute, die glauben, Gott sei nicht imstande, Unglück zu verursachen, sondern könne nur beobachten; wenn also Kinder sterben, nette alte Damen vergewaltigt werden und Erdbeben zuschlagen, wird er genauso traurig und wütend wie wir.

Das war das Thema von Rabbi Harold S. Kushners Bestseller *Wenn guten Menschen Böses widerfährt* (2004). Kushner, der mit seinen religiösen Überzeugungen zu kämpfen hatte, als bei seinem Sohn Progeria (Zwergwuchs) diagnostiziert wurde, erzählt uns, dass Gott die Samen für die ganze Schöpfung ausgestreut hat – einschließlich jener, die am Ende zur Evolution der menschlichen Natur führten, doch dann (so erfahren wir aus der Schöpfungsgeschichte) ruhte er. Deshalb konnte Gott nach Kushners Ansicht nicht mehr eingreifen – die Natur nahm ihr eigenes, unumgänglichen Gesetzen folgendes Leben auf. Darüber hinaus könnte Gott diese Arbeit nicht einmal abgeschlossen haben. »Die Welt ist zum größten Teil ein ordentlicher, übersichtlicher Platz, der das ganze Spektrum von Gottes Schöpfungskraft und Ordnungskraft aufweist, aber in einigen Winkeln haust doch noch das Chaos.«[35]

Ungeachtet der jeweiligen religiösen Ansichten berufen sich all diese Theorien in unterschiedlichem Ausmaß auf die entsprechende Mentalisierung, und alle haben zwangsläufig etwas zu dem Verhältnis zwischen den beiden Bettgenossen – Moral und diesseitigem Leid – zu sagen. Auf alle Fälle ist das mysteriöse Gefühl, jemand oder etwas wache über uns, nur sehr schwer zu erschüttern. Etwas, das emotional beteiligt ist an unserem moralischen Verhalten, unseren Gefühlen und letztlich an unserer Fähigkeit, unsere eigenen Geschichten zu verstehen. Etwas, das, nun ja, sich *kümmert*.

•

Cindy Chupack, eine der Hauptautorinnen und Mitproduzentin der ebenfalls gefeierten Fernsehserie *Sex and the City*, ist nicht gläubig, weshalb sie nicht zu der Aussage neigt, Gott habe etwas mit ihrem Erfolg zu tun. Doch in einem Interview aus dem Jahr 2009 für die Zeitschrift *Psychology Today*, in dem es darum ging, wie sie mit den eigenen Misserfolgen und Enttäuschungen im Leben fertig wurde, verrät Chupack einen kognitiven Verarbeitungsprozess, der viel mit der Weltsicht des Gläubigen zu tun hat. Gemeinsamer Nenner ist der großzügige Beitrag der Mentalisierung, wenn es darum geht, diese illusorischen »Prüfungen« zu deuten:

> Mit der Religion treibe ich doppeltes Spiel. Ich bin nicht wirklich gläubig. Ich bin jüdisch, ziehe aber die Überzeugung vor, wir hätten die Dinge unter Kontrolle. Doch ich glaube – ich beziehe das nicht auf Gott, aber ich glaube tatsächlich, dass da etwas ist – wie soll ich das sagen? Ich glaube, für viele Menschen ist es so, dass sie für etwas bestimmt sind; ob man nun denkt, Gott habe einen dazu bestimmt, oder ob man denkt, man sei aufgrund seiner Begabungen dazu bestimmt oder wegen der eigenen Erfahrungen mit der Liebe oder wegen einer fehlenden Erfahrung, die einem noch bestimmt ist. Und manchmal denke ich, dazu gehören sogar die Härten, die man sozusagen als Prüfung zu durchlaufen hat.[36]

Chupack hat ihren Anteil an Härten abbekommen. Als ihr Ehemann sich nach zwei Ehejahren als Homosexueller outete, war Chupack mit Mitte 20 am Boden zerstört. Die folgenden Jahre waren steinig und schlossen gefährliche Anfälle von, wie sie es ausdrückt, »Kamikaze-Verabredungen« ein, dazu endlose Folgen von peinlichen Gesprächen mit Verwandten und eine neuerliche Wertschätzung ihrer Freundschaften mit anderen allein lebenden Frauen. All das war natürlich perfektes Material für ihre spätere erfolgreiche Fernsehserie:

> Worauf ich in meinem Leben am meisten stolz bin, ist *Sex and the City*, und das hätte es nie gegeben, wenn ich verheiratet geblieben und er nicht schwul gewesen wäre – wenn das also nicht meine Geschichte im Hintergrund gewesen wäre.[37]

Chupack ist nicht der einzige nichtgläubige Mensch, der – vielleicht sogar ohne es zu bemerken – eine Bestimmung in einem seiner Meinung nach ansonsten zwecklosen Leben sieht. In einer gegen Ende der 1990er-Jahre im *European Journal of Social Psychology* veröffentlichten Folge von Studien haben die Psychologen Albert Pepitone und Luisa Saffioti junge Erwachsene aus den relativ areligiösen Niederlanden sowie aus einer kommunistischen Organisation in Italien befragt. Ein signifikanter Anteil der Teilnehmer verneinte zwar, an Gott zu glauben, doch bei der Interpretation von Geschichten mit einer »herausragenden Lebenserfahrung«, über die der Protagonist keine Kontrolle hatte – wenn er etwa an einem entlegenen Ort einen lange verschollenen Verwandten traf –, schob man es auf das Schicksal. In solchen »bedeutsamen Zusammentreffen« wird nach wie vor ein Meistererzähler erkannt. Letztlich ist das Schicksal einfach nur Gott, dem man die Identität genommen hat, während man ihm die Fähigkeiten zum Geschichtenerzählen gelassen hat.

Eine meiner Studentinnen, Bethany Heywood, hat in ihrer unveröffentlichten Doktorarbeit bei Atheisten ähnliche Belege für verborgene Glaubenstendenzen gefunden – sie waren gebeten worden, über die wichtigsten Wendepunkte ihres Lebens nachzudenken. 2009 führte Heywood mithilfe von Instant Messenger eine Reihe von Onlineinterviews mit 34 Atheisten und 34 Gläubigen, darunter amerikanische und britische Stichproben. Um unehrliche Antworten zu verhindern (denn viele Atheisten reagieren empört, wenn man auch nur andeutet, sie dächten irrational und abergläubisch), ließ man die Teilnehmer in der Annahme, die Studie betreffe ihre Erinnerung an private Lebensereignisse, die auch unter der Bezeichnung »autobiografisches Gedächtnis« bekannt ist. In Wahrheit interessierte Heywood sich weniger für das Erinnerungsvermögen der Probanden, sondern eher für die subjektiven Deutungen, weshalb diese Dinge gerade ihnen widerfahren waren. In der sorgfältigen Analyse der Antworten auf Fragen wie »Haben Sie aus dieser Erfahrung etwas gelernt?«, »Wie hat das Ereignis Ihr Leben verändert?« oder »Können Sie im Rückblick besser verstehen, warum Ihnen das zugestoßen ist, als damals?« fand Heywood, dass etwa zwei Drittel der Atheisten zumindest in einer Antwort implizit die Ansicht verraten hatten, wonach »alles aus einem Grund geschieht«. Wie zu erwarten war, kam diese Antwort häufiger von Gläubigen – sie merkten oft an, sie hätten den Verdacht, die Zeiten ihrer schlimmsten Prüfungen seien Gottes kreativem Wirken zu verdanken. Doch hinsichtlich der Neigung, plötzlich auftretende, das Leben verändernde Ereignisse irgendeinem Grund oder Zweck zuzuschreiben, war der Unterschied zwischen den beiden Gruppen, insgesamt gesehen, erstaunlicherweise statistisch zu vernachlässigen.[38]

Ein typisches Beispiel für das entsprechende Denken von Atheisten zeigt sich in der Antwort einer englischen Studentin, die sich selbst für entschlossen nichtgläubig hielt – von jener Art, die vielleicht überzählige »Darwin-Fisch«-Aufkleber in ihrem Rucksack dabeihat. Einer der entscheidenden Wendepunkte in ihrem Leben, so die Studentin, habe stattgefunden, als sie ein wichtiges Uni-Seminar nicht bestand und ihr prestigeträchtiges Stipendium verlor. Das änderte alles. Als man sie aber fragte, warum das passiert sei – eine mehrdeutige Frage, weil sie sowohl ihre mangelhaften Studiengewohnheiten, Probleme zu Hause, Unfähigkeit oder alles mögliche andere ansprach –, antwortete sie: »Damit ich sehen konnte, dass mein Leben auch dann nicht am Ende ist, wenn ich ein Seminar nicht bestehe.«[39] Andere Atheisten bekannten, sie würden sich oft dabei ertappen, ebenfalls so zu denken, korrigierten diese subjektive psychische Neigung dann aber sofort und brächten sie in Übereinstimmung mit ihren erklärt logischen Überzeugungen. Ein Mann mittleren Alters, der kürzlich ein Einstellungsgespräch für eine Stelle, die er unbedingt haben wollte, vermasselt und deshalb kein Angebot des möglichen Arbeitgebers erhalten hatte, erklärte beispielsweise: »Ich erwischte mich bei dem Gedanken: Vielleicht musste das geschehen, damit ich eine bessere Stelle finde oder im Ausland arbeite – etwas in der Art. In Wirklichkeit glaube ich aber nicht an eine schicksalhafte Bestimmung, und es ist merkwürdig, wenn man plötzlich so denkt.«[40] Dagegen konnte die von Heywood befragte Gruppe der höchst leistungsfähigen religiösen Autisten nicht einmal begreifen, welcher teleofunktionalistische Vorwand solchen Fragen zugrunde liegt.

Einige der eher introspektiv orientierten Romanschriftsteller der modernen Literatur haben ebenfalls über diesen bizarren kognitiven Drang gerätselt, die imaginären Stränge eines solchen undurchsichtigen Gewebes der Bestimmung zu entflechten. In Milan Kunderas erstem Roman *Der Scherz* (1967, dt. 1987) findet sich der atheistische Protagonist – gebührend überrascht – von den Fasern genau dieses Netzes umgarnt wieder:

> Trotz meines Skeptizismus ist ein Rest von Aberglauben in mir geblieben, zum Beispiel ebendiese sonderbare Überzeugung, dass alle Geschichten, die mir widerfahren, irgendeinen zusätzlichen Sinn haben, etwas *bedeuten*; dass das Leben in seiner eigenen Geschichte etwas über sich aussagt, uns schrittweise sein Geheimnis enthüllt, dass es vor uns steht wie ein Rebus, dessen Sinn man enträtseln muss, dass die Geschichten, die wir in unserem Leben erleben, die Mythologie dieses Lebens sind und in dieser Mythologie der Schlüssel zur Wahrheit und zum Geheimnis liegt. Das soll eine Täuschung sein? Es ist möglich, es ist sogar wahrscheinlich, dennoch kann ich mich nicht von dem Bedürfnis befreien, unablässig mein eigenes Leben entschlüsseln zu wollen.[41]

Kurz, dieses Denkmuster impliziert überzeugend, dass Atheismus eher darin besteht, dass man Gott mundtot macht – eine bewusst getroffene Entscheidung, die eigene Intuition von einem gesichtslosen, in die persönlichen Angelegenheiten verwickelten obersten Lenker zu verwerfen –, und kein echter kognitiver Exorzismus ist. Der Gedanke könnte so rasch unterdrückt werden, dass wir den Vorgang gar nicht bemerken, doch die Berufung des deprimierten Atheisten auf eine vernünftige, gerechte geistige Instanz scheint allemal ein psychischer Reflex auf eine Tragödie zu sein.

Das macht uns nicht schwach, lächerlich oder gar närrisch. Es macht uns einfach nur menschlich. Und wie wir sehen werden, es macht uns vielleicht zu besonders gut angepassten Menschen – zumindest im evolutionären Sinn des Ausdrucks.

Gott als adaptive Illusion

Ehe unsere Vorfahren die Fähigkeit zur Mentalisierung entwickelt hatten, waren sie für Millionen Jahre nicht anders als andere soziale Primaten – nämlich impulsiv, hedonistisch und ungehemmt. Das ist keine moralische Verurteilung; es geht einfach um das, was ihren Reproduktionserfolg maximiert hat – genauso wie bei den meisten heutigen sozialen Arten. Außerdem wäre es ziemlich heuchlerisch, ihnen dergleichen vorzuhalten. Wie Freud mit seiner Vorstellung des primitiven »Es« als Teil der menschlichen Persönlichkeit vor langer Zeit gezeigt hat, sind solche vom limbischen System angetriebenen Tendenzen aus der Vorzeit der Säugetiere in unserem Gehirn nach wie vor gemütlich zu Hause.

Doch ehe wir untersuchen, wie die Evolution der Mentalisierung unser Sozialverhalten durchgerüttelt hat, wollen wir uns einmal ansehen, wie das typische Verhaltensprofil unserer Vorfahren *vor* dieser Entwicklung ausgesehen haben dürfte. Vermutlich hätte es dem Verhalten heutiger Schimpansen geähnelt – natürlich nicht in jeder Hinsicht, weil die Schimpansen sich seit der Zeit des letzten gemeinsamen Vorfahren ebenfalls weiterentwickelt haben. Doch die meisten Fachleute glauben nach wie vor, dass Schimpansen eine »konservative« Spezies sind – das heißt, sie haben sich seit der Zeit vor sechs Millionen Jahren wahrscheinlich nicht allzu sehr verändert.

Wer je in der Affenabteilung eines Zoos war, dem sind wahrscheinlich zwei Dinge aufgefallen. Die Schimpansen sind uns erstens unheimlich ähnlich, sowohl im Verhalten als auch im Aussehen. Und zweitens kennen sie keine Scham. Denn komplexe soziale Emotionen wie Scham und Stolz sind von der Fähigkeit zur Mentalisierung abhängig – für sie muss man die Perspektive anderer einnehmen, die einen selbst danach beurteilen, ob man wünschenswerte oder unerwünschte Eigenschaften hat. Es ist also nicht so, dass Schimpansen und andere Primaten »sich nicht darum scheren« würden, was andere von ihnen halten. Vielmehr sind sie ohne diese Mentalisierung (oder zumindest ohne eine so allumfassende wie bei uns) *nicht imstande*, sich darum zu scheren. Deshalb ist der Anblick, der sich einem in der örtlichen Primatenabteilung bietet, vielleicht nicht ganz so überraschend. Vor aller Augen, was auch die Augen unserer mit offenem Mund staunenden Kinder betrifft, lassen Schimpansen nach der Kopulation ungeniert einen fahren, drängen sich schreienden, hysterischen Partnern ganz ritterlich auf, defäkieren unbekümmert in die offene Hand, erforschen wechselseitig und wie beiläufig ihre Körperöffnungen mit allen möglichen Gegenständen, Organen und Anhängseln und genehmigen sich ohne jede Zurückhaltung eigenhändige Vergnügungen. Sie klauen den Älteren begehrte Leckerbissen, ignorieren fröhlich die klagenden Schreie kränkelnder Gruppenmitglieder und greifen einander, wenn die Situation es erfordert, mit gewaltiger, lautstarker und ungezügelter Wut an.

Mit typisch menschlicher Achtung vor dem, was sich von Rechts wegen ziemt, schrecken wir schon beim Gedanken an solche Dinge zurück, bedecken den Kindern die Augen und tun diese Tiere mit einem Lachen als »Affen« ab – ein Fehler, wie ich hinzufügen sollte, denn in Wahrheit handelt es sich um Menschenaffen. Was kann man von Affen schon anderes verlangen, sagen wir, als dass sie sich wie Narren und Clowns verhalten, wie menschliche Karikaturen, ein tastender halber Schritt hin zur Krone der Schöpfung? Doch das ist natürlich Unsinn päpstlichen Ausmaßes. Ohne Mentalisierung gibt es einfach kaum Gründe, irgendetwas zu unterlassen, abgesehen von der körperlichen Präsenz eines dominanten Tieres, das einen angreift, wenn man es falsch angeht. Oder vielleicht ist da auch ein Artgenosse, der, wie man aus früheren Meinungsverschiedenheiten weiß, nach unserer Provokation andere alarmiert, womit er eine imposante Gestalt herbeiruft, die einem in dessen Namen etwas zuleide tut. Sicherlich haben Schimpansen unausgesprochene soziale Normen, von denen einige recht komplex sind. Doch ohne Mentalisierung fehlt den Schimpansen eines – das häufig hinderliche, hemmende Gefühl, dass andere zusehen, beobachten und einen kritisch bewerten.

Dieses Glück haben die Menschen leider nicht. Dank unserer aus der Evolution stammenden Mentalisierung lasten die Gedanken anderer über uns besonders schwer auf unserer Psyche. Vielleicht behauptet ja mancher, er mache sich nichts aus dem, was andere von ihm denken, und möglicherweise trifft das bei dem einen oder anderen mehr zu als bei vielen anderen. Doch die meisten Menschen leiden ungeheuer, wenn wahrgenommene negative Aspekte ihrer Person – moralische Vergehen, fragwürdige Absichten, peinliche Marotten oder körperliche Defekte – anderen mitgeteilt werden oder ihre Aufdeckung unmittelbar bevorsteht. Tatsächlich dürften wir die einzige Spezies sein, bei der negative soziale Bewertungen zu einem auf Scham beruhenden Suizid führen können. Es dürfte auch sehr schwerfallen, ein anderes

Tier zu finden, das Diät hält, Toupets trägt, sich Botox ins Gesicht injiziert, Waden- oder Brustimplantate erhält oder Gucci-Handtaschen, gebleichte Zähne und den gepiercten Nabel herumzeigt – all diese Akte der Eitelkeit sollen nämlich beeinflussen, wie andere uns wahrnehmen. Und, ich wiederhole, all das erfordert die Fähigkeit zur Mentalisierung.

Die pure Macht des Denkens anderer ist nirgends lebhafter festgehalten worden als in Sartres berühmtem Stück *Geschlossene Gesellschaft* (1946) – »Die Hölle, das sind die anderen«. Zu Beginn des Stücks lernen wir die drei Hauptfiguren kennen, die sich in der nicht zu beneidenden Lage wiederfinden, dass sie gerade in die Hölle expediert worden sind. Da ist einmal Garcin, ein ermordeter linker Journalist und Wehrdienstflüchtling, der glaubt, er sei in der Hölle, weil er seine Frau misshandelt hat; dann Inés, eine sadistische Postangestellte mit einem Hang, andere Frauen zu verführen; und schließlich Estelle, eine hübsche, verwöhnte Debütantin, die ihr Kind getötet und den mittellosen Vater in den Suizid getrieben hat. Diese einander fremden drei Menschen sind zusammen in einem alltäglichen Wohnzimmer mit Möbeln aus dem zweiten Kaiserreich eingeschlossen. Allem Anschein nach sind sie alle intelligent, geistig gesund und in der Lage, rational über ihre Lage nachzudenken. Für einige Zeit nach ihrem Tod können sie sogar weiterhin ihre Freunde und Angehörigen auf der Erde beobachten. Was also soll daran die Hölle sein?

Anschließend schildert Sartre eine verstörende Szene, die selbst den gierigsten Sünder zur Reue veranlassen würde, wenn er dafür nur dem unerträglichen Schicksal entgehen könnte, eine Ewigkeit mit anderen verbringen zu müssen. Sartres Allegorie zwingt uns, die subtilen Möglichkeiten zu untersuchen, mit denen andere Menschen auf uns einwirken können. So befinden sich in dem Wohnzimmer keine Spiegel und Fenster, Schlaf ist nicht erlaubt, und das Licht ist ständig eingeschaltet. Die Augenlider der Protagonisten sind gelähmt, was ihnen noch nicht einmal den Luxus des Blinzelns gestattet. Garcin reagiert mit verhaltenem Schrecken auf die Aussicht, ständig von Inés und Estelle beobachtet zu werden, obwohl beide ihren guten Willen bekunden. Allmählich nehmen die Spannungen zu, besonders zwischen Garcin und Inés:

> GARCIN: Wird es denn nie Nacht?
> INÉS: Nie.
> GARCIN: Du wirst mich immer sehen?
> INÈS: Immer.[1]

Um zu vermeiden, dass der eine ungewollt als Folterer des anderen in der Hölle dient, schlägt Garcin vor, jeder solle auf den Teppich starren und die Anwesenheit der anderen zu vergessen versuchen. Doch Inés stichelt:

> Das ist doch kindisch! Ich *spüre* Sie bis ins Mark meiner Knochen. Ihr Schweigen brüllt mir in den Ohren. Sie können sich den Mund zukleben, Sie können sich die Zunge abbeißen, können Sie sich deshalb daran hindern zu existieren? Können Sie Ihr Denken anhalten? Ich höre es, es macht ticktack, wie ein Wecker, und ich weiß, dass Sie auch meins hören. [...] Sie sind überall, die Laute kommen besudelt bei mir an, weil Sie sie unterwegs gehört haben.[2]

Später, als Garcin sich anschickt, Inés zu erwürgen, nachdem sie ihn wegen seiner Fahnenflucht gnadenlos gepiesackt hat, nutzt sie sein Wissen um ihr eigenes Urteil über ihn. Um den Stachel noch tiefer zu treiben, befiehlt sie ihm zu fühlen, wie ihre Augen sich »in ihn bohren«:[3]

> Du bist ein Feigling, Garcin, ein Feigling, weil ich es so will. Ich will es so, hörst du, ich will es! Und trotzdem, sieh doch, wie schwach ich bin, ein Hauch; ich bin nichts als der Blick, der dich sieht, als dieses farblose Denken, das dich denkt. Ha! Sie öffnen sich, diese großen Männerhände. Aber was erhoffst du denn? Gedanken lassen sich mit Händen nicht fangen.[4]

Wie Sartre in diesem Stück so scharfsinnig anmerkt, werden unsere Emotionen und unser Verhalten, wenn wir uns wirklich beobachtet *fühlen*, stark beeinflusst. Die Natur hat es so eingerichtet, dass wir uns der auf uns gerichteten Augen anderer überaus – und manchmal schmerzlich – bewusst sind. Auch wenn diese anderen durchaus nur »ein Hauch« sein mögen, stellen sie dennoch ein potenziell tödliches Miasma dar.

•

Es sollte uns nicht überraschen, dass wir so sensibel für die Anwesenheit anderer sind, die uns beurteilen. Abgesehen von Sartres theatralischer Höllensimulation im Wohnzimmer halten wir uns doch meist nur deshalb an eine Geschwindigkeitsbeschränkung, weil wir eine Messstation am Straßenrand erkennen: Wir fühlen uns beobachtet, und deshalb packen wir auch die Resultate der Verdauungstätigkeit unseres Hundes eher in die Plastiktüte, wenn das Tier sein Geschäft vor Publikum verrichtet; deshalb ist es der schlimmste Albtraum vieler Menschen, vor der Öffentlichkeit sprechen zu müssen;

deshalb investieren Läden so viel Geld in Überwachungskameras und Sicherheitsdienste, und deshalb polken wir nicht vor aller Augen in unserem Nabel nach Fusseln.

Tatsächlich haben sich Probanden in einem weiten Spektrum von Laborversuchen sozialer (und weniger antisozial) verhalten, wenn Hinweise in der Umgebung erwarten ließen, dass sie beobachtet wurden – selbst wenn diese Hinweise nur in so groben Reizen wie Augenpunkten auf dem Computerbildschirm bestanden oder wenn eine Spielzeugfigur mit großen, auffallend menschenähnlichen Augen auf einem Bücherregal platziert wurde. Wir geben sogar höhere Trinkgelder, wenn über dem Sammelteller das Bild eines Augenpaares zu sehen ist.

Heißt das, wir benehmen uns nur gut, weil wir um unseren Ruf fürchten? Nicht ganz – jedenfalls nicht in dem Sinn, dass wir uns dieser Motivation bewusst wären. Doch wegen unserer speziellen Evolution, aus der die Fähigkeit zur Mentalisierung hervorgegangen ist, entspricht die menschliche Psyche einem summenden Bienenstock voller widersprüchlicher Kräfte und Zwänge. In uns haust eine Bestie. Natürlich nicht der Teufel, sondern die Natur selbst. Dank des Rahmens unserer psychischen Evolution, in dem es für unsere Vorfahren über Millionen Jahre hinweg tendenziell ein Vorteil war, impulsiv, hedonistisch und ungehemmt zu sein, haben wir alle ein Stück verdorbenen Kern mitbekommen – jene dem Es ähnelnde fleischliche Basis, die uns Lust auf jene macht, die für uns tabu sein sollten, über Dinge phantasieren lässt, die wir nicht tun sollten, und von Sachen träumen lässt, die wir nicht dürfen. Würde beispielsweise eine besonders zudringliche Regierung, um die menschliche Natur aus wissenschaftlicher Sicht besser verstehen zu können, eine Vorschrift erlassen, wonach alle Männer den ganzen Tag über ein Gerät zur Messung des Blutflusses im Penis zu tragen hätten (manche sind der Ansicht, das sei ein objektiver Maßstab für sexuelle Erregung), so fänden wir eine Menge Verweigerer. Männer würden es aus vorgeblich prinzipiellen Gründen ablehnen, das zu befolgen: Wie kämen die Behörden überhaupt auf die Idee, so etwas vorzuschlagen, würden sie sagen, hier ginge die Regierung eindeutig zu weit. Doch die Weigerung entspränge auch der Befürchtung, dass eine solche Studie etwas über unsere verborgene Natur an den Tag brächte, weil sexuelle Erregung zu den wenigen Dingen gehört, die durch moralische Willenskraft nicht leicht zu zähmen sind.

Wie aus dem Biologieunterricht bekannt sein dürfte, gibt es eines, was die Evolution im darwinschen Sinn nicht kann – auf einer genetisch weißen Leinwand völlig neu anfangen. In der Regel mögen wir es nicht, uns als Tiere zu sehen. Das Problem dabei ist jedoch, dass wir genau das sind. Die Natur hat viele Andenken an unsere frühesten Anfänge in unsere geerbten Genotypen eingelagert. Dazu gehören ein verkümmerter Stummelschwanz am unteren Ende der Wirbelsäule und bei Frauen zwei mit Milch gefüllte Euter, die während der Schwangerschaft anschwellen und mit zwei perfekt zum Saugen geeigneten Zitzen ausgestattet sind. Und nichts erinnert uns möglicherweise mehr an unsere Tiernatur als die intime Berührung der eigenen Zunge, wenn sie über den Schmelz der Eckzähne tastet, diese Werkzeuge des Fleischfressers, die (auch wenn sie in den letzten paar Millionen Jahren ein wenig stumpfer geworden sein mögen) so eindeutig dazu da sind, die Gebeine der Beute abzunagen, und gelegentlich als organische Bewaffnung dienen.

Wie alle anderen aus der Evolution hervorgegangenen

Merkmale oder Organe beruht auch das menschliche Gehirn auf Vorläufern aus unserer tiefen Säugetiervergangenheit. Das liegt daran, dass die natürliche Auslese eine allgemein verbreitete Struktur im Lauf der Zeit modifiziert. Dabei kann sie bereits vorhandene Eigenschaften ausbauen (so wie bei der Sehrinde der Primaten, als das Sehvermögen für das Leben in den Bäumen zunehmend wichtiger wurde), sie um der neuronalen Ergonomie willen schrumpfen lassen (wie bei der damit einhergehenden Rückbildung des olfaktorischen Systems der Primaten, als der Geruchssinn weniger wichtig wurde) oder mit verbindenden Strukturen herumbasteln, sodass die Teile effizienter zusammenarbeiten. Deshalb – und weil es in der Evolution keine Vorausplanung gibt – sind die Menschen in vieler Hinsicht suboptimal konstruiert: Die Natur konnte nur mit den bereits vorhandenen Bausteinen arbeiten. Damit unsere eindrucksvolle Gehirnleistung genügend Platz hatte, wurden beispielsweise unsere Schädel so schnell so groß, dass das weibliche Becken im Vergleich zu anderen Säugetierarten in der Regel zu eng für den normalen Geburtsvorgang geworden ist. Folglich sind Mütter- und Kindersterblichkeit beim Menschen ohne Beispiel unter den übrigen Primaten. Doch was den genetischen Erfolg angeht, so wiegt der adaptive Gewinn dieser höheren kognitiven Fähigkeiten, die der umfangreiche, ein großes Gehirn umschließende Schädel ermöglicht, die gestiegenen Risiken bei der Geburt anscheinend auf.

In der Evolution finden wir diese Art des Gebens und Nehmens häufig. Die Natur stattet eine Art mit einer verbesserten Konstruktion aus, doch das hat einen gewissen Preis. In dem Fall, der uns hier vor allem interessiert – die Fähigkeit zur Mentalisierung –, hat unsere Spezies die vergleichsweise neue Kapazität entwickelt, über die nicht beobachtbaren mentalen Zustände anderer nachzudenken. Diese Mentalisierung hatte enormen Überlebenswert, weil sie es unseren Vorfahren ermöglichte, einfühlend und sehr kooperativ zu sein, ganz zu schweigen von der gestärkten machiavellistischen und strategischen Fähigkeit, Konkurrenten vorsätzlich zu täuschen. Das ältere Gehirn aus der Zeit »vor der Mentalisierung« ging jedoch nie verloren, ebenso wenig wie die impulsiven, hedonistischen und ungehemmten Triebe, die damit einhergingen. Ähnlich wie bei den Beckenknochen des alten Primaten, die unsere neuen übergroßen menschlichen Köpfe unterbringen mussten, gibt es eine gefährliche Reibung zwischen diesen »alten« (vor der Mentalisierung) und »neuen« (nach dem Erwerb dieser Fähigkeit) Elementen unseres sozialen Gehirns – eine psychische Reibung, die unsere Reproduktion und unser Überleben bis heute beeinträchtigt.

Einerseits drängt uns das »alte« Gehirn, alles raushängen zu lassen, also Genitalien, Leidenschaften, Warzen und was sonst noch alles. Noch einmal: Abgesehen von der Gefahr lauernder physischer Gewalt gibt es keinen Grund, seine kleinen Sünden zu verbergen, wenn man weder Scham noch Stolz empfindet. Ohne die Fähigkeit zur Mentalisierung könnte ich auch vor jedem Mitmenschen Dinge tun, die ich sonst vor beliebigen unbelebten Gegenständen verübe. Wenn ich mir das Denken meines Gegenübers nicht vorstellen kann, ist der im Grunde nur ein Möbelstück, und ich kann mir kaum Sorgen darüber machen, was er wohl von mir denkt. Offen gesagt, meint der alte Teil meines Gehirns, warum schere ich mich darum, ob die Spüle in der Küche oder der Stuhl in der Ecke sieht, was ich da treibe, umso weniger mein Gegenüber? Doch andererseits ruft uns das »neue« Gehirn ständig zu: »Hey, nicht so schnell! Denk an die Folgen!« Mit der Fähigkeit zur Mentalisierung wird mir klar, dass einer, der sieht, wie ich X, Y oder Z begehe (strengen Sie Ihre Phantasie an – je verkommener, desto besser), jetzt genau das von mir *weiß*. Also, da können Sie sich sicher sein, überlege ich zweimal, ehe ich meine unmittelbaren egoistischen Interessen verfolge.

Eine Frage bleibt hier aber noch unbeantwortet. Warum eigentlich beeinflusst das Gefühl, beobachtet zu werden, unser Sozialverhalten so dramatisch? Warum bringt es uns dazu, anscheinend altruistische Dinge zu tun, oder hält uns zumindest davon ab, etwas zu tun, was wir ansonsten gerne veranstalten würden? Das bloße Wissen, dass der andere weiß, ich bin als Erwachsener Bettnässer, habe eine besonders eklige Form von Tripper oder genieße es, jeden Freitagabend Wiederholungen der Serie *Knight Riders* aus den 1980ern zu sehen, während ich Kinderpyjamas mit Rennwagenmotiven trage – es mag ein wenig peinlich sein, genügt aber eigentlich nicht, dass ich mir die Mühe mache, all das vor anderen zu verbergen. Schließlich könnte auch mein Hund *sehen* und deshalb *wissen*, was ich so alles treibe, doch das würde mich nicht besonders stören. Dass ein anderer Mensch diese peinlichen (und, wie ich eilig hinzufügen möchte, fiktiven) Tatsachen über mich kennt, würde mir wahrscheinlich ein bisschen unangenehm sein. Doch zusätzlich gibt es da noch einen entscheidenden Faktor, der diesem Wissen eine völlig andere Qualität gibt als dem Wissen meines Hundes, und genau das würde mich davon abhalten, diese unerwünschte soziale Information über mich selbst mit einem anderen zu teilen: *Mir wird klar, dass er, sobald er es weiß, anderen davon erzählen wird.*

•

Sprache. Das ist das Problem, wenn man ein Mensch ist. Ohne Mentalisierung, die es uns ermöglicht, über das nachzudenken, was andere wissen und nicht wissen, und ohne ein Kommunikationsmittel, mit dem die mentalen Zustände, Ereignisse und Vorstellungen bei anderen symbolisch zu codieren sind, besteht keine Gefahr, dass Informationen verbreitet werden. Hier also liegt wirklich der Hase im Pfeffer: Bei jeder anderen Spezies, die derzeit existiert oder je auf Erden existiert hat, bleiben die spezifischen Details dessen, was ein Tier von einem anderen weiß, auf das beschränkt, was es selbst sieht. Anders bei einzelnen Menschen, deren Ruf ihnen vorauseilt.

Für die Menschen ergab die leicht entflammbare Koevolution von Mentalisierung und Sprache eine Entwicklung, die alles veränderte. Es spielt keine Rolle mehr, ob ein bestimmter Vorfall zwei Minuten oder zwei Jahrzehnte zurückliegt. Sobald man einen einzigen Zeugen für das eigene Handeln hat oder jemand anderweitig zu spezifischen Einzelheiten über einen gelangt ist, gibt es da einen »Träger« strategischer Informationen über einen selbst. Und ein Informationsträger kann oft zum Problem werden, besonders wenn Informationen darüber dabei sind, wie man es nicht geschafft hat, auf die Warnungen des neuen sozialen Gehirns zu hören. Wie sagt das alte chinesische Sprichwort doch so schön: »Was einem Mann ins Ohr gesprochen wird, kann man oft hundert Meilen entfernt hören.«

Mit einem durch Mentalisierung gestärkten Gehirn können Informationsträger erkennen, dass andere nicht wissen, was sie selbst wissen. Folglich sind sie in der Lage, diese anzüglichen Fakten mit interessierten, aber abwesenden Dritten zu teilen – Dritten, die einen mit allem Möglichen, von der Ausgrenzung bis zur Hinrichtung, bestrafen können. Und verfolgt man diesen Gedanken weiter, so wird der eigene Ruf, sobald diese kommunale Bestrafung an die Öffentlichkeit gelangt, schlechter, woraus sich dann ableiten lässt, dass auch der reproduktive Erfolg darunter leiden wird. Der Politwissenschaftler Dominic Johnson von der Universität Edinburgh hat ebenfalls etwas zu der enormen Bedeutung dieses eindeutig menschlichen Problems der Evolution geschrieben: »Informationen über Person A könnten über Person B zu Person C, D, E und so weiter gelangen … selbst wenn Person B und C sich nichts daraus machen, kann es sein, dass die Nachricht erst bis zu Person Z gelangen muss – oder zu *genügend* Menschen oder auch zu einer bestimmten Autorität, und das vielleicht Wochen später –, ehe die Bestrafung erfolgt.«[5]

Durch Sprache konnte strategisches soziales Wissen (also alles, was nach Offenlegung den reproduktiven Erfolg beeinflussen kann) an abwesende Dritte übermittelt werden. Ob sie durch Zeugenberichte, Hörensagen, Anspielungen, Gerüchte oder Tratsch weitergegeben wurden: Für unsere Vorfahren war es lebenswichtig, mit diesen Details sorgfältig und bedacht umzugehen. Geduld, Beherrschung, Bescheidenheit, Demut – das alles sind nicht deswegen wünschenswerte, biblisch belegbare Merkmale der Menschheit, weil es sich um himmlische Tugenden handelt, sondern weil sie einen praktischen Nutzen haben. Für andere Affen ist Hemmung oft unlogisch, besonders wenn es sich bei den Zeugen nur um machtlose, rangniedrige Zuschauer handelt und nicht um dominante oder körperlich aggressive Artgenossen. Für uns ist Hemmung dagegen sehr oft der Schlüssel zum Überleben. Noch einmal der Grund dafür: Wann immer uns ein Mitglied unserer eigenen Spezies dabei zusieht – also in Wirklichkeit jemand, der schwatzhaft ist –, wie wir etwas tun (egal, was), so kann diese Person losmarschieren und es einem erzählen, der nicht dabei war. Dieser wiederum kann es dem Nächsten erzählen und so weiter, wie in dem sprichwörtlichen Telefonspiel oder der Floskel »mir ist da etwas zu Ohren gekommen«. Nur eines von zahllosen Beispielen: Der Psychologe Ralph Rosnow von der Temple University beschreibt, wie ahnungslose Kinder im Westen Neufundlands einst von ihren Eltern dazu benutzt wurden, in der katholischen Pfarrgemeinde herumzulungern und den erwachsenen Abstinenzlern etwas über die Trinkgewohnheiten der Einwohner des Ortes mitzuteilen.[6]

Eine Szene des Films *Glaubensfrage* (Originaltitel *Doubt*, 2008) mit Philip Seymour Hoffman und Meryl Streep in den Hauptrollen beleuchtet die explosiven Konsequenzen von Informationsträgern. Hoffman spielt einen unangenehm onkelhaften Priester in einer kleinen katholischen Diözese in der Bronx New Yorks. Streeps Figur, eine Nonne, ist die zynische und strenge Leiterin der angeschlossenen Schule, die den Priester verdächtigt, einen jungen Afroamerikaner im Refektorium der Kirche sexuell zu missbrauchen. Dem beschuldigten Kleriker – seine Absichten gegenüber dem Jungen werden nie bestätigt, daher der Titel des Films – ist bewusst, wie sehr ihm die boshaften Gerüchte über die angebliche Belästigung schaden können, und trägt seiner Gemeinde in einer Predigt die folgende anschauliche Parabel vor:

> Eine Frau tratschte mit ihrer Freundin über einen Mann, den sie kaum kannten – ich weiß, dass keiner unter euch jemals so etwas getan hat. In dieser Nacht hatte sie einen Traum: Eine große Hand erschien über ihr und zeigte auf sie herab. Sofort war sie von einem ungeheuren Schuldgefühl ergriffen. Am nächsten Tag ging sie zur Beichte. Sie traf

> auf Pater O'Rourke, den alten Priester der Pfarrei, und erzählte ihm alles. »Ist Tratschen eine Sünde?«, fragte sie den alten Mann. »War es die Hand des Allmächtigen, die da auf mich herabgezeigt hat? Soll ich um Absolution bitten? Vater, habe ich etwas Falsches getan?« »Ja«, antwortete Pater O'Rourke. »Ja, du unwissendes, ungezogenes Weib. Du hast falsch Zeugnis über deinen Nächsten abgelegt. Mit seinem Ruf hast du Schindluder getrieben, und du solltest dich von Herzen schämen.« Die Frau sagte also, es tue ihr leid, und bat um Vergebung. »Nicht so schnell«, erwidert O'Rourke. »Ich möchte, dass du nach Hause gehst, ein Kissen auf das Dach bringst, es mit einem Messer aufschneidest und dann wieder zu mir kommst.« Die Frau ging also nach Hause: Sie nahm ein Kissen vom Bett, ein Messer aus der Schublade, ging über die Feuerleiter aufs Dach und schlitzte das Kissen auf. Dann ging sie zum alten Gemeindepriester zurück, wie ihr aufgetragen worden war. »Hast du das Kissen mit einem Messer aufgeschnitten?«, fragte er. »Ja, Vater.« »Und was kam dabei heraus?« »Federn«, entgegnete sie. »Federn?«, wiederholte er. »Überall Federn, Vater.« »Jetzt möchte ich, dass du zurückgehst und bis zur letzten Feder, die der Wind davongetragen hat, alle aufsammelst.« »Nun ja«, erwiderte sie. »Das ist nicht zu schaffen. Ich weiß nicht, wo sie geblieben sind. Der Wind hat sie alle fortgeweht.« »Und das«, erklärte Pater O'Rourke, »das ist Tratsch.«[7]

Selbstverständlich ist nicht alles für Tratsch geeignet. In Wahrheit lohnt er sich bei den meisten Verhaltensweisen nicht. Nehmen wir an, Sie und ich wären in einer Duzbekanntschaft verbunden. Wenn ich mich vorbeuge, um meine Schnürsenkel zuzubinden, ist das nicht unbedingt etwas, was man nach Hause schreibt, und das gilt auch, wenn mir jemand dabei zusieht, wie ich eine Erdbeermilch trinke oder über die Platte eines unebenen Bürgersteigs stolpere. Würde ich aber beim Zubinden der Schuhe an Ihnen herumfummeln, die Erdbeermilch über Ihrem Kopf ausleeren oder meinen Gürtel ziehen und anfangen, das unartige Pflaster zu züchtigen, dann dürften Sie – das vermute ich mal – ganz scharf darauf sein, diese interessanten Tatsachen über mich mit jemandem zu teilen. Und wenn diese Dinge ruchbar werden oder zumindest bei den falschen Leuten landen, bekommt mein Sozialleben wahrscheinlich etwas ab. Und nun stellen Sie sich einfach vor, Sie hätten mich dabei beobachtet, wie ich mich *wirklich* gesetzwidrig oder ungeheuerlich benommen habe – auch hier liegen die Grenzen allein in Ihrer Vorstellungskraft.

Unser Drang, es andere wissen zu lassen, wenn jemand sich falsch oder ungewöhnlich verhalten hat, scheint eine angeborene Grundlage zu haben. Wie der Psychologe Gordon Ingram aus Oxford und ich in einer anstehenden Ausgabe von *Child Development* berichten, fangen Kinder fast gleichzeitig mit dem Sprechen auch an, erwachsenen Autoritätspersonen gegenüber andere zu verpetzen, was beinahe nicht abzustellen ist.[8] Dagegen hört man praktisch nichts davon, dass Kinder Erwachsenen mitteilen, wenn ein anderes Kind etwas Positives getan hat. Um Kinder dazu zu bringen, positiv über andere Kids zu sprechen, ist es gewöhnlich notwendig, dass Betreuer und Lehrer sie explizit dazu anhalten oder ihnen eine besondere Belohnung winkt.

Und sehen wir den Dingen ins Auge – selbst für Erwachsene ist es harte Arbeit, ein Geheimnis zu bewahren. Auch wenn jemand meint, er könne Geheimnisse sehr gut für sich behalten, sollte er bedenken, dass einer Studie zufolge 60 Prozent der Teilnehmer bekannten, sogar Geheimnisse ihrer besten Freunde mit Dritten zu teilen. Wie eine weitere Untersuchung herausfand, teilte ein Viertel der Leute »vertrauliche« soziale Informationen mit zumindest drei anderen Personen. Tatsächlich legen einige Daten sogar nahe, dass es genügt, Vertraulichkeit zu fordern, ehe man ein Geheimnis mitteilt (etwa mit den Worten »bitte behalte das für dich« oder »nur unter uns beiden«) – schon wird es wahrscheinlicher, dass der Konfident das Vertrauen missbraucht, weil man so die folgende Information ausdrücklich als strategisch und tratschwürdig auszeichnet, also als hochwertiges soziales Wissen. Selbst professionelle Therapeuten sind nicht vollkommen gegen den Drang gefeit, die Geheimnisse ihrer Klienten mit Kollegen zu teilen, wie mehrere Studien gezeigt haben.[9]

•

Wegen unserer grundlegenden Abhängigkeit von anderen sind Menschen außerordentlich empfindlich gegenüber Ausgrenzung. Da wir eigennützige genetische Interessen haben, müssen wir sogar darum besorgt sein, wie andere Menschen uns wegen des Verhaltens unserer Freunde und Angehörigen beurteilen. Wie der Soziologe Erving Goffman feststellte, ist es noch nicht lange her, dass man, sobald man in Gesellschaft eines zweifelhaften Subjekts gesehen wurde, als jemand galt, der »die Pocken hat« – der eigene Ruf wurde durch bloßes Zusammensein verseucht.[10] Das war natürlich auch die Masche der Republikaner gegen Barack Obama im Präsidentschaftswahlkampf 2008: Senator John McCains Kandidatin für die Vizepräsidentschaft, die Gouverneurin von Alaska Sarah

Palin, deutete wiederholt an, Obama pflege freundschaftliche Beziehungen zu William Ayers. Ayers, in konservativen Kreisen eine Reizfigur, war in den 1970ern in eine radikale linke Organisation eingebunden gewesen, und Obama hatte gemeinsam mit ihm an einem einzigen Komitee zur Erziehungsreform teilgenommen. Zwei vom gleichen Schlag, oder er gleicht wie ein Ei dem anderen – so lief das. Im Licht dieser Tatsachen dürfte einen der Befund von Psychologen nicht allzu sehr überraschen: Wir begrüßen die Bestrafung von Übeltätern mit höherer Wahrscheinlichkeit – und was das angeht, auch schwerere Strafen –, wenn wir wissen, dass es ein Publikum gibt, das unsere Ansicht zu dem Thema hört.

Noch komplizierter wird es, wenn der Übeltäter ein biologischer Verwandter ist. Nehmen wir den Fall von David Dahmer, dem jüngeren Bruder des Serienmörders Jeffrey Dahmer aus Milwaukee. Wie kommt David mit dem Stigma zurecht, dass auf dem Stammbaum der Familie der Zweig neben ihm eine so skandalöse Gestalt verzeichnet? Es würde uns schwerfallen, ihn persönlich zu fragen: Er nahm einen anderen Namen an, hält sich an einem unbekannten Ort auf und bemüht sich nach Kräften, sein Leben in völliger Anonymität zuzubringen. Und das ist kein Wunder. Der Nachname Dahmer würde einen nicht wirklich zum Liebling der Damen machen (na' schön, zumindest nicht jener Damen, mit denen man möglicherweise seine Kinder aufziehen möchte), und auch sonst … Denn es ist die Wahrheit: David trägt tatsächlich etwa die Hälfte des genetischen Materials seines Bruders in sich. Auch wenn die meisten Frauen nicht einfach angeben könnten, warum sie die Aussicht abstößt, den Neffen eines Nekrophilen (er hatte eine ausgeprägte Vorliebe für das Fleisch junger Männer entwickelt, was den Frauen wohl auch eklig vorkäme) in ihrem Bauch auszutragen oder an ihrer Brust saugen zu lassen, sagt ihnen die Natur mit dieser psychologischen Aversion, dass Dahmers DNS so etwas wie genetisches Plutonium darstellt. Davids Kinder würden wahrscheinlich ebenso ausgegrenzt, wenn die Leute wüssten, wer ihr Onkel war – der genetische Erfolg ihrer Mutter wäre gefährdet, weil ihre Nachkommen, die Träger ihrer eigenen Gene, Ausgestoßene mit einer unerträglichen sozialen Beeinträchtigung wären.

Ist eine solche automatische Verurteilung unfair gegenüber Dahmers Erben? Aus gesellschaftlicher Sicht ist das absolut unfair. Doch aus der amoralischen Sicht der natürlichen Auslese könnten beliebige genetische Faktoren, die dazu beitrugen, aus dem Onkel einen nach Schlagzeilen gierenden Psychopathen zu machen, auch im eigenen genetischen Material ausgebrütet werden, weshalb diese gesellschaftliche Neigung wahrscheinlich eine vernünftige adaptive Strategie reflektiert.

Ebenso legen Studien nahe, dass die erwachsenen Kinder von Vergewaltigern, Kinderschändern und Alkoholikern oft äußerst bedacht darauf sind, diese finsteren Familiengeheimnisse vor Liebespartnern zu verbergen – sogar nach der Hochzeit. Dass die Eltern so etwas getan haben, heißt natürlich nicht, dass sie selbst sich unausweichlich genauso verhalten werden. In den meisten Fällen beobachtet man sogar das Gegenteil. Doch wenn alles andere unverändert war, hätten in der Vergangenheit jene Vorfahren, die aufgrund moralischer Abstammungslinien andere stigmatisierten, einen Vorteil gegenüber denen gehabt, die das unterließen. Denn damit verringerten sie die Aussichten, den Nachkommen maladaptive vererbliche Eigenschaften wie triebhafte Tendenzen und verschiedene Störungen des Sozialverhaltens weiterzugeben.

Früher neigten Evolutionspsychologen dazu, sich auf die Vorteile zu konzentrieren, die der Besitz von Sprache mit sich bringt. Tatsächlich war es wohl vielfach vorteilhaft, unser Innenleben durch symbolische Kommunikation mit anderen zu teilen, und heute gibt es genauso viele Theorien, die das evolutionär erklären. Die für unsere Analyse relevanteste Theorie wurde jedoch von dem Anthropologen Robin Dunbar von der Universität Oxford aufgestellt. Dunbar zufolge ermöglichte es die Sprache unseren Vorfahren, die mit Parasitensuche einhergehende Fellpflege aufzugeben, die bei anderen sozialen Primaten einen großen Teil der täglichen Routine ausmacht – Schwatzen erfüllt den gleichen Zweck, nur besser (gut, die Parasiten werden dabei nicht entfernt, aber in der Folge verloren wir ohnehin einiges von unserer Körperbehaarung). Tratsch trat an die Stelle der Fellpflege, da wir uns nun um unsere Beziehungen kümmern, Bündnisse schmieden und unsere gesellschaftlichen Ängste eher durch das Wort im Mund als durch die Hand im Pelz lindern konnten. Zudem konnten wir erfahren, was sich hinter den Kulissen abspielte; wir waren in der Lage, strategische Informationen über andere einzuholen, die es uns ermöglichten, in Hinblick auf sie adaptive Entscheidungen zu treffen. Es wurde möglich, in die Köpfe anderer sowohl Fakten als auch Lügen zu säen, die sich ausbreiten und unseren eigenen egoistischen Interessen dienen konnten.[11]

Beim nächsten Treffen mit alten Freunden sollte man einmal sorgfältig hinhören, wie sie über sich selbst sprechen. Ich wette, sie dürften sich nicht allzu durchsichtig prätentiös geben, da das nach hinten losgehen würde (man denke nur daran, wie sehr wir Angeber und Leute verabscheuen, die mit prominenten Namen aus ihrer Bekanntschaft um sich werfen – ihre manipulativen

Absichten sind dann doch zu offensichtlich), doch wahrscheinlich zeigen sie sich auch nicht übermäßig bescheiden. Wer seine Ohren nur richtig einstellt, wird merken, wie erfindungsreich die Leute sein können, wenn es darum geht, Details ins Gespräch einfließen zu lassen, die sie in ein positives Licht rücken. Wen es je gejuckt hat, einem anderen zu erzählen, wie er den sechsten Grad in Taekwando geschafft hat, das eigene Glück opferte, um den sterbenden Onkel zu pflegen, im Intelligenztest nach Stanford-Binet 143 Punkte erreichte oder was für eine brillante Tochter er hat, die gerade im Wellesley College genommen wurde, der sollte wissen, er ist nicht allein.

Wenn Lügen glaubwürdig sind, können sie ein langes Leben haben, zumindest im Dienst der reproduktiven Interessen des Einzelnen. Besonders bemerkenswert: Der Mensch ist das einzige Lebewesen, bei dem die tatsächliche Existenz von evolutionär relevanten Eigenschaften (etwa Intelligenz, Begabungen, Egoismus, sexuelle Vorlieben, Krankheiten usw.) in ihrer selektiven Bedeutung allmählich von der Fähigkeit überschattet wird, die Überzeugungen anderer bezüglich dieser Eigenschaften *vorsätzlich* zu manipulieren. In der heutigen Welt spielt es beispielsweise keine Rolle, ob man eine Hauterkrankung oder eine psychische Störung hat oder ob ein Bein kürzer ist als das andere – für die reproduktiven Interessen des Betreffenden ist allein entscheidend, ob er andere glauben machen kann, er habe keine solchen Probleme. Das gelingt, wenn er dank Mentalisierung imstande ist, in den Kopf des anderen falsche Überzeugungen einzupflanzen (in den genannten Fällen mithilfe von Make-up, Psychopharmaka oder einer orthopädischen Prothese). Genau das sorgt dafür, dass PR-Firmen heute so gut im Geschäft sind.

Zwar sind nicht alle Informationen verlässlich, und wir laufen ständig Gefahr, von anderen getäuscht zu werden. Doch in der Regel gilt: Je mehr Informationen über andere Menschen verfügbar sind, desto besser können wir in diesem Zusammenhang adaptive Entscheidungen treffen. Tratsch ermöglicht es uns, eine Menge der kostspieligen Erfahrungen nach dem Prinzip von Versuch und Irrtum zu vermeiden, mit denen andere Primaten konfrontiert sind. Deshalb ähneln wir sozialen Geiern, die über den sensationellen Aspekten des Lebens aller anderen kreisen; wegen der Form, in der sich unsere entwickelte Psyche heutzutage äußert, sind die Blätter der Regenbogenpresse mit ihrer Hofberichterstattung über Prominente geschäftlich so erfolgreich (ganz zu schweigen von den Wahlkämpfen, in denen eifrig Dreck über Politiker gesammelt wird). Es ist wichtig zu wissen, ob die Menschen in Führungspositionen, die kurz davor stehen, dass sie unser künftiges Wohlergehen erheblich beeinflussen können, eine Vorgeschichte mit Korruption oder zweifelhaftem Verhalten haben. Und weil aus evolutionärer Sicht ein offensichtliches Ungleichgewicht der Kosten besteht, die sich ergeben, wenn man strategischen sozialen Informationen glaubt oder nicht glaubt, können sogar falsche Anschuldigungen besonders schädlich für den eigenen Ruf sein. Eine Frau, die mit einem Achselzucken auf die Anschuldigung der Exfrau ihres Verlobten reagiert, wonach der Mann vor Jahren die gemeinsame Tochter missbraucht haben soll, ist unter ansonsten gleichen Voraussetzungen im Nachteil gegenüber einer anderen, die diesen Verlobten zugunsten eines anderen Mannes abserviert. Deshalb kommt die Überlegung, dass »Feuer sein muss, wo Rauch ist«, den meisten Menschen intuitiv so einleuchtend vor, während das Gegenstück, die »Unschuldsvermutung bis zum Beweis der Schuld«, nur mit organisierter juristischer Anstrengung zur Geltung kommt.

In einer klug angelegten Archivstudie für *Evolution and Human Behavior* stellten die Psychologen Hank Davis und Lyndsay McLeod von der University of Guelph 2003 eine Zufallsauswahl von Zeitungsnachrichten aus acht verschiedenen Kulturen im Lauf der letzten 300 Jahre zusammen. Dabei entdeckten sie, dass die »Quintessenz« von Sensationsnachrichten – das, was sie für die Leserschaft besonders anziehend machte – ihr Bezug zu reproduktivem Erfolg in der Geschichte der Vorfahren war.[12] Die meisten dieser Prominentenstorys handelten von Altruismus, Reputation, Betrügern, Gewalt, Sex und dem Umgang mit den Nachkommen. Anders gesagt, was uns auf dem gesellschaftlichen Sektor heute Appetit macht, sind wahrscheinlich die gleichen allgemeinen Gesprächsthemen, die vor etwa 150 000 Jahren in der Subsahara Afrikas von den ersten Menschen bequatscht wurden.[13]

Noch einmal, mit allen gebotenen Vorbehalten: Niemand würde wissentlich jemanden heiraten, der Kinder missbraucht oder durch häufige eheliche Untreue Stürme heraufbeschworen hat, genauso wenig, wie man jemanden einstellen würde, der seinen früheren Arbeitgeber bestohlen hat oder vermutlich ein Faulpelz war. In der heutigen Welt der Hochtechnologie würde wohl kaum einer von einem eBay-Verkäufer mit negativen Bewertungen kaufen.

Der Unterschied zu anderen Tieren besteht darin, dass man nicht selbst das Opfer sein muss. Das haben schon andere für einen erledigt. Letztlich ermöglichte die Neigung des Menschen, durch Sprache soziale Informationen in die Welt zu setzen, ihnen nachzugehen und sie zu manipulieren, ein ständiges Wachstum der Gruppen, was die Überlebenschancen der Individuen (und damit ihrer Gene) erhöhte. »An einem bestimmten Punkt unserer [vorsprachlichen] Evolutionsgeschichte«, schreibt Robin Dunbar, »stießen vormenschliche Gruppen hinsichtlich der Gruppengröße allmählich an die Grenze. Um diese Grenze durchbrechen und in Gruppen mit mehr als etwa 80 Individuen leben zu können, mussten sie ein alternatives Vorgehen bei der Bindung [statt der manuellen Fellpflege] finden, das die verfügbare Zeit für gesellschaftliche Aktivität effizienter nutzte.«[14]

Neben anderen Vorteilen boten größere Gruppen ihren Mitgliedern einen verbesserten Schutz vor äußeren Gefahren – sei es durch andere Menschen oder durch Raubtiere mit Zähnen und Klauen. Wenn also ein fauler Apfel im Korb war oder jemand, der die Abwehrmöglichkeiten der Gruppe irgendwie schwächte, weil er deren Zusammenhalt, Stärke und Größe beeinträchtigte, dann zog dieses Individuum Unduldsamkeit auf sich. Und die Sprache stöberte diese problematischen Gestalten auf wunderbare Weise auf. Bei so unterschiedlichen Gruppen wie britischen Studenten und Zinacantán-Indianern in Mexiko zeigen Inhaltsanalysen »frei gehaltener« Gespräche (im Wesentlichen Daten, die den Forschern durch Lauschen zugänglich wurden), dass etwa 80 Prozent aller natürlich zustande kommenden sprachlichen Diskurse soziale Themen behandeln.[15] Selbstverständlich können die speziellen Regeln von einer Gesellschaft zur anderen differieren und mit den vorherrschenden Zwängen der Gesellschaft und der Umwelt schwanken. Doch in der Regel läuft Moral darauf hinaus, dass die Gruppenbedürfnisse über die egoistischen Interessen des Einzelnen gestellt werden. Wenn wir also von jemandem hören, der das Gegenteil getan hat, besonders wenn es offensichtlich auf Kosten eines Dritten ging, wird der Betreffende durch unser gesellschaftliches Urteil beschädigt und selbst zu Wasser auf den Mühlen des Tratsches. Der Psychologe Roy Baumeister von der Florida State University drückt es so aus: »Tratsch dient als Mittel der Kontrolle, das Kulturen als billiges Steuerungsverfahren für das Verhalten der Mitglieder einsetzen – speziell jener Verhaltensweisen, in denen sich die Verfolgung egoistischer Interessen zu Lasten der größeren Gemeinschaft widerspiegelt.«[16]

Nehmen wir beispielsweise eine Szene aus Robert Louis Stevensons Buch *Der seltsame Fall des Dr. Jekyll und Mr. Hyde* (1886), wo der Erzähler erschrocken zusieht, wie der abscheuliche Mr. Hyde in einem Wutanfall ein junges Mädchen tritt, dessen Weg sich an einer Straßenecke zufällig mit seinem eigenen kreuzte:

> Und da Totschlagen nicht in Frage kam, so taten wir das, was dem am nächsten kam. Wir sagten dem Mann, wir würden aus dieser Geschichte einen solchen Skandal machen, dass sein Name von einem Ende Londons zum anderen stinken würde. Wenn er überhaupt Freunde und Kredit hätte, so würden wir dafür sorgen, dass er diese und diesen verlieren würde.[17]

Der schlaue Leser hat längst bemerkt, dass Mr. Hyde ebenso Teil unserer eigenen menschlichen Doppelnatur ist wie der gutmütige Dr. Jekyll. Und Stevenson war sicher nicht der Einzige, der die Ansicht vertrat, dass zwischen dem in uns wohnenden Guten und Bösen eine konstante Spannung besteht.[18] Tatsächlich taucht die uralte Frage der Doppelnatur des Menschen in der Literatur immer wieder auf. In dem nicht so bekannten Roman *The Dwarf* (1944) des schwedischen Autors Pär Lagerkvist, einer Geschichte, die aus der psychologisch vorteilhaften Perspektive eines Mannes geschrieben ist, der im Italien der Renaissance nur etwa 60 Zentimeter über den Boden ragt, merkt der Protagonist clever an:

> Mir ist aufgefallen, dass ich die Menschen manchmal erschrecke; in Wirklichkeit fürchten sie sich vor sich selbst. Sie glauben, ich sei es, der ihnen Angst einjagt, doch es ist der Zwerg in ihnen, das affengesichtige, menschenähnliche Wesen, das seinen Kopf aus den Tiefen ihrer Seelen hervorstreckt. Sie fürchten sich, weil sie nicht wissen, dass sie ein anderes Wesen in sich tragen. Und sie sind entstellt, auch wenn sich das außen nicht zeigt.[19]

Und hier, in der Anerkennung unserer animalischen »dunklen Seiten«, liegt der Hase im Pfeffer. Sprache hatte tatsächlich adaptiven Wert, wie Dunbar und andere Evolutionspsychologen richtig sagen. Doch sie war ein zweischneidiges Schwert: Sie löste zwar manche Probleme, doch dafür brachte sie unsere Vorfahren auch in eine ernsthafte adaptive Zwickmühle. Nicht nur, dass wir über andere redeten – die anderen redeten auch über uns. Und angesichts dieser stets vorhandenen, sich gut anfühlenden altehrwürdigen Triebe, die wir als Teil unseres alten sozialen Gehirns geerbt haben, war das ein *zentrales* Problem. Schon ein einziger triebhafter und ungehemmter egoistischer Fehltritt hätte direkt zu gesellschaftlichen Problemen geführt, wenn etwas darüber verlautet wäre. Und angesichts unserer extremen Abhängigkeit von anderen hätten sich diese gesellschaftlichen Probleme in reale, kalkulierbare genetische Verluste verwandelt. »Wörter sind wie Wölfe«, sagt der französische Autor Jean Genet.[20]

Dass die Sprache für die frühen Menschen ein besonderes adaptives Problem darstellte, zeigt sich in evolutionären Veränderungen anderer Gehirnareale, speziell in den für die Ausführung von Handlungen und die hemmende Steuerung zuständigen Regionen. In einer geschwätzigen menschlichen Gesellschaft dürfte die Selbstregulation des Verhaltens besonders wichtig gewesen sein. Die Psychologen Kayla Causey und David Bjorklund von der Florida Atlantic University stellen fest:

> Die zunehmende soziale Komplexität und das umfangreichere Gehirn führten zu einer größeren Notwendigkeit, [mit anderen Menschen] zu kooperieren, in Wettbewerb zu treten [und] sexuelle wie aggressive Verhaltensweisen freiwillig stärker zu hemmen. Das trug zu gesteigerter sozialer Harmonie und dem Aufschub von Belohnungen bei. Ursprünglich an der Kontrolle emotionaler und triebhafter Verhaltensweisen beteiligte neuronale Schaltkreise konnten nun auch für andere Zwecke herangezogen werden – das spielte in der Evolution der kognitiven Strukturen des modernen Menschen eine entscheidende Rolle. Im Lauf der Zeit gelangten hemmende Mechanismen immer stärker unter kortikale (und damit willentliche) Kontrolle.[21]

Die Hemmung unserer egoistischen oder brisanten Züge ist heute nicht weniger entscheidend als in der Vergangenheit. Wer als Betrüger, Kinderschänder, Dieb oder auch nur als Faulpelz bekannt ist, endet bestenfalls allein, verarmt oder in einem Gefängnis, wo trotz größter Bemühungen mit dem Zellengenossen des gleichen Geschlechts schlechte Aussichten für die genetische Fortpflanzung bestehen. Und es gibt noch so manchen Ort, wo die Gemeinschaft vielleicht einfach beschließt, man sei das ganze Getue eigentlich nicht wert, und einen in irgendeiner kreativen Weise entsorgt, wobei man eine mögliche persönliche Verantwortung an die Gruppe delegiert.

Zwar sind die adaptiven Probleme infolge dieser chronischen Spannung zwischen den alten und neuen Komponenten unseres sozialen Gehirns heute nach wie vor vorhanden. Doch man sollte sich einmal vorstellen, wie stark sie bei unseren Vorfahren gewesen sein müssen. Vor gerade einmal 10 000 Jahren lebten wir noch in eng verwobenen Gesellschaften von allenfalls ein paar hundert Mitgliedern. Was heute vielleicht als peinlicher Fehltritt gelten mag, konnte damals das Ende der Fahnenstange bedeuten. Zumindest konnte es das Ende des eigenen reproduktiven Erfolges bedeuten, weil in einer so kleinen Gruppe ein rettungslos ruinierter Ruf das todsichere Ende für die Gene bedeutet haben könnte.

Man stelle sich die schlimmste Tat vor, die man selbst je begangen hat – die bösartigste, skandalöseste und vulgärste. Nun kann man sich vorstellen, alle Details dieses Vorfalls seien einem auf die Stirn tätowiert. Dieses Szenario ähnelt dem, was unsere Vorfahren erlebt hätten, wenn ihre impulsiven, hedonistischen und ichbezogenen Triebe nicht durch die in jüngerer Zeit entwickelten, durch Vorsicht geprägten Hemmungen in Schach gehalten worden wären. Und das galt selbstverständlich vor allem in gefährlichen Situationen – das heißt, wenn potenzielle Informationsträger zusahen. Augen bedeuteten Informationsträger, und das lief natürlich auf Tratsch hinaus. Wenn unsere Vorfahren von ihren zuvor adaptiven Trieben aus der Vorzeit überwältigt wurden, konnten sie nicht einfach an einen völlig neuen Ort ziehen, wo keiner sie kannte. Für sie galt eher: »Wo du auch hingehst, das bist immer noch du.« Denn die frühen Menschen waren vollkommen abhängig von denen, mit denen sie sich ein paar hundert Quadratkilometer Land teilten – alle Verbindungen abzubrechen war keine brauchbare Option. Und es war auch nicht wirklich möglich, die eigene Identität unter einem Mantel der Anonymität zu verstecken, denn man konnte nicht einfach ein namenloses Gesicht werden. So etwas wie das Internet gab es damals nicht; Anonymität konnten unsere Vorfahren am ehesten im Schutz der Nacht bewahren.[22] In der Vergangenheit war es für unsere Vorfahren also noch mehr als heute eine Frage von Leben und Tod, die evolutionär bedingten egoistischen Begierden kurzzuschließen, um gut und moralisch zu sein. Ähnlich wie Nathaniel Hawthornes Heldin Hester Prynne, die im abgeschiedenen puritanischen Boston des 17. Jahrhunderts gefangen war, lebten die frühen Menschen in einer Savanne der scharlachroten Buchstaben.[23]

•

Zum Glück verstehen es heute die meisten von uns, die alten Triebe geschickt zu unterdrücken und moralischen Regeln beizupflichten. Diese sind nichts weiter als die logistischen Details, mit deren Hilfe die Gruppenmitglieder koexistieren können, ohne einander in Stücke zu reißen. Denn schließlich sind wir die direkten genetischen Nachfahren jener, die effektiv auf den Rat ihrer neuen sozialen Gehirne gehört haben. Und um eines klarzustellen: Es bedeutet nicht *immer* das Ende der Welt, wenn wir bei etwas gesehen werden, was unsere Gesellschaft mit schrägen Blicken quittiert, oder wenn andere von unseren schlimmen Taten erfahren. Je nach den Umständen und der Schwere des Verstoßes gegen die Moral kann jedes beliebige Kuddelmuddel sich so gut wie gar nicht auf unsere genetische Tauglichkeit auswirken, selbst wenn es der Geschwätzigkeit anheimfällt. Es gibt immerhin vorbeugende Taktiken zur Schadensbegrenzung. Mit ihnen lässt sich verhindern, dass die Information in die falschen Ohren gerät, oder sie tragen dazu bei, Strafe zu vermeiden oder zu mildern – etwa Entschuldigung, Geständnis, Wiedergutmachung, Weinen oder Erpressung.[24]

In extremen Fällen konnte es, adaptiv gesehen, auch effektiv sein, einen Informationsträger zu ermorden. In Dostojewskis *Die Brüder Karamasow* (1880) erzählt der Priester, Vater Sossima, von einem Mann mittleren Alters, der versucht, sein Gewissen zu entlasten. Er hatte eine junge Frau ermordet, nachdem sie seinen Heiratsantrag zurückgewiesen hatte. Der unschuldige Leibeigene der Frau war für diesen Mord fälschlicherweise festgenommen worden, im Gefängnis krank geworden und bald darauf gestorben. Von Schuldgefühlen geplagt, beichtet der wahre Mörder, der »allgemein geachtet, reich und durch seine Wohltätigkeit bekannt [war]«,[25] dem Mönch, bedauert es aber rasch und erwägt, Vater Sossima zu töten. »[Mir ist] der Gedanke unerträglich, dass du alles weißt und mich verurteilst!«, sagt er zu dem Mönch, der nun zu einem gefährlichen Informationsträger geworden war. »Du sollst aber wissen, dass du dem Tod nie näher gewesen bist!«[26]

Die gleiche Dynamik erkennen wir heute in Zeugenschutzprogrammen der Polizei. Tatsächlich könnten viele unaufgeklärte Mordfälle, deren wahre Gründe vielleicht nie bekannt werden, sehr wohl darauf zurückzuführen sein, dass das Opfer ein wenig zu viel über den Mörder wusste. Einmal habe ich sogar die traurige Zeitungsgeschichte über einen Dieb gelesen, der in einen Tierladen einbrach und den sprechenden Papageien des

Inhabers umbrachte – aus Angst, der Vogel wäre in der Lage, ihn zu identifizieren. Möglicherweise hätte er das tatsächlich getan, wenn sein Partner bei dem Raubüberfall versehentlich seinen Namen genannt hätte.

Doch im Allgemeinen war es für unsere Vorfahren am besten, wenn sie nicht in eine Lage kamen, in der solche kostspieligen Taktiken zur Schadensbegrenzung notwendig waren oder sie durch Informationsträger irgendwie verwundbar wurden. Die am besten angepasste Strategie bestand gewöhnlich erst einmal darin, sich gut oder »beherrscht« zu benehmen. »Gewissen«, erklärte der amerikanische Satiriker H. L. Mencken, »ist die innere Stimme, die uns warnt, dass vielleicht jemand zusieht.«[27] Wenn man also bei anscheinend selbstlosen, unschuldigen Motiven nur tief genug nachgräbt, können Zyniker sich weiterhin an dem Wissen erfreuen, dass Gutsein letztlich ein egoistisches genetisches Unterfangen ist – das sagen die Evolutionsbiologen. Gutsein um des Gutseins willen gibt es in Wahrheit nicht – zumindest nicht auf der unbewussten Ebene der genetischen Fortpflanzung.[28]

•

Damit wir nicht vergessen, welches egoistische Monster immer noch durch unsere Köpfe spukt und stöhnend wünscht, aus dem Gefängnis dieser evolutionsbedingten Unannehmlichkeiten zu entkommen, gibt es auch noch Situationen, in denen es lohnend ist, egoistisch zu sein. Das ist besonders dann der Fall, wenn Informationsträger keine spezielle Bedrohung zu sein scheinen – etwa wenn es für unser Handeln keine Zeugen gibt oder wir zusammen mit anderen handeln, die mit ihren eigenen genetischen Einsätzen spielen. Außerdem gibt es Gelegenheiten, bei denen wir dank beliebiger Wechselfälle in den Beziehungen zu anderen den Teufel in uns herauslassen und beträchtlichen Gewinn erzielen können, weil wir in der Folge impulsiv und selbstbezogen sind.

Allerdings ist es fast immer eine Hochrisikostrategie, so zu handeln, unabhängig davon, wie sicher wir sind, damit durchzukommen. Denn wir Menschen haben einen »Hang zum Optimismus«, das heißt, wir betrachten die Zukunft auf eine Weise, die uns die Wahrscheinlichkeit negativer persönlicher Folgen herunterspielen lässt. Diese Neigung bringt uns unter anderem zu der Annahme, mit Aufgaben erfolgreich zu sein, bei denen wir uns auch nur für annähernd kompetent halten, was manchmal antisoziale Handlungen einschließt. Deshalb unterschätzen wir tendenziell die vorhandenen echten Gefahren – in der Zeit unserer Ahnen spionierte einem möglicherweise jemand nach, wenn man glaubte, allein zu sein, oder ein Mittäter bei einem Verbrechen wurde entdeckt und verpfiff uns anschließend! Heute ist vor allem diese falsche Einschätzung von Gefahren bedrohlich für unser genetisches Wohl. Die moderne Forensik hat unsere Gefängnisse mit Leuten gefüllt, die eigentlich ganz andere Pläne für sich gehabt hatten. Und natürlich gibt es in der Welt einen großzügig bemessenen Anteil geschiedener reuiger Männer und Frauen, die ihre liebenden Ehegatten für ein einziges, scheinbar diskretes Vergnügen eingetauscht haben, das ans Licht kam.

Doch wie schon gesagt, wir verfügen auch über eine besonders effiziente adaptive Sicherung, die unsere Gene vor evolutionsbedingten Trieben und unserem angreifbaren, übertrieben zuversichtlichen Urteil bewahrt – das hemmende Gefühl, beobachtet zu werden. Noch einmal: Für unsere Vorfahren bedeuteten Augen Informationsträger, und die bedeuteten Tratsch. Außerdem wird unser egoistischer Zug durch das Bewusstsein gebremst, dass ein Beobachter uns als Individuum identifizieren kann – als bestimmte Person mit einem Namen und einem Gesicht. Je offenkundiger – oder auffindbarer – unsere individuelle Identität ist, desto unwahrscheinlicher wird es, dass wir uns auf unmäßige, höchst riskante Verhaltensweisen einlassen. Denn diese können, selbst wenn sie sich vielleicht unmittelbar auszahlen, dank des adaptiven Problems des Tratsches unseren reproduktiven Erfolg auch behindern. So würde nur ein ziemlich beschränkter Bankräuber die Filiale seiner Wahl ohne Maske betreten. Wenn jemand absolut davon überzeugt ist, nicht identifiziert werden zu können, dann schwindet die Furcht vor Bestrafung oder Vergeltung. Der berühmte Sozialpsychologe Leon Festinger hat dieses allgemeine Phänomen als »Deindividuation« bezeichnet, die stattfindet, wenn »Individuen nicht als Individuen gesehen oder beachtet werden«.[29] Für die soziale Gruppe als Ganzes ist Deindividuation ziemlich eindeutig ein potenziell gefährliches Szenario: Ist der individuelle Akteur nicht zu identifizieren, dann verliert der Tratsch diese auf die Person zielende Schlagkraft, die ansonsten dazu beiträgt, die egoistischen Bedürfnisse des Akteurs in Schach zu halten.

Deindividuation ist natürlich auch der Wesenskern einer Mobstimmung. Sie kann zu brutalen Gewaltakten gegen Außenstehende führen, weil ein »deindividuiertes« Individuum in der anonymen Gruppenidentität aufgeht und nicht mehr fürchten muss, sich mit den Folgen eines unauslöschlich befleckten Rufes herumschlagen zu müssen. Angesichts eines wilden Haufens wütender, anonymer Leute wüssten Verwandte und Freunde des außenstehenden Opfers nicht, wo sie anfangen sollten, wenn sie sich an einem bestimmten Übeltäter rächen wollten. In Anthropologenkreisen ist bekannt, dass Krieger, die ihre Identität verbergen, ehe sie in den Kampf ziehen, mit größerer Wahrscheinlichkeit töten, verstümmeln oder foltern als jene, die sich nicht die Mühe machen, sich zu maskieren. Und hier in Nordirland, wo ich derzeit lebe, kam eine Untersuchung zu dem Befund, dass bei allen innerhalb von zwei Jahren (1994 bis 1996) berichteten Fällen religiös motivierter Gewalt die maskierten Mitglieder der Paramilitärs während ihrer Angriffe mehr ernstliche Verletzungen verursachten, mehr vandalistische Akte begingen und ihre Opfer nach der Attacke mit höherer Wahrscheinlichkeit bedrohten als jene Paramilitärs, die ihr Gesicht offen zeigten.[30]

•

Die Koevolution von Sprache und Mentalisierung mit ihrer guten, ihrer schlechten und ihrer ausgesprochen hässlichen Seite hat unserer Spezies ihre im Tierreich einzigartige Signatur mitgegeben. Wo also kommen nun Gott und andere übernatürliche Akteure seiner Art in das Bild der Evolution? Wie wir gesehen haben, wurde Gott aus der Fähigkeit zur Mentalisierung geboren. Doch es scheint, als hätte Mutter Natur ihn aus egoistischen Gründen zur Welt gebracht.

In den 1950er-Jahren hat der italienische Wissenschaftler Raffaele Pettazzoni eine einflussreiche, kulturübergreifende Studie über »die Merkmale Gottes« durchgeführt. Dabei zeichnete sich in den Stichproben aller untersuchten religiösen Gruppen eine besonders auffällige und immer wiederkehrende Eigenschaft ab. Wie Pettazzoni herausfand, wurde den zentralen Gottheiten – unabhängig von der jeweiligen Religion, zu der man sich bekannte – die Fähigkeit zugeschrieben, ein tiefes *Wissen* über die Menschen als einzigartige »Individuen«

zu besitzen – ihre »Herzen« und »Seelen« zu kennen.[31] Wenn man über Gott nachdenkt, folgt daraus in der Tat zwangsläufig ein gehobenes, fast durchdringendes Gefühl der Individuation. In einer neueren Studie zeigten Teilnehmer, die man gebeten hatte, über Gott nachzudenken, eine gewaltige Steigerung der Selbstwahrnehmung im Vergleich zu denen, die man gebeten hatte, über andere Menschen nachzudenken. Viele Menschen glauben, man könne zwar für seine Mitmenschen anonym bleiben, dürfe aber sicher sein, dass ein »Anderer« ständig überwacht, was man tut. So notierte ein Anthropologenteam, das Anfang der 1980er in Borneo eine Volksgruppe mit dem Namen Iban untersuchte, bei diesen eine markante Überzeugung: »Jeder, der einen anderen erfolgreich betrügt oder der Bestrafung für seine Verbrechen entgeht und dabei sogar scheinbar einen zeitweiligen Vorteil gewinnt, wird letztlich einer übernatürlichen Vergeltung unterworfen sein.«[32]

Für viele repräsentiert Gott jenes unauslöschliche Gefühl, beobachtet zu werden, das in Momenten der Versuchung so oft aufflammt: Er weiß, was in unseren Herzen ist, dieser private Zuschauer, der an kritischen Punkten der Entscheidungsfindung möchte, dass wir uns in einer bestimmten Weise verhalten, und von uns enttäuscht wäre, wenn wir es nicht tun. Die »richtigen Entscheidungen« tendieren zu jenen weiter oben erörterten logistischen Details, die man Moral und soziale Normen nennen könnte, und gelten als so wahr, wie das Gras grün ist. Selbst wenn dieses Gefühl, Gott sehe zu, unsere Vorfahren nicht immer davon überzeugt haben dürfte, unter solchen Bedingungen moralisch zu handeln: Auch wenn das nur einmal geschah, könnte es genau dieses eine Mal gewesen sein, in dem sie von anderen erwischt worden wären. Das ist natürlich die einzige Strafe für Fehlverhalten, der sie tatsächlich je ausgesetzt waren. Anders gesagt, die Illusion eines strafenden Gottes unterstützte ihr genetisches Wohl immer dann, wenn sie das Risiko unterschätzten, wirklich von Mitmenschen erwischt zu werden. Allein diese Tatsache, dieser emotionale Kurzschluss alter Triebe, durch den unmittelbare Interessen gegen langfristigen genetischen Gewinn getauscht wurden, hätte Gott und seinesgleichen in der Evolution des Menschen zu einem starken Ziel der natürlichen Auslese gemacht.

Der schädliche Sog des Glaubens an eine Bestimmung, das Erkennen von »Zeichen« in einem unbegrenzten Reservoir unerwarteter Naturereignisse, die unerschütterliche Illusion einer unsterblichen Seele und die stillschweigende Annahme, Unglücksfälle hingen mit einem göttlichen Plan oder einem längst vergessenen Verstoß gegen die Moral zusammen – all diese Dinge haben sich im menschlichen Gehirn zu einem Arrangement funktionaler psychischer Vorgänge verbunden. Funktional sind sie, weil sie für explizite Überzeugungen und Verhaltensweisen (gewöhnlich, aber nicht immer, religiöser Natur) sorgen, die in der Zeit unserer Vorfahren adaptiv waren. Das heißt, gemeinsam förderten sie einen kognitiven Imperativ – ein tief verwurzeltes Denksystem –, der unsere Vorfahren dazu brachte, sich so zu fühlen und zu benehmen, als würden sie von einem übernatürlichen Zuschauer beobachtet, gewogen und beurteilt. Eine Reaktion kam dann in Form natürlicher Ereignisse durch einen mächtigen Anderen, der ihnen gegenüber eine bestimmte Haltung einnahm. Diese kognitiven Illusionen trugen dazu bei, genetisch kostspielige, aber weiterhin starke angestammte Triebe zu hemmen. Auf diese Weise spürten sie neue und lebenswichtige Wege für reproduktiven Erfolg auf; sie förderten hemmende

Entscheidungen, die unter den biologisch neuartigen, auf Sprache beruhenden Regeln der natürlichen Auslese äußerst adaptiv gewesen sein dürften. Die durch unsere Fähigkeit zur Mentalisierung gezeugte Illusion von Gott war eine sehr bedeutsame Lösung für das adaptive Problem des menschlichen Tratsches.

Diese Denkweise bringt die Menschen vielleicht nicht dazu, logisch über die Natur des Seins nachzudenken. Doch das spielt keine Rolle. Als evolutionär denkende Wissenschaftler müssen wir eigentlich nur herausfinden, ob diese kognitiven Prädispositionen die Chancen unserer Vorfahren erhöhten, ihre Gene weiterzugeben, oder eben nicht. Und tatsächlich gibt es Belege dafür, dass Denken in Kategorien des Übernatürlichen unser egoistisches und triebhaftes Verhalten einschränkt – es sind nicht viele Beweise, aber sie sind konsistent und stammen aus vielfältigen Untersuchungen.

Zum Beispiel ergibt sich aus dem soeben skizzierten theoretischen Modell unter anderem der Schluss, dass größere Gesellschaften vielleicht mehr Gelegenheiten bieten, andere zu betrügen. Sie erhöhen aber auch die Wahrscheinlichkeit, dass jemand die Gefahr potenzieller Informationsträger unterschätzt, die sich aus der bloßen Zahl anwesender Augen ergibt. Wer sich beobachtet vorkommt und glaubt, er sei einem strafenden übernatürlichen Wesen bekannt, würde stark gehemmt. Unter den Bedingungen einer so großen Gruppe würde das besonders erfolgreich dazu beitragen, sozusagen die eigene »genetische Haut« zu retten. Tatsächlich haben die Evolutionsbiologen Frans Roes und Michel Raymond in einer großen kulturübergreifenden Untersuchung (2003 in einer Ausgabe von *Evolution and Human Behavior* veröffentlicht) herausgefunden, dass große Gesellschaften quer durch alle Kulturen mit moralisierenden hohen Göttern assoziiert sind: Je höher die Zahl der Bevölkerung, desto größer die Chance, dass die Kultur den Begriff eines übernatürlichen, mit menschlicher Moral befassten Beobachters enthält.[33] Bemerkenswert ist auch: Solange Gruppenmitglieder wirklich glauben, dass das Unglück eines anderen durch die Sünden des Betreffenden ausgelöst wurde, ist diese falsche kausale Zuordnung furchterregend genug, die übrigen Gruppenmitglieder nicht aus der Reihe tanzen zu lassen.

Die Psychologen Ara Norenzayan und Azim Shariff von der University of British Columbia präparierten einige Teilnehmer einer anderen Studie mit »Gottesvorstellungen« – sie konfrontierten sie mit Stichworten wie »Geist«, »göttlich« und »Prophet«. Im Vergleich zu denen, die nur neutrale Wörter zu sehen bekommen hatten, spendeten die so vorbereiteten Teilnehmer bei einer scheinbar nicht damit zusammenhängenden Aufgabe mehr Geld an einen Unbekannten. Die Autoren räumen zwar ein, dass diese Befunde auch anders gedeutet werden könnten, doch ihre spezielle Argumentation favorisiert die folgende Interpretation:

> Eine Aktivierung von Gottesvorstellungen – selbst außerhalb reflektierter Wahrnehmung – [...] löst diese überaktive Neigung aus, auf die Gegenwart eines bewussten Beobachters zu schließen. Dieses Gefühl, beobachtet zu werden, setzt dann Überlegungen über die eigene Reputation in Gang, untergräbt die Anonymität der Situation und schränkt im Ergebnis egoistisches Verhalten ein.[34]

Überdies berichteten Todd Shackelford, Katrina McLeod und ich 2005 in einer Ausgabe von *Human Nature* die Ergebnisse einer Studie, in der wir einer Gruppe von Teilnehmern im Rahmen einer raffinierten Vorgabe erzählten, im Labor sei kürzlich das Gespenst eines verstorbenen Doktoranden gesichtet worden. Im Vergleich zu denen, die absolut nichts von dem angeblichen Gespenst gehört hatten, war es weit unwahrscheinlicher, dass die mit dieser Information versehenen Studenten bei einem anderen Spiel betrogen (dabei standen sie im Wettbewerb um 50 Dollar, wurden im Raum allein gelassen und hatten so alle die Möglichkeit zu schummeln).[35]

In einer neueren Studie erweckten der Psychologe Jared Piazza von der University of Kent und ich den Geist der Prinzessin Alice (siehe Kapitel 3) wieder zum Leben. Wir wollten feststellen, ob kleine Kinder, die zusammen mit diesem unsichtbaren freundlichen Wesen allein im Raum blieben, sich auch vom Betrügen abhalten lassen würden. Fünf- und Sechsjährige, die glaubten, Prinzessin Alice sitze auf einem Stuhl und beobachte sie, verzichteten mit der gleichen Wahrscheinlichkeit darauf, bei einem Spiel zu schummeln, wie während der Anwesenheit eines realen Menschen – eines teilnahmslosen Fremden mit neutralem Gesichtsausdruck, der tatsächlich auf dem Stuhl saß und sie beobachtete. Wie erwartet, war die Schummelrate am höchsten bei einer Kontrollgruppe von Kindern, die ohne den Fremden oder Prinzessin Alice allein im Raum geblieben waren. Im Allgemeinen traf dieses Muster auch für etwas ältere Kinder zu, doch einige der Sieben- bis Neunjährigen in der Studie betrogen tatsächlich vor Prinzessin Alice – sie taten sie achselzuckend als Phantasieprodukt der Experimentatoren ab. Doch das brachten diese jungen Skeptiker merkwürdigerweise erst fertig, nachdem sie mit den Händen über dem Stuhl gewedelt und so sichergestellt hatten, dass sie nicht vorhanden war. Zudem war bei denen, die angaben, an Prinzessin Alice zu glauben, die Wahrscheinlichkeit, dass sie betrogen, weit geringer als bei denen, die nicht daran glaubten.[36]

Insgesamt deuten sowohl die Logik als auch die aktuelle Beweislage auf folgenden unabweisbaren Schluss hin: Das Gefühl, von einem moralisch engagierten, reagierenden Anderen (ob von Gott, Prinzessin Alice, dem Gespenst eines verstorbenen Doktoranden oder eines anderen übernatürlichen Wesens eigener Wahl) beobachtet zu werden – besonders wenn wir von ihm geschaffen wurden und ihm im Gegenzug ewigen Dank schulden –, führt dazu, dass den gierigen Wölfen des Tratsches nicht so viele selbstzerstörerische Reste zum Fraß vorgeworfen werden.

•

Ist Religion eine Anpassung? Die Frage selbst ist schon falsch. In seinem bedeutenden Buch *Und Mensch schuf Gott* schreibt der Anthropologe Pascal Boyer von der Washington University: »Die Menschen haben religiöse Auffassungen und Überzeugungen, weil sie diese von anderen Menschen übernommen haben. [...] Im Großen und Ganzen übernehmen die Menschen ihre Religion von anderen Mitgliedern ihrer sozialen Gruppe.«[37] Doch eine echte genetische Anpassung finden wir auf der Ebene der Religion als solcher wahrscheinlich nicht.[38] Die natürliche Auslese ist nicht konfessionsgebunden. Tatsächlich dürfte es so manchem aufgefallen sein, wie selten die Religion in diesem Buch in die Diskussion einbezogen wurde. Und wenn es denn eine Anpassung in dieser Hinsicht gibt, so liegt sie auf der Ebene psychischer Vorgänge im Gehirn, die wir hier erkundet haben. Es sind diese unglaublich wirksamen kognitiven Faktoren, die uns glauben lassen, wir seien für einen bestimmten Zweck gemacht, natürliche Ereignisse enthielten bedeutsame Botschaften aus einem anderen Reich oder unsere unendliche psychische Existenz sei auf geheimnisvolle Weise in irgendeinen nebulösen Pakt mit dem Universum eingebunden.

Diese Bausteine der Illusion mussten psychologisch ausreichend überzeugend gewesen sein, ehe die ausgefeilteren, kulturell unterschiedlichen religiösen Ideen zum Ausfüllen der Lücken aufkommen konnten. Nach allem, was man hört, ist die grundlegende Illusion von Gott (oder einem anderen übernatürlichen Wesen) für die meisten Menschen ziemlich überzeugend: So erschafft er uns mit Absicht als Individuen, »möchte«, dass wir uns in bestimmter Weise verhalten, »beobachtet« und »kennt« unsere ansonsten privaten Handlungen, »übermittelt« uns seine in Naturereignisse verschlüsselten Wünsche und »beabsichtigt«, uns nach unserem Tod zu treffen. Diese Vorstellungen gehen über Religion hinaus und ziehen sich durch fast jede menschliche Gesellschaft auf dieser Erde. Dagegen schließt Religion kulturell erworbene Vorstellungen ein, die so flexibel sind, dass sie den speziell vorliegenden sozioökologischen Bedingungen entsprechen – sie umfasst die spezifischen Glaubensinhalte, nicht aber das, was den Glauben selbst antreibt.

Ist mit alledem die Existenz Gottes widerlegt? Selbstverständlich nicht. Wissenschaft redet nur über das Unwahrscheinliche, nicht über das Unmögliche. Wenn die Philosophie das Sagen hat, kann Gott nie völlig ausgeschlossen werden. Man könnte ja vorbringen, die kognitive Evolution des Menschen sei von Gott direkt und vorsätzlich inspiriert, sodass von allen Spezies allein wir ihn (und ganz allgemein die Realität) wahrnehmen können – mithilfe unserer durch natürliche Evolution entstandenen Fähigkeit zur Mentalisierung. Wenn dagegen das wissenschaftliche Sparsamkeitsprinzip vorherrscht – und das sollte meiner Ansicht nach so sein –, dann ähnelt diese Art philosophischer Positionsbestimmung immer mehr dem Griff nach dem rettenden Strohhalm.[39]

Die Tatsachen im Fall der Evolution laufen stark darauf hinaus, dass die Existenz Gottes ziemlich unwahrscheinlich ist. So schreibt der Psychologe Paul Bloom von der Yale University:

> Die treibende Kraft hinter der natürlichen Auslese ist Überleben und Fortpflanzung, nicht Wahrheit. Unter ansonsten gleichen Bedingungen ist es für ein Tier besser, an wahre statt an falsche Dinge zu glauben; genaue Wahrnehmung ist besser als Halluzination. Doch manchmal sind die Bedingungen nicht alle gleich.[40]

Aufgrund der verzerrenden Linse unserer evolutionär entstandenen Fähigkeit zur Mentalisierung – Verzerrungen, die unsere Realitätswahrnehmung auf systematische, vorhersagbare Weise verbiegen, weil sie den genetischen Interessen unserer Vorfahren dienten – wissen wir inzwischen, dass etwas, was uns real *vorkommt* (selbst wenn wir diese Gedanken mit anderen psychisch wie körperlich gesunden, vollkommen normalen Menschen teilen), nicht immer einen guten Maßstab dafür abgibt, was real *ist*. Die kognitive Illusion eines stets anwesenden und aufmerksam beobachtenden Gottes arbeitete zugunsten unserer Gene, und für die Natur war das ein ausreichender Grund, diese Illusion im Gehirn des Menschen lebendig zu erhalten.

Tatsächlich kann die Illusion so überzeugend ausfallen, dass jemand sich sehr wohl dagegen verwahren dürfte, sie überhaupt als Illusion anzuerkennen. Doch das heißt vielleicht nur, dass die Anpassung in diesem Fall besonders gut funktioniert.

Und dann stirbt man

Auf der Basis von Hörensagen und der eher zweifelhaften Quelle eines Berichts haben Kreationisten lange Zeit behauptet, Darwin habe auf dem Totenbett seine Evolutionstheorie »widerrufen« und sei als reuiger und gläubiger Christ gestorben. Der Story zufolge hatte sich eine glühende evangelikale Anglikanerin namens Lady Hope (eine geborene Elizabeth Reid Cotton, die später einen Admiral namens Hope heiratete und sich so ihren adligen Namenszusatz verschaffte) am Lebensende des großen Wissenschaftlers durch ihre Überredungskunst selbst in den kleinen Kreis von Darwins Freunden eingeführt. Lady Hope – nach allem, was man weiß, eine wichtigtuerische Witwe – hatte sich in der Temperenzlerbewegung gegen Trunkenheit schon einen Namen gemacht, und kurz vor seinem Tod hatte sie ihren Freund Charles angeblich besucht. Ihre hochtrabende (und heftig bestrittene) Schilderung dieses Besuchs wurde am 19. August 1915 in einer in Washington, D. C., erscheinenden Baptistenzeitschrift namens *Watchman-Examiner* erstmals veröffentlicht. Hier einige Ausschnitte:

> Es war einer dieser grandiosen Herbstnachmittage, deren wir uns in England manchmal erfreuen, als man mich aufforderte, einzutreten und mich zu dem bekannten Professor Charles Darwin zu setzen.

Bevor er starb, war er für einige Monate praktisch bettlägerig gewesen. Immer wenn ich ihn sah, hatte ich das Gefühl, seine heitere Präsenz wäre eine große Zierde für unsere Royal Academy, doch nie überkam mich dieser Eindruck stärker als bei dieser besonderen Gelegenheit.

Aufrecht im Bett sitzend, trug er einen flauschigen bestickten Hausmantel von ziemlich kräftiger violetter Farbe.

Kissen stützten ihn; sein Blick ging hinaus auf eine weit hingestreckte Szenerie aus Wäldern und Kornfeldern, die im Lichte eines dieser wundervollen Sonnenuntergänge glühten, welche die Schönheit von Kent und Surrey ausmachen. Seine edle Stirn und seine feinen Züge schienen vor Freude zu leuchten, als ich den Raum betrat.

Er wies mit der Hand zum Fenster und zeigte auf die Szenerie draußen, während er in der anderen Hand eine aufgeschlagene Bibel hielt, die er immer studierte.

»Was lesen Sie gerade?«, fragte ich, als ich mich neben sein Bett setzte. »Hebräer!«, antwortete er. »Nach wie vor Hebräer. Ich nenne es ›Das königliche Buch‹. Ist es nicht großartig?«

Dann legte er die Finger auf gewisse Passagen und kommentierte sie.

Ich machte einige Anspielungen zu den ausgeprägten Ansichten, die viele Leuten über die Geschichte der Schöpfung äußern, über ihre Großartigkeit und dann darüber, wie sie in den ersten Kapiteln der Schöpfungsgeschichte abgehandelt wird.

Er machte einen sehr verzweifelten Eindruck, verschränkte nervös die Finger, und über sein Gesicht legte sich ein Anflug von Agonie, als er sagte: »Ich war ein junger Mann mit unausgeformten Ideen. Ich warf Fragen auf, Vorschläge, wunderte mich die ganze Zeit über alles, und zu meinem Erstaunen verbreiteten die Ideen sich in Windeseile. Die Leute machten eine Religion daraus.« [1]

Über die Jahre hinweg haben viele Verfechter des Christentums sich fast überschlagen bei dem Versuch, Lady Hopes Geschichte von Darwins Konversion auf dem Totenbett mitsamt dem sogenannten Widerruf seiner wissenschaftlichen Vorstellungen zu bestätigen. Darwins Frau Emma wies alle derartigen Behauptungen entschieden zurück. Dennoch wühlte sich anscheinend ein Gelehrter durch die Sammlung der ansonsten nicht mit Markierungen versehenen, verstaubten alten Bibeln der Familie Darwin. Er stieß auf einen alten Bleistiftvermerk gegenüber den ersten Versen der Hebräerbriefe 6 – angeblich eine Bestätigung von Lady Hopes Bericht.[2] Als Skeptiker die blumige Sprache infrage stellten, die Darwin von Lady Hope zugeschrieben worden war, durchforsteten andere Darwins alte Briefe auf der Suche nach früheren Fällen, in denen er in vergleichbare veilchenblaue Prosa verfallen war. Einige wiesen zudem darauf hin, dass Darwin doch tatsächlich dazu neigte, gelegentlich nervös die Finger zu verschränken, und hatte er nicht auch wirklich einen Hausmantel in Violett?

Die meisten Evolutionstheoretiker sehen jedoch nicht, was dieser Verweis der Kreationisten auf Darwins religiöse Ambivalenz bringen soll. Was bedeute es denn schon, wenn sein nie vollständig ausgelöschtes Schuldgefühl eines sündigen Schulbuben am Ende sein Gewissen löcherte, sagen sie. Ob Darwin, als er starb, nun den Christengott annahm oder ob er als der skeptische alte Agnostiker in den Tod hinüberglitt, als der er zeitlebens bekannt gewesen war: Zu behaupten, eine verbale »Rücknahme« seiner Theorie der Evolution habe irgendwelche Auswirkungen auf die zentralen Lehrsätze der Evolutionstheorie, ist doch sehr weit hergeholt. Zum Glück hängt die Wahrheit der natürlichen Auslese nicht davon ab, wie fest die Überzeugungen eines einzelnen Mannes sind, selbst wenn es sich dabei um Charles Darwin handelt. Allgemeiner gesehen, könnten wir natürlich auch fragen, ob umherschweifende, leidgeplagte Gedanken auf dem Totenbett – einem Ort, wo die Furcht überhandnimmt und die Klarsichtigkeit leicht abhandenkommt – mehr bedeuten sollten als das, was wir von den Einsichten und dem Denken des Betreffenden aus den goldenen Zeiten seiner geistigen Schaffenskraft wissen.

In Augenblicken der Verzweiflung können sich selbst die eisernsten Atheisten in einer Verfassung wiederfinden, in der sie Gott anrufen. Doch das heißt ja nichts weiter, als dass Atheisten menschlich sind, mit menschlichem Gehirn; einem Gehirn, das als Reaktion auf besondere menschliche Probleme in vorhersagbarer menschlicher Weise funktioniert – etwa mit der Berufung auf den Willen Gottes. Ich habe nie verstanden, warum so viele Skeptiker so entschlossen demonstrieren, wie immun sie gegenüber irrationalem oder quasireligiösem Denken sind. Obwohl ich kaum bezweifle, dass viele glühende Nichtgläubige da draußen angesichts des Todes oder eines bevorstehenden Unglücks zäh an ihrem Atheismus festgehalten haben (es gibt sogar eine beliebte Webseite mit unterzeichneten Aussagen atheistischer Veteranen, die stolz verkünden, sie hätten auch in der Schusslinie an der Logik festgehalten): Philosophisch gesehen, ist dieser Schützengrabenatheismus doch nur viel Lärm um nichts. Wenn die Dinge besonders schlimm erscheinen, kommt der Atheist auf »Gott« zurück oder auch nicht, doch das heißt ja nicht, dass damit in irgendeiner Weise die Existenz Gottes bestätigt würde. Selbst wenn ein Atheist während schwieriger Zeiten zugäbe, »es nicht zu wissen«, und Gottes Existenz anerkennen würde, so hätte das absolut nichts damit zu tun, ob es Gott nun gibt oder nicht. Ich beispielsweise kann mit Leiden nicht sehr gut umgehen; niedriges Fieber oder ein entzündeter Hals reichen aus, schon frage ich Gott im Stillen, warum er so unsäglich grausam zu mir ist. Aber ich bin mir auch ziemlich sicher, dass meine wabbelige epistemologische Haltung in solchen schwierigen Zeiten im metaphysischen Kosmos keine großen Auswirkungen hat.

Unsere persönlichen Erfahrungen, die durch das Nachdenken über den eigenen Daseinszweck, den Sinn des Lebens, das Leben nach dem Tod, warum guten Menschen Schlimmes widerfährt und so weiter entstehen: Sie sind, wie wir das ganze Buch hindurch gesehen haben, höchst verführerisch, emotional ansprechend und intuitiv überzeugend, und in den meisten Fällen führen sie direkt dazu, dass jemand an Gott glaubt. Deshalb ist es mehr als nur ein wenig tollkühn zu glauben, die menschliche Natur könne mittels wissenschaftlicher Vernunft je von Gott »geheilt« werden. Als Denkweise ist Gott ein untrennbarer Teil unserer natürlichen kognitiven Systeme, und wenn wir ihn loswerden wollten – ihn wahrhaftig, gründlich, dauerhaft aus unseren Köpfen entfernen wollten –, wäre dazu ein Neurochirurg erforderlich und kein Lehrer der Naturwissenschaft. Deshalb lautet die eigentliche Frage: Ist es angesichts dessen, was wir inzwischen wissen, wirklich klug, unserer evolutionär entstandenen, subjektiven mentalen Intuition zuzutrauen, dass sie einen verlässlichen Maßstab für die Realität außerhalb unseres Kopfes abgibt? Oder sollten wir stattdessen die Möglichkeit akzeptieren, dass derlei intuitive Anschauungen in Wahrheit durch kognitive Tendenzen entstehen, die unser Denken – vielleicht aus biologisch adaptiven Gründen – grundsätzlich von der objektiven Wirklichkeit wegführen? Dienen wir blindlings unseren Genen und fallen ständig auf die spektakuläre List der Evolution in Gestalt dieses fürsorglichen Gottes herein? Oder schauen wir hinter den Vorhang und sagen: »Aha! Das ist nicht Gott, das ist nur die Natur mit einem ihrer schmutzigen kleinen Tricks!«

•

Zu den wohl bedeutendsten Wendepunkten, vor denen unsere Spezies in ihrer relativ kurzen Geschichte von 150 000 Jahren jemals stand, gehört die Bereitschaft, die adaptive Illusion Gott zu zerschlagen. Vielleicht wird der Glaubensinstinkt in unserem animalischen Gehirn ja niemals völlig deprogrammiert werden. Doch wir können ihn als das verstehen, was er ist, anstatt die von ihm erzeugten intuitiven Überzeugungen unkritisch zu übernehmen. Damit können wir uns von einem adaptiven System distanzieren, das letztlich dazu diente, uns in Furcht gefangen zu halten. Unsere frühen Vorfahren in der Evolution benötigten einen fiktiven Moralbeobachter, um ihre animalischen Triebe zu zähmen und sie davon abzuhalten, ihren Ruf unter dem realen Blick menschlicher Informationsträger zu beschmutzen. Doch was geschieht nun, wo wir die Wahrheit über Gott kennen, über unsere »Seelen«, über das Leben nach dem Tod?

Selbst wenn wir uns nur geistig von diesen Illusionen befreien, während unsere Emotionen und intuitiven Überzeugungen dem nie völlig folgen: Die verwirrenden (und oft quälenden) Gedanken, die aufkommen, wenn wir uns durch die Augen eines urteilenden, unfehlbaren und maßlosen moralischen Akteurs sehen, könnten am Ende allmählich schwächer werden oder zumindest den starken Einfluss verlieren, den sie auf unsere Entscheidungen und unser Verhalten haben. Allerdings bin ich nicht sehr optimistisch, dass es so kommt. Ich glaube nämlich, dass der Trick, den die Natur bei uns angewandt hat, einfach zu clever ist. Zudem ist nicht ganz klar, ob es sich als »gut« oder als »schlecht« erweisen wird, die adaptive Illusion Gott zu zerschlagen. Dieses Werturteil dürfte fast sicher bei jedem anders ausfallen. Aus der Perspektive unserer Gene könnte es unsere reproduktiven Interessen insgesamt beeinträchtigen, wenn wir diese Illusion zerstören. Doch andererseits kann ich nur schwer glauben, dass die Menschen, nachdem sie Gott erst einmal als das erkannt haben, was er wirklich ist, plötzlich anfingen, wie amoralische Schimpansen zu handeln. Ob mit oder ohne Glauben – die Konsequenzen egoistischen Handelns wären so abschreckend wie eh und je: Wer nicht nach den Regeln spielt, wird – insgesamt gesehen, meistens – die *menschlichen* Konsequenzen zu spüren bekommen.

Der Philosoph Voltaire sagte den berühmten Satz: »Wenn es Gott nicht gäbe, so müsste man ihn erfinden.«[3] Zu seiner Zeit war das solide Logik. Man sollte aber bedenken, dass Voltaire den Satz im Jahr 1768 während der französischen Aufklärung schrieb. Seitdem hat sich einiges geändert, um es vorsichtig auszudrücken. Mit der heutigen Technik zur gesellschaftlichen Überwachung (steuerliche Identifikationsnummer, Internet, versteckte Kameras, Anrufer-Identifizierung, Fingerabdrücke, Stimmerkennungs-Software, »Lügendetektoren«, Analyse von Gesichtsausdruck, DNA und Handschriften, um nur ein paar besonders effektive, schon eingesetzte Einrichtungen zur Verhaltensregulierung in der modernen Welt zu nennen) ist Voltaires Erklärung nicht mehr wirklich zutreffend – zumindest nicht für große, entwickelte Länder. Wer braucht noch Voltaires »Auge im Himmel«, wenn heute Millionen virtuell übermenschlicher Augen aus jedem möglichen Winkel auf uns gerichtet und in jeder Pore unseres Lebens zu Hause sind? Die Evolution des Menschen hat jedoch nicht ganz zur Technik des Menschen aufgeschlossen, und die adaptive Illusion Gott wird wahrscheinlich so lange überleben, wie die Fähigkeit zur Mentalisierung Teil des kognitiven Bauplans unserer Spezies bleibt.

Aber nachdem nun die Illusion an ihren psychischen Nähten auszufransen beginnt, können wir endlich einen Blick auf uns selbst werfen – auf diese erstaunlichen Wesen, die wir sind. Denn im Vergleich zu allen anderen Geschöpfen auf diesem Planeten sind wir in der Tat seltsame Manifestationen der Materie: Wir haben die einzigartige Fähigkeit, darüber nachzudenken, wie es sein mag, ein anderer zu sein; wir können über die Frage des Sinns schlechthin grübeln und uns der eigenen begrenzten Zeit als subjektiv erlebendes Ich bewusst sein.

In der Geschichte unserer Spezies sind wir die erste Generation, die direkt mit dem vollen wissenschaftlichen Gewicht eines Arguments konfrontiert ist, das einen personalen Gott sowohl unnötig wie höchst unwahrscheinlich macht. Plötzlich sind die vielen Schlupflöcher eines bescheideneren Agnostizismus kein Ort mehr, in den man vernünftigerweise den Kopf stecken könnte. Doch das volle gottlose Licht, das nach dem Zerschlagen dieser Illusion bleibt, ergibt in meinen Augen eine spektakuläre Situation für den, der sich darin wiederfindet.

Während ich diese Worte niederschreibe, fällt mein

Blick auf einen alten irischen Kirchenfriedhof, und wie es sich für solche Plätze gehört, ist es ein Feld voller gammeliger, pockennarbiger alter Grabsteine für die vergessenen Dorfbewohner, die vor meiner Zeit hier gelebt haben. Sicherlich haben viele Menschen in meinem Dorf den Eindruck, diese erloschenen Individuen seien mehr als nur ihre knöchernen Überreste. Glaubt jemand an eine unwahrscheinliche Auferstehung, so könnte eines Tages eine wiederbelebte, 200 Jahre alte Leiche aus dem Grab krauchen, das Mieder glatt streichen, mir zurufen, dass sie um ihr Leben gern ein Pint kaltes Guinness hätte, und sagen: »Würden Sie die Güte haben, mein Lieber, mir eines zu holen?« Falls das geschähe, und meine Eingeweide eines Gottlosen nicht ihrerseits schon von ein paar feindseligen Teufeln in der Hölle angenagt würden, dann würde ich das mit Freuden für sie tun. Ich würde ihr ein Guinness aus genau demselben Pub holen, in dem sie zu ihrer Zeit bevorzugt einkehrte, denn dort an der Main Street schenkt man es noch heute an ihre Erben aus. Außerdem würde ich, wenn der Alkohol ihr Wohlbefinden so weit gesteigert hätte, dass sie eine derart persönliche Erfahrung mit mir teilen würde, von dieser Frau alles darüber zu erfahren versuchen, wie es sich anfühlt, tot zu sein.

Der französische Philosoph Blaise Pascal aus dem 17. Jahrhundert dürfte mich für einen Narren halten, wenn ich heute im Zusammenhang mit seiner berühmten Wette von damals auf die atheistische Theorie der Auslöschung setzte. Er brachte vor, man solle immer darauf wetten, dass es Gott und ein Leben nach dem Tod gibt, weil der Gläubige alles gewinnen könne und nichts zu verlieren habe, während der Nichtgläubige alles verlieren und nichts gewinnen könne.[4] (Tatsächlich hat der Gläubige bei »Berings Wette«, die mit irdischer Währung handelt, beträchtlich mehr zu verlieren.) Ich setze mein Geld darauf, dass es zu dieser Art von Auferstehungsszenario nie kommen wird. Die Toten sind die Toten, nicht mehr und nicht weniger. Irgendwo auf diesem überfüllten Friedhof gegenüber meinem Fenster liegt ein dahingegangener Fleischer, dessen nun gefühllose Hände einst Mastkälber abhäuteten, Eingeweide auf den unbestellten Feldern hinter dem alten Schlachthaus entsorgten und zärtlich über die rosigen Wangen seiner Frau strichen. Inzwischen sind diese Hände nichts als vergilbte Fingerknochen, die mit zartem Moos überdeckt sind. Irgendwo unter diesen düsteren Steinen liegt auch die schönste Frau des Dorfes – sie trägt noch immer dieselbe teure Robe aus Seide und Spitze, die ihr der wohlhabende Freier zugeschickt hatte; sie hatte ihn vor hundert Jahren während eines Ferienaufenthalts in Bath kennengelernt. Doch wenn wir die Erde aufwühlen und den Deckel ihres altertümlichen Sarges wegziehen würden, dürfte keine Spur ihres einst hübschen Gesichts oder ihrer üppigen Brüste zurückgeblieben sein. Auch von den unter diesen Brüsten liegenden Lungen, durchlöchert von der Tuberkulose, die sie so vielen hoffnungsvollen jungen Männern fortnahm, würden wir keinerlei Anzeichen mehr finden.

Was dort sechs Fuß unter der fruchtbaren irischen Erde begraben liegt, *sind* nicht die Körper dieser Menschen – sie hatten ihre Körper nicht »besetzt« oder für die kurze Zeit ihres Erdendaseins von Gott geleast. Sie *waren* ihre Körper, und inzwischen sind sie meine sehr ruhigen Nachbarn auf der anderen Seite des Weges. Mithilfe unserer Fähigkeit zur Mentalisierung können wir uns jedoch in sie hineinversetzen und uns vorstellen, wie es für sie am Vorabend ihres Todes gewesen sein mag: Als sie sich darauf vorbereiteten, »vor ihren Schöpfer zu treten« und sich wieder mit ihren Lieben zu vereinen (jenen seelenlosen Steinen in der Gräberschicht unter der ihren). Allein mit sich selbst, blickten der Fleischer und die Schöne vielleicht tief in den Spiegel, starrten bohrend in die eigenen Augen und stellten sich bildlich als die Leichen vor, in die sie sich bald verwandeln würden. Und wer weiß, vielleicht fragten sie sich, wofür das alles gut gewesen war.

Tatsächlich könnten wir uns, weil auch wir früher oder später einen Herzstillstand erleiden werden, weil da ein Fleckchen Land, eine Urne oder auch ein Abschnitt der hungrigen See geduldig auf unsere leblosen Überreste wartet, genau diese Frage stellen. Der Unterschied zwischen unseren skelettierten Vorgängern und uns besteht jedoch darin, dass wir darauf eine vernünftig begründete Antwort erhalten können. Diese Antwort war zu ihrer Zeit unerreichbar, weil es die wissenschaftliche Psychologie noch nicht gab. Sie hätte es ihnen ermöglicht, die Frage richtig zu verstehen und sie deshalb als die Nichtfrage zu erkennen, die sie eigentlich ist.

Wozu war das alles gut? Am Ende ist das wahrscheinlich ein falsches Rätsel. Um das Denken Gottes sollten wir uns niemals kümmern. Wir können füreinander leben – hier und jetzt, ehe es zu spät ist, und einfühlsam Schnappschüsse aus dem Inneren unserer immer noch bewusst denkenden Köpfe miteinander teilen. Denn alle 6,7 Milliarden Köpfe umschließen eine ebenso große Zahl hypothetischer Universen, auch wenn leider die meisten von ihnen sich wie im Fieber mit den Illusionen drehen, die wir gerade zerstört haben. Doch was jemand mit seiner kurzen subjektiven Existenz anzufangen beschließt, ist allein seine Sache. Wer sich dafür entscheidet, diese warnende Fabel vom flüchtigen Leben ohne übernatürliche Konsequenzen zu ignorieren, wird nicht mit der Hölle bezahlen müssen. Nur mit verpassten Gelegenheiten. Und dann stirbt man.

Und das ist die Wahrheit. So wahr mir Gott helfe.

Dank

Seien wir realistisch – Bücher über Wissenschaft und Religion können grässlich langweilig sein. Und auf dem Markt für dieses Genre herrscht nicht gerade Mangel. Deshalb bin ich einer bestimmten Gruppe von Menschen in der Welt der Verlage besonders dankbar: Sie hörten lange genug zu, um zu bemerken, dass ich zu dem abgedroschenen Thema der Existenz Gottes möglicherweise ein wenig andere Aussagen zu machen hatte. Ohne die Unterstützung dieser Menschen würde das Buch, das Sie gerade in der Hand haben, vielleicht im Laden eines auf seltene Bücher spezialisierten Buchhändlers fleißig Spinnweben ansetzen – umrahmt von einem Dutzend obskurer, im Selbstverlag veröffentlichter Bücher über Metaphysik oder Reinkarnation oder andere undurchdringliche Ausflüsse der merkwürdigen und halluzinatorischen Anliegen eines Autors.

Eine dieser hilfreichen Persönlichkeiten ist mein Agent Peter Tallack von The Science Factory, der mich vom ersten Tag an geduldig bei der Hand nahm und mir dabei half, mich in einer Welt des Verlagswesens zurechtzufinden, die mir vollkommen fremd war. Ebenfalls hilfreich waren Angela von der Lippe und Nick Brealey, meine Lektoren bei W. W. Norton beziehungsweise Nicholas Brealey Publishing, deren kritischer und kundiger Blick mich dazu zwang, das Buch ein paarmal zu durchdenken, zu überarbeiten und umzuschreiben. Wie das Leben so spielt, bin ich mir einigermaßen sicher, dass ich in einigen Jahren – falls ich so lange lebe – mit einer gewissen Verlegenheit auf vieles zurückblicken werde, was ich in diesem Buch geschrieben habe. Ich hoffe aber, dass dieses bedauernde Erröten eher den persönlichen Anekdoten als den zentralen Argumenten geschuldet sein wird, und sicher können weder Angela noch Nick für diese unglücklichen Teile meines eigenen lächerlichen Lebens verantwortlich gemacht werden. Darüber hinaus waren auch die Lektoratsassistentinnen Laura Romain und Erica Stern von W. W. Norton an beiden Enden des Herstellungsprozesses außerordentlich hilfreich. Nicht zuletzt möchte ich mich bei meiner Schlussredakteurin Stephanie Hiebert bedanken, die bei der Bereinigung dieses Texts Wunder vollbrachte, die des Allmächtigen würdig gewesen wären.

Während ich an diesem Manuskript arbeitete, ertrugen meine Studenten sowie viele andere Menschen in meinem Alltagsleben gnädigerweise so manchen vorübergehenden Anfall von Verschrobenheit und meine gelegentliche körperliche wie auch psychische Abwesenheit. Ich kann nur hoffen, dass sie mir diese Dinge eines Tages vergeben werden. Mein Partner Juan Quiles ist trotz alledem weiterhin wunderbarerweise mit mir zusammen. Sehr dankbar bin ich auch für die vielen Freunde, Familienmitglieder und Kollegen, die großzügig ihre Zeit zur Verfügung stellten und frühe Versionen einzelner Kapitel (in manchen Fällen auch das vollständige Manuskript) lasen. Ihre klaren Kommentare und Ideen halfen, dem Endprodukt Gestalt zu geben. Dazu gehören neben anderen David Bjorklund, Paul Bloom, Joseph Bulbulia, Nicholas Epley, Margaret Evans, Gordon Gallup, Marc Hauser, Nicholas Humphrey, Dominic Johnson, Deborah Kelemen, Shadd Murana, Karen Schrock, Todd Shackelford, David Sloan-Wilson, Richard Sosis, Paulo Sousa, Henry Wellman und Harvey Whitehouse. Meine früheren und aktuellen Doktoranden am Institute of Cognition and Culture an der Queen's University in Belfast, besonders Natalie Emmons, David Harnden-Warwick, Bethany Heywood, Gordon Ingram, Hillary Lenfesty, Jared Piazza, Lauren Swiney, Claire White und Neil Young, haben mein Denken durch ihre klugen Einsichten und innovativen Forschungsideen erheblich beeinflusst.

Und weil der Ablauf der theoretischen Geschichte mich ganz einfach dorthin mitnahm, wo er hinführte, möchte ich schließlich noch meinen ganz besonderen Dank für all jene begabten Gelehrten zum Ausdruck bringen, die ich unbeabsichtigt dadurch gekränkt habe, dass ich ihr Werk im vorliegenden Buch nicht genannt habe. Es gibt wahrscheinlich viele und verschiedenste ansonsten liebenswürdige Intellektuelle und Wissenschaftler, die deswegen meinen Kopf fordern dürften.

Anmerku

Einführung

1 In vielen
wenig schw
meinen klei
geschworenen Eides interpretieren, der da lautet: »Schwörst du, die Wahrheit zu sagen, die ganze Wahrheit und nichts als die Wahrheit, so wahr dir Gott helfe?« Und in der Welt der alten Hebräer gab es den ähnlichen »Eid der Lenden« – wobei »Lenden« die höfliche Umschreibung für die baumelnden Dinger eines Mannes war. Denn angeblich rief man durch Berührung der Sexualorgane die Familiengeister an (die ein persönliches Interesse an den aus diesen speziellen Lenden entsprungenen Samen hatten), was sicherstellte, dass der Zeuge keine Schwindeleien vorbrachte. Mir ist dieses ältere Ritual fast lieber, da es eher mit der Evolutionsbiologie übereinstimmt. Allgemein aber überzeugt der Schwur auf Gott, wie immer er ausgeführt werden mag, andere gewöhnlich davon, dass jemand die Wahrheit sagt. Wie wir aus kontrollierten Studien mit vorgetäuschten Eiden wissen, wird eine Person, die vor ihrer Aussage auf die Bibel schwört – oder sie besser noch küsst –, von der Jury als beträchtlich glaubwürdiger wahrgenommen.

Psychologisch gesehen, geschieht eine ganze Menge, wenn wir in dieser Weise bei Gott schwören – zumindest dann, wenn wir es aufrichtig meinen. Ganz oben auf der Liste steht hier die Annahme, dass man vielleicht seine Mitmenschen narren kann, nicht aber Gott. Gott allein *weiß es*. Wie der in den 1920er-Jahren tätige schweizerische Psychologe Pierre Bovet argumentierte, würden Kinder die Bedeutung von Gottes Allwissenheit erstmals dann begreifen, wenn sie erkennen, dass ihre Eltern nicht so allwissend sind, wie sie einmal geglaubt hatten. Das heißt, irgendwann in der frühen Kindheit kommt jedes Kind darauf, dass auch die schlauesten Mütter und Väter durch Lug und Trug getäuscht werden können. Gott dagegen nicht. Bovet zufolge wird Gott dementsprechend zu einer Art hellerer Glühbirne, durch welche die eher schwache oder zumindest fehleranfällige Elterngestalt abgelöst wird.

Ein Versuch von Justin Barrett und Kollegen liefert eine gewisse Bestätigung für Bovets Annahmen. In dieser Studie zeigte man Kindern, dass eine geschlossene Schachtel mit Salzgebäck in Wahrheit eine Handvoll Steine enthielt. Nach dem üblichen »Ätsch-reingelegt«-Gelächter fragte man sie, was ihre Mutter in der Schachtel vermuten würde, wenn sie sie einfach nur sähe (schütteln nicht erlaubt), und auch, was Gott, eine Ameise, ein Baum oder ein Bär davon halten würden. Dreijährige waren selbstbezogen und antworteten für all diese Figuren »Steine«. Sie meinten, wenn sie etwas wüssten, müssten das alle anderen auch wissen – egal, ob jemand einen Subaru fährt und dabei aufgeschäumten Milchkaffee aus dem Pappbecher schlürft, im September die Blätter abwirft, ein kleineres Gehirn als eine Hausstaubmilbe hat oder einer mit Hiob spielt, als wäre der eine Maus zwischen seinen Pfoten. Tatsächlich wissen Entwicklungspsychologen schon seit Langem, dass Kinder bis etwa zum vierten Lebensjahr Schwierigkeiten haben, die Perspektive eines anderen einzunehmen. Ihnen kommt es vielmehr so vor, als würde die ganze Welt durch ihre eigenen Augen schauen. Dagegen konnten ältere Kinder unterscheiden, was diese Figuren wissen konnten und was nicht. Während Gott in das Geheimnis der Steine eingeweiht war, argumentierten sie, würden die anderen ebenso getäuscht wie sie selbst und Salzgebäck in der Schachtel vermuten. (Na schön, mit Ausnahme des Bären, der nach Ansicht von wenigen besonders schlauen Kindern vielleicht riechen konnte, dass da kein Futter drin war.) Besonders interessant an diesen Befunden ist, wie die Autoren hervorheben, dass Kinder, um »Gott richtig zu erfassen«, lediglich weiterhin wie Dreijährige antworten müssen – ein Hinweis, dass uns unsere natürliche Selbstbezogenheit entwicklungsmäßig darauf vorbereitet, sich einen Begriff von Gottes allwissendem Geist zu machen. Justin L. Barrett, Rebekah A. Richert und Amanda Driesenga, God's Beliefs versus Mother's: The Development of Nonhuman Agent Concepts, *Child Development* 72 (2001): 50–65.

2 In einer der wenigen theoretischen Arbeiten zur Frage der existenziellen Sorgen unserer nächsten lebenden Verwandten postulierten die Psychologen Jack Maser und Gordon Gallup vor zwei Jahrzehnten, der Glaube an Gott sei in erster Linie durch die Angst vor dem Tod motiviert. Ein Organismus, der sich seiner selbst bewusst und mit dem Tod eines Artgenossen konfrontiert ist, sollte in der Lage sein, den nächsten logischen Schritt zu vollziehen und sich ein Nicht-Selbst oder den eigenen Tod vorzustellen. Überdies besitzen Schimpansen ein Bewusstsein. Möglicherweise sind sie sogar imstande, sich einen Gott vorzustellen, aber wenn sie nicht vorher wissen, dass sie sterben werden, besteht kein besonderer Grund, dass die Vorstellung von Gott zu einem bedeutsamen Merkmal ihres Lebens wird. Maser und Gallup, Theism as a By-product of Natural Selection, *Journal of Religion* 70 (1990), 515–532.

3 Miguel de Unamuno, *Das tragische Lebensgefühl* (München: Meyer & Jessen, 1925), 27.

4 Richard Dawkins, *Der Gotteswahn* (Berlin: Ullstein, 2010), 239, 242.

Die Geschichte einer Illusion

1 Rosamond Kent Sprague (Hrsg.), *The Older Sophists: A Complete Translation by Several Hands of the Fragments in Die Fragmente der Vorsokratiker, edited by Diels-Kranz. With a New Edition of Antiphon and of Euthydemus* (Columbia: University of South Carolina Press, 1972; Indianapolis, IN: Hackett, 2001), 32.

2 Ebd., 39.

3 Ebd., 37.

4 Nicholas Humphrey, The Society of Selves, *Philosophical Transactions of the Royal Society of London. Series B, Biological Sciences* 362 (2007): 745–754.

5 Damit ist sicherlich nicht gesagt, dass andere Spezies keine Einsamkeit erleben können. Ein an einen Baum gebundener

Hund, der von seinem Besitzer vernachlässigt wird, macht große Angst durch. Die durch Generationen künstlicher Selektion domestizierten Hunde sind für ein Leben in der Gesellschaft von Menschen gemacht, die sich um sie kümmern. Und auch die meisten Primaten leiden, wie die berühmt-berüchtigten Experimente des Psychologen Harry Harlow an sozial vernachlässigten Makaken in den 1960er-Jahren umfassend gezeigt haben, an schweren psychischen Stresssymptomen, wenn man sie für längere Zeit physisch von anderen trennt. [Harry F. Harlow, Robert O. Dodsworth und Margaret K. Harlow, Total Social Isolation in Monkeys, *Proceedings of the National Academy of Sciences*, USA 54 (1965): 90–97.] Und Menschen sind da keine Ausnahme. Als Folgen von Einzelhaft bei Strafgefangenen können sich Gedächtnisverlust, schwere Angststörungen, Halluzinationen und Wahnvorstellungen einstellen. In diesen eher konventionellen Fällen physischer Einsamkeit ist der sozial isolierte Organismus unzureichend daran angepasst, in einem Klima völliger sozialer Vernachlässigung zu überleben. Bei der Art »intersubjektiver« Einsamkeit, für die wir uns hier interessieren – das Denken anderer ist einfach nur auf unerträgliche Weise unerreichbar –, geht es um etwas anderes.

6 W. B. Yeats (1949), zitiert in Christopher Ricks, *Keats and Embarrassment* (Oxford: Oxford University Press, 1976), 64.

7 Gorgias mag vielleicht der erste *offizielle* Solipsist gewesen sein. Zweifelhaft bleibt aber, ob er der erste Mensch überhaupt war, der naiv über solche Überlegungen gestolpert ist. In seinem Buch *Spielarten des Geistes* (Goldmann, 2001) berichtet der Philosoph Daniel Dennett, dass etwa 30 Prozent seiner Studenten behaupten, sie hätten die Existenz eines Geistes bei anderen spontan infrage gestellt – lange bevor sie etwas von der formalen Vorstellung des Solipsismus erfahren hätten. So beschreiben diese Studenten beispielsweise, in einem besonderen Moment ihrer Kindheit hätten sie die Menschen in ihrer Umgebung mit skeptischen Blicken betrachtet und die Augen der anderen gesucht, um dort den unwiderleglichen Schimmer einer Seele zu entdecken.

8 Daniel M. Wegner, Betsy Sparrow und Lea Winerman, Vicarious Agency: Experiencing Control over the Movements of Others, *Journal of Personality and Social Psychology* 86 (2004): 838–848.

[9] Gordon G. Gallup jr. und Steven M. Platek, Cognitive Empathy Presupposes Self-awareness: Evidence from Phylogeny, Ontogeny, Neuropsychology, and Mental Illness, *Behavioral and Brain Sciences* 25 (2002): 36–37.

[10] Fernando Pessoa, *Das Buch der Unruhe des Hilfsbuchhalters Bernardo Soares* (Zürich: Ammann, 2003), 309.

[11] Paul Bloom, *Descartes' Baby: How the Science of Child Development Explains What Makes Us Human* (New York: Basic Books, 2004), 177–178.

[12] Peter Koval, Joonha Park und Nick Haslam, Human, or Less than Human? *In-Mind* (13. April 2009), www.in-mind.org/issue-8/human-or-less-than-human.html.

[13] Selbstverständlich haben sich vor Dennett schon viele andere Denker mit der Frage des Denkens anderer befasst (Thomas Hobbes, John Stuart Mill, Sir William Hamilton, Friedrich Nietzsche und Bertrand Russell, um nur einige zu nennen). Doch Dennett hat als Erster den evolutionären Hintergrund dieser Fähigkeit zum Nachdenken über das Denken aufgespürt und erkannt, dass sie für Evolutionstheoretiker und Biologen ebenso ein Thema ist, wie sie es für Philosophen war.

[14] Daniel C. Dennett, *Spielarten des Geistes* (München: Goldmann, 2001), 41.

[15] Alison Gopnik, Andrew N. Meltzoff und Patricia K. Kuhl, *Forschergeist in Windeln* (München: Piper, 2003), 20.

[16] Jane Goodall, Learning from the Chimpanzees: A Message Humans Can Understand, *Science* 282 (1998): 2184–2185.

[17] A Self Worth Having: An Interview with Nicholas Humphrey, *Edge: The Third Culture* (30. Juni 2003), www.edge.org/3rd_culture/humphrey04/humphrey04_index.html. Ironischerweise gelang dieser bedeutende Beitrag zum Verständnis der kognitiven Evolution des Menschen im Schatten eines Familienstammbaums, an dem sich ein sehr berühmter Zweig befindet. Nicholas Humphrey ist zwar kein direkter Nachfahre von Charles Darwin, kommt ihm aber sehr nahe – er kann seine Abstammungsgeschichte bis hin zum berühmtesten Wissenschaftler aller Zeiten zurückverfolgen. Humphreys Darstellung zufolge heiratete der Bruder seiner Großmutter, Geoffrey Keynes, Darwins Enkelin Margaret Darwin.

[18] David Premack und Guy Woodruff, Does the Chimpanzee

Have a ›Theory of Mind?‹ *Behavioral and Brain Sciences* 1 (1978): 515–526.

19 Frans B. M. de Waal, Cultural Primatology Comes of Age, *Nature* 399 (1999): 635.

20 Zitiert aus C. Dreifus, Going Ape, *Ms.* 9, Nr. 5 (August/September 1999): 48–54.

21 Charles Darwin, *Die Abstammung des Menschen und die geschlechtliche Zuchtwahl* (Stuttgart: E. Schweizerbart'sche Verlagshandlung, 2. Band, 3. Aufl. von 1875), S. 367. Quelle: http://www.biolib.de.

22 Roger S. Fouts, Apes, Darwinian Continuity, and the Law, *Animal Law* 10 (2004): 99–124.

23 Ebd.

24 Derek Bickerton, Darwin's Last Word: How Words Changed Cognition, *Behavioral and Brain Sciences*, 31 (2008): 132.

25 Frederick L. Coolidge und Thomas Wynn, *The Rise of* Homo sapiens: *The Evolution of Modern Thinking* (Malden, MA; Wiley-Blackwell, 2009), 192–193.

26 Daniel Povinelli, Jesse M. Bering und Steve Giambrone, Toward a Science of Other Minds: Escaping the Argument by Analogy, *Cognitive Science* 24 (2000): 509–541.

27 Daniel Povinelli und Timothy J. Eddy, What Young Chimpanzees Know about Seeing, *Monographs of the Society for Research in Child Development* 61, Nr. 3 (1996).

28 Christophe Boesch, What Makes Us Human (*Homo sapiens?*) The Challenge of Cognitive (Cross-Species) Comparison, *Journal of Comparative Psychology* 121 (2007): 227–40 (kursive Hervorhebungen von Jesse Bering).

29 Brian Hare, Josep Call, Bryan Agnetta und Michael Tomasello, Chimpanzees Know What Conspecifics Do and Do Not See, *Animal Behavior* 59 (2000): 771–786.

30 Josep Call und Michael Tomasello, Does the Chimpanzee Have a Theory of Mind? 30 Years Later, *Trends in Cognitive Sciences* 12 (2008): 187–92.

31 Derek C. Penn und Daniel J. Povinelli, On the Lack of Evidence that Non-human Animals Possess Anything Remotely Resembling a ›Theory of Mind‹. *Philosophical Transactions of the Royal Society of London. Series B, Biological Sciences* 362 (2007): 731–744.

32 Child Star, Now Grown up, Re-leases ›Red Balloon‹ (Inter-

view with Pascal Lamorisse), *National Public Radio* (14. Dezember 2007), www.npr.org/templates/story/story.php?storyId=17253102.

33 György Gergely und Gergely Csibra, Teleological Reasoning in Infancy: The Naïve Theory of Rational Action, *Trends in Cognitive Sciences* 7 (2003): 287–292.

34 Fritz Heider und Marianne Simmel, An Experimental Study of Apparent Behavior, *American Journal of Psychology* 57 (1944): 243–259. Wer probieren will, ob er vermeiden kann, den Bildschirmfiguren diese menschenähnlichen Eigenschaften zuzuschreiben, kann sich den Trickfilm von Heider und Simmel online ansehen. Während der Arbeit an diesem Buch war der Streifen auf YouTube leicht abzurufen.

Ein Leben ohne Sinn und Zweck

1 Charles Darwin *Mein Leben* (Frankfurt/M.: Insel, 1993), 97.

2 Jean-Paul Sartre, *Die Wörter* (Übersetzung Hans Mayer, Frankfurt/M.: Suhrkamp, 1980), 78.

3 Leider wissen wir sehr wenig darüber, was auf dieser Stufe dazu führt, dass der eine eher zum Atheisten wird, der andere dagegen zum Gläubigen – selbst wenn beide gemeinsam aufwachsen, die gleiche allgemeine Erziehung teilen und den gleichen elterlichen Glaubensinhalten ausgesetzt sind. Selbstverständlich liegt das nicht allein an den Genen, denn selbst vererbbare Züge werden durch die Umgebung tief greifend beeinflusst. Erlernte Werte, Ideologien und Glaubenssysteme können jedoch beträchtliche Stärke annehmen, wenn sie sich im Kopf eines genetisch besonders empfänglichen Trägers einnisten. So gibt es Hinweise, dass die Persönlichkeitsvariable *Religiosität* (im Prinzip das Ausmaß der Leidenschaft, die jemand gegenüber religiösen Themen tendenziell entwickelt, wo immer sie auf der Glaubensskala liegen mag) weitgehend genetisch festgelegt ist. Ein Zwillingsbruder ist vielleicht ein Prediger der Evangelikalen, während der andere ein lautstarker Atheist ist, doch diese genetischen Daten tragen zur Erklärung bei, weshalb beide so aufgeregt und betroffen wegen Gott sind.

4 Jean-Paul Sartre, *Ist der Existentialismus ein Humanismus?* (Zürich: Europa Verlag, 1947), 12.

5 In anderen Werken wie *Die Fliegen* (1946) zielt Sartre auf das Dilemma der Moral in Abwesenheit einer von Gott entworfenen menschlichen Natur. Damit nimmt er die vielen ernsthaften Ansätze jüngerer Evolutionstheoretiker vorweg, die vorbringen, Gut und Böse, Seele, Leben nach dem Tod und Gott seien eher Gespenster der in der Evolution entstandenen menschlichen Psyche als ontologische Realitäten. Doch anders als Sartre bemühen sich viele dieser heutigen Autoren, eine nicht deterministische Moral zu artikulieren, die dem freien Willen einen gewissen Raum gibt. Das liegt daran, dass die Evolutionspsychologie, wenn man ihr bis zu ihrer vollständigen logischen Schlussfolgerung folgt, nur zu einer deterministischen Moralphilosophie führen kann. Das soll nicht heißen, dass evolutionäre Prozesse an sich deterministisch sind – sie laufen vielmehr »epigenetisch« ab (sie werden bidirektional von der Genetik und von Umweltfaktoren in Gang gehalten).

Wo es jedoch um das eingegrenzte Sozialverhalten einzelner Menschen geht und um die psychischen Kräfte, die für dieses Verhalten verantwortlich sind, ist das subjektive Selbst nicht imstande, das biologische Schicksal dieser Person zu beeinflussen. Wenn beispielsweise ein Mann mittleren Alters eine Prostituierte aufsucht, so liegt das daran, dass seine Entscheidung mit seinem aktuellen physischen Zustand übereinstimmt. Diese hat sich als Folge der einzigartigen Erfahrungen seiner Entwicklung ergeben, welche innerhalb einer bestimmten kulturellen Umgebung in Wechselbeziehung mit seinem bestimmten ererbten Genotyp standen, den er wiederum von seinen speziellen Eltern mitbekommen hat, die ihrerseits genetische Varianten ähnlicher Züge von ihren eigenen speziellen Eltern geerbt haben und so weiter und so fort. Zudem handelte das Gehirn dieses Mannes, ohne zuvor sein Bewusstsein konsultiert zu haben; vielmehr aktivierte sein neurokognitives System aus der Evolution hervorgegangene Verhaltensalgorithmen, die wiederum – entweder normal oder irrtümlich – auf eine Weise reagierten, die in der Vergangenheit den genetischen Erfolg seiner Vorfahren begünstigt hatten. Das Ich dieses Mannes spielt in den sexuellen Angelegenheiten seines Körpers nur den Zuschauer – es gibt also keinen, den man für sein Verhalten persönlich verantwortlich machen könnte, selbst wenn er seine Frau vielleicht der Gefahr einer sexuell übertragbaren Krankheit aussetzt oder eine junge Drogenabhängige für sein eigenes Vergnügen ausbeutet. Es gibt hier nur die Verkörperung eines Mannes, der nicht fähig ist, in irgendeiner Weise gegen seine ganz spezielle Natur zu handeln – diese ist aus einer allgemeineren Natur abgeleitet.

In diesem Sinn stellt die evolutionäre Psychologie die Antithese zu Sartres humanistischer These dar – bei ihr ist das Ich nur ein armer Irrer, der glaubt, in einem moralischen Spiel mitzuspielen, während er in Wahrheit lediglich ein emotional beteiligter Zuschauer ist. So wie Sartre sich über jede religiöse Darstellung einer von Gott absichtlich hergestellten menschlichen Natur lustig machte, spottete er auch über jede biologische Darstellung einer universellen menschlichen Natur. Aus seiner Sicht – die berechtigt war, wenn man sich die vollständigen philosophischen Implikationen des komplexen Zusammenwirkens von Biologie, Genetik und Psychologie bewusst macht – würde eine biologische Erklärung den Einzelnen in moralischer Hinsicht von seiner Verantwortung entbinden. Denn in welcher Weise hätte der Einzelne, wenn es in der Realität so etwas wie einen freien Willen nicht gibt, auf die Reize, denen er ausgesetzt war, anders reagieren können? Anderen Verantwortung zuzuschreiben wird zur bloßen gesellschaftlichen Konvention, die lediglich eine naive Psychologie der jeweiligen Verhaltensursachen widerspiegelt.

6 Rick Warren, *Leben mit Vision: Wozu um alles in der Welt lebe ich?* (Asslar: Projektion J, 2004), 18.

7 Steve Paulson, The Flying Spaghetti Monster (Interview mit Richard Dawkins), *Salon* (13. Oktober 2006), www.salon.com/books/int/2006/10/13/dawkins.

8 Heute gibt es sicherlich viele Wissenschaftler, die zwar sehr gut über äußerst komplexe Fragen im Zusammenhang mit der Evolutionsbiologie informiert sind, aber weiterhin subtile (oder nicht ganz so subtile) Verfechter einer Art »Naturtheologie« bleiben – einem quasiwissenschaftlichen Zweig religiöser Forschung, der in zeitgemäßen Ausdrucksformen versucht, Gottes kreative Absichten bei der »Steuerung« der Evolution zu verstehen. Die Irrtümer der Naturtheologie

werden in Kapitel 3 dieses Buches genauer erörtert. Doch ganz allgemein gibt es natürlich viele Menschen, für die evolutionäre Logik und religiöser Glaube nicht offensichtlich unvereinbar sind und die anscheinend nicht unter Konflikten oder Spannungen leiden, wenn sie Erstere unterstützen, ohne gleichzeitig Letztere aufzugeben.

9 Simone de Beauvoir, *Die Zeremonie des Abschieds* (Reinbek: Rowohlt, 2004), 559 (Hervorhebung von Bering).

10 Albert Camus, *Der Fall* (Berlin: Berliner Wissenschaftsverlag, 2009), 15.

11 David Albert Jones, *The Soul of the Embryo: An Enquiry into the Status of the Human Embryo in the Christian Tradition* (London: Continuum, 2004), 11.

12 Hiob 10:9–11.

13 William James, Thought before Language: A Deaf-Mute's Recollection, *Philosophical Review* 1 (1892): 613–624.

14 Ebd.

15 Ebd.

16 Tatsächlich übte d'Estrella großen Einfluss auf den Impressionisten Granville Redmond aus, nachdem dessen Eltern ihren hörbehinderten Sohn auf diese Schule geschickt hatten. Redmond wiederum freundete sich als Erwachsener mit dem Stummfilmstar Charlie Chaplin an, der seine Gemälde bewunderte. Schließlich wurde die Verbindung so eng, dass Chaplin einige der – von keinem Geringeren als d'Estrella übernommenen – übertriebenen Gesten seines tauben Gefährten in seine berühmten pantomimischen Filmnummern einbaute.

17 James, Thought before Language.

18 Jean Piaget, *Das moralische Urteil beim Kinde* (Stuttgart: Klett-Cotta, 1983), 307.

19 Deborah Kelemen, Are Children ›Intuitive Theists‹?: Reasoning about Purpose and Design in Nature, *Psychological Science* 15 (2004): 295–301.

20 Krista Casler und Deborah Kelemen, Developmental Continuity in the Teleo-Functional Explanation: Reasoning about Nature among Romanian Romani Adults, *Journal of Cognition and Development* 9 (2008): 340–362.

21 Tania Lombrozo, Deborah Kelemen und Deborah Zaitchik, Inferring Design: Evidence of a Preference for Teleological

Explanations in Patients with Alzheimer's Disease, *Psychological Science* 18 (2007): 999–1006.

22 Deborah Kelemen, Maureen A. Callanan, Krista Casler und Deanne R. Pérez-Granados, Why Things Happen: Teleological Explanation in Parent-Child Conversations, *Developmental Psychology* 41 (2005): 251–264.

23 E. Margaret Evans, Beyond Scopes: Why Creationism Is Here to Stay, in: *Imagining the Impossible: Magical, Scientific and Religious Thinking in Children*, Hrsg. Karl S. Rosengren, Carl N. Johnson und Paul L. Harris (Cambridge: Cambridge University Press, 2000): 305.

24 Kayoko Inagaki und Giyoo Hatano, Young Children's Conception of the Biological World, *Current Directions in Psychological Science* 15, Nr. 4 (August 2006): 177–181.

25 Albert Camus, *Der Mythos von Sisyphos* (Düsseldorf: Karl Rauch Verlag, 1950), 112.

26 Jeanette Walls, Gossip, MSNBC (27. November 2006), www.msnbc.msn.com/id/15516583.

27 Bill O'Reilly, *A Bold Fresh Piece of Humanity* (New York: Broadway Books, 2008), 242.

28 Ebd., 254.

29 Briefe an Asa Gray, 8. oder 9. Februar 1860. In: Frederick Burckhardt und Sydney Smith, Hrsg., *The Correspondence of Charles Darwin*, Band 8, 1860 (Cambridge: Cambridge University Press, 1993), 275.

30 CNN-Interview mit Osama bin Laden vom März 1997, FindLaw, http://news.findlaw.com/hdocs/docs/binladen/binladen-intvw-cnn.pdf (Abruf am 7. November 2004).

31 Paula Hancocks, Kids TV Praises Gaza Mom's Suicide Bombing, CNN (16. Juli 2009), http://edition.cnn.com/2009/WORLD/meast/07/15/tv.show/index.html?iref=allsearch.

32 Obama's Religious Beliefs: An Interview with Barack Obama on His Religious Views, WantToKnow.info (March 27, 2004), www.wanttoknow.info/008/obama_religious_beliefs_views.

33 Tim P. German und H. Clark Barrett, Functional Fixedness in a Technologically Sparse Culture, *Psychological Science* 16 (2005): 1–5.

34 Jean-Paul Sartre, *Saint Genet, Komödiant und Märtyrer* (Rowohlt: Reinbek 1997).

35 Miss California Sparks Furor with Gay Marriage Comments

on Miss USA Telecast, FOXNews.com (20. April 2009), www.foxnews.com/entertainment/2009/04/20/misscalifornia-sparks-furor-gay-marriage-comments-miss-usa-telecast.

36 Ebd.

37 Richard Dawkins, *Der Gotteswahn*, 402.

38 Fjodor Dostojewski, *Tagebuch eines Schriftstellers* (München: Piper, 2008), 259.

Zeichen, Zeichen, überall Zeichen

1 Brett Martel, Storms Payback from God, Nagin Says, *Washington Post* (17. Januar 2006), www.washingtonpost.com/wp-dyn/content/article/2006/01/16/AR2006011600925.html.

2 Banesh Hoffman, *Albert Einstein: Creator and Rebel* (New York: Plume, 1972), 146.

3 Das war einer der zentralen Punkte in William James' Buch *Die Vielfalt religiöser Erfahrung* (1902): Ihm zufolge ist Religion ihrem Wesen nach eine individuelle, persönliche Angelegenheit. James empörte sich in einer wohlüberlegten Revolte gegen die zu seiner Zeit (wie auch heute) vorherrschende, übertrieben simple Verkürzung innerhalb der Wissenschaft. Sie reduzierte Gott tendenziell auf eine Macht, die sich nicht mit menschlichen Einzelinteressen befasst: »Der Gott, den die Wissenschaft anerkennt, muss ausschließlich ein Gott universaler Gesetze sein, ein Gott, der einen Welthandel und keinen Krämerladen betreibt. Er kann nicht seine Prozesse der Bequemlichkeit von Individuen akkommodieren.« *Die Vielfalt religiöser Erfahrung: Eine Studie über die menschliche Natur* (Olten, Freiburg/Breisgau: Walter-Verlag, 1979), 455.

4 Simon Baron-Cohen, *Mindblindness: An Essay on Autism and Theory of Mind* (Cambridge, MA: MIT Press, 1997).

5 Simon Baron-Cohen, The Cognitive Neuroscience of Autism: Implications for the Evolution of the Male Brain (2000), http://autismresearchcentre.com/docs/papers/2000_BC_cognitive.pdf (aufgerufen am 26. November 2008).

6 Digby Tantum, Adolescence and Adulthood of Individuals with Asperger Syndrome, in: *Asperger Syndrome*, Hrsg. Ami Klin, Fred R. Volkmar und Sara S. Sparrow (New York: Guilford, 2002), 382.

[7] Temple Grandin, *Thinking in Pictures: And Other Reports from My Life with Autism* (New York: Doubleday, 1995), 189.

[8] Ebd., 191.

[9] Ebd., 200.

[10] Edgar Schneider, *Discovering My Autism: Apologia Pro Vita Sua (with Apologies to Cardinal Newman)* (London: Kingsley, 1999), 54.

[11] Ebd., 72.

[12] Ebd., 73.

[13] Harvey Whitehouse, *Modes of Religiosity: A Cognitive Theory of Religious Transmission* (Lanham, MD: AltaMira, 2004).

[14] Jonathan Kenneth Burns, An Evolutionary Theory of Schizophrenia: Cortical Connectivity, Metarepresentation, and the Social Brain, *Behavioral and Brain Sciences* 27 (2004): 840.

[15] Albert Camus, *Der erste Mensch* (Reinbek bei Hamburg: Rowohlt, 2001), 366.

[16] Tamar Szabó Gendler, Alief and Belief, *Journal of Philosophy* 105 (2008): 634–663.

[17] Ryan T. McKay and Daniel C. Dennett, The Evolution of Misbelief, *Behavioral and Brain Sciences* 32 (2009): 493–561.

[18] Schimpansen zeigen im Zusammenhang mit dem Tod von Artgenossen einige recht rätselhafte Verhaltensweisen, und die Kognitionstheoretiker müssen erst noch ernsthafte Beiträge zu der Debatte beisteuern, was bei diesen Reaktionen auf den Tod eigentlich abläuft. Wie der Primatenethologe Frans de Waal demgegenüber provokativ feststellt, reagieren Schimpansen, wenn sie sehen, wie das Leben eines vertrauten Individuums zu Ende geht, möglicherweise emotional, als würden sie, wenn auch undeutlich, wahrnehmen, was der Tod bedeutet [*Wilde Diplomaten. Versöhnung und Entspannungspolitik bei Affen und Menschen* (München: dtv, 1993)]. Der Tod eines anderen, mit dem ein Tier emotional verbunden ist, kann sicherlich zu äußerlichen Anzeichen von intensivem Kummer oder gar Trauer führen. Diese Emotionen werden jedoch nicht zwangsläufig dadurch ausgelöst, dass bewusst wird, was der Tod *bedeutet* – möglicherweise ist es auch eine angsterfüllte Reaktion auf den plötzlichen und unerwarteten Abbruch der Bindungsbeziehung. Beispielsweise ist die Mutter-Kind-Bindung bei nichtmenschlichen Primaten so stark, dass die ästhetischen Schrecknisse der Zersetzung durch die emo-

tionale Bindung scheinbar unterdrückt werden – Mütter tragen die Skelette ihrer gestorbenen Kinder oft weiter, bis der kleine Körper wirklich zerfallen ist. Doch de Waals Aussage bezieht sich mehr auf die Reaktionen von Schimpansen auf gestorbene Gruppenmitglieder als auf tote Abkömmlinge oder eine gestorbene Mutter. Über die Reaktion einer Schimpansengruppe auf den Tod eines von Rivalen schwer verwundeten ehemaligen Alphamännchens schreibt er: »Während der Zeit, da Luits Körper in seinem Käfig lag, waren sie völlig ruhig. Am folgenden Morgen hörte man sogar zur Fütterungszeit kaum einen Ton. Erst nachdem der Körper aus dem Gebäude getragen worden war, wurde die vokale Aktivität wieder aufgenommen.« [Ebd., 70.]

Der Primatologe Geza Teleki schildert detailliert, wie eine Gruppe Schimpansen in Gombe auf den zufälligen Tod eines der Ihren reagierte: Zuerst kam es zu lärmendem Imponiergehabe und einer ansteckenden Angstreaktion, gefolgt von einer Periode tiefer Stille, sorgfältiger visueller Untersuchung und allgemeiner Aufmerksamkeit in Richtung auf den Körper; nach mehreren Stunden auf den Leichnam konzentrierter Aktivität schließlich zogen sich die verbliebenen Gruppenmitglieder zögernd zurück [Group Responses to the Accidental Death of a Chimpanzee in Gombe National Park, Tanzania, *Folia Primatologica* 20 (1973): 81–94].

Doch bevor wir Schimpansen eine bewusste Todesvorstellung zubilligen, müssen wir aufpassen, dass wir nicht Opfer unserer eigenen anthropomorphisierenden Mentalisierung werden. Was machen wir mit der »zeremoniellen« Versammlung von Elstern in Reaktion auf den plötzlichen Tod eines anderen Vogels? Sind wir bereit zu sagen, auch sie hätten eine vage Vorstellung von dem, was Tod »bedeutet«? Angesichts dessen, was wir über die angebliche Blindheit anderer Tiere für die psychischen Vorgänge bei Artgenossen erfahren, sollten wir auf dieser Stufe vielleicht vorsichtshalber davon ausgehen, dass weder Schimpansen noch Elstern über die notwendige kognitive »Verdrahtung« verfügen, um sich den Tod als Ende der persönlichen Existenz vorstellen zu können. Eher dürften beide Spezies eine Reaktion zeigen, die ihr grundlegendes Verständnis wahrnehmbarer Hinweise auf Belebtheit (Bewegung aus eigenem Antrieb, Atmung usw.) in Verbindung mit dem unerwarteten Ende einer sozialen Beziehung reflektiert. Dass die Toten erlebt werden, als gäben sie den Lebenden Botschaften in Form natürlicher Ereignisse, dürfte bei anderen Spezies jedenfalls ein unwahrscheinliches psychisches Merkmal darstellen.

[19] Justin L. Barrett, *Why Would Anyone Believe in God?* (Lanham, MD: AltaMira, 2004); Stewart Guthrie, *Faces in the Clouds: A New Theory of Religion* (New York: Oxford University Press, 1993).

[20] International Angel Day with Doreen Virtue and Charles Virtue, Hay House, www.hayhouse.com/event_details.php?event_id=695.

[21] Doreen Virtue and Charles Virtue, *Signs from Above: Your Angels' Messages about Your Life Purpose, Relationships, Health, and More* (New York: Hay House, 1999), 45.

[22] Jesse M. Bering and Becky D. Parker, Children's Attributions of Intentions to an Invisible Agent, *Developmental Psychology* 42 (2006): 253–262.

[23] Ein neuerer Satz unveröffentlichter Daten der Psychologen Florian Kiessling und Yvan Russell von der Universität Oxford zeigt in der Tat, dass Kinder im Vorschulalter »unsichtbar« wahrscheinlich eher als »abwesend« und nicht als »durchsichtig« verstehen. [»Theory of Mind and Religion« (der Aufsatz wurde auf der Zweiten Konferenz zur Erklärung der Religion (EXREL) am Center for Anthropology and Mind der Universität Oxford 2009 vorgestellt)]. Somit ergibt es einen Sinn, wenn sie außerstande sind, Prinzessin Alice als Ursache des fallenden Bildes und der flackernden Lampe zu sehen. Denn wie könnte sie auf Gegenstände im Raum einwirken, wenn sie gar nicht darin ist?

[24] Selbstverständlich wurden alle Kinder nach der Teilnahme an der Studie »aufgeklärt« – der Experimentator machte jedem Kind klar, dass Prinzessin Alice nur vorgetäuscht gewesen war. Außerdem führte er vor, wie das Bild durch Entfernen des Magneten auf der Rückseite der Tür zum Absturz und das Licht durch eine Fernsteuerung zum Flackern gebracht worden waren. Dennoch behaupteten einige Eltern, dass Kinder aus der Versuchsgruppe, nachdem in ihrer Wohnung ähnliche unerwartete Vorfälle (wie flackernde Glühbirnen oder durchgebrannte Sicherungen)

geschehen waren, spontan Prinzessin Alice als Ursache nannten. Allerdings ist nicht klar, ob sie das ernst meinten oder nur scherzten. Es ist jedoch bemerkenswert einfach, neue, schwer auszulöschende übernatürliche Wesen zu erschaffen. So hat die Psychologin Jacqueline Woolley von der Universität von Texas zusammen mit ihren Kollegen für ihre Studie eine Halloween-Figur namens »The Candy Witch« (Zuckerhexe) erfunden und festgestellt, dass bei vielen Kindern noch ein Jahr nach der Studie der Glaube daran sehr ausgeprägt war – besonders bei den Kindern, die von der Zuckerhexe im Rahmen des ursprünglichen Experiments »Besuch« bekommen hatten. [Jacqueline D. Woolley, Elizabeth A. Boerger und Arthur B. Markman, A Visit from the Candy Witch: Factors Influencing Young Children's Belief in a Novel Fantastical Being, *Developmental Science* 7 (2004): 456–468.]

25 Josef Perner und Deborrah Howes, ›He Thinks He Knows‹: And More Developmental Evidence against the Simulation (Role-Taking) Theory, *Mind & Language* 7 (1992): 72–86.

26 Von der Webseite God Hates Fags, www.godhatesfags.com.

27 G. E. Newman, F. C. Keil, V. Kuhlmeier und K. Wynn, Sensitivity to Design: Early Understandings of the Link between Agents and Order, *Proceedings of the National Academy of Sciences, USA* (erscheint in Kürze).

28 Ebd.

29 William Kirby, *On the Power, Wisdom, and Goodness of God as Manifested in the Creation of Animals and in Their History, Habits, and Instincts*, 2 Bde. (London: Pickering, 1835), 1:vii.

30 Kirby, *On the Power, Wisdom, and Goodness of God.*

31 Ebd., 2:384–385.

32 Zitiert in Philip F. Rehbock, *Philosophical Naturalists: Themes in Early Nineteenth-Century British Biology* (Madison: University of Wisconsin Press, 1983), 56.

33 Michael Dowd, *Thank God for Evolution: How the Marriage of Science and Religion Will Transform Your Life and Our World* (New York: Plume, 2009), 80.

34 International Conference on Natural Theology: Beyond Paley: Renewing the Vision for Natural Theology, 23–25 June 2008, Museum of Natural History, Oxford University, Thomist Tacos for the Soul, www.thomisttacos.com/?p=124 (besucht am 15. März 2010).

35 Mark Williamson, Haldane's Special Preference, *Linnean* 8 (1992): 14.

Seltsam unsterblich

1 André Gide, *Die Falschmünzer* (Stuttgart: dtv, 1996), 223.
2 Alan M. Leslie, Pretense and Representation: The Origins of ›Theory of Mind‹, *Psychological Review* 94 (1987): 412–426.
3 Thomas W. Clark, Death, Nothingness, and Subjectivity, in *The Experience of Philosophy*, Hrsg. Daniel Kolak und Raymond Martin, 3. Aufl. (New York: Wadsworth, 1996), 480–490. Erstveröffentlichung in *The Humanist* 54, No. 6 (1994): 15–20, www.naturalism.org/death.htm.
4 Shaun Nichols, Imagination and Immortality: Thinking of Me, *Synthese* 159 (2007), 215–233.
5 Zitiert als »Goethe zugeschrieben (Johann Peter Eckermann, *Conversations with Goethe*, 1852)« in Shaun Nichols, Imagination and Immortality: Thinking of Me, *Synthese* 159 (2007): 215–233.
6 Sigmund Freud, *Zeitgemäßes über Krieg und Tod: II. Unser Verhältnis zum Tode*, S. 1, entnommen aus www.textlog.de.
7 Albert Camus, *Die Pest* (Reinbek: Rowohlt Taschenbuch, 2009), 139.
8 David Cohen and Angèle Consoli, Production of Supernatural Beliefs during Cotard's Syndrome, a Rare Psychotic Depression, *Behavioral and Brain Sciences* 29 (2006): 468–469.
9 Jesse M. Bering, Intuitive Conceptions of Dead Agents' Minds: The Natural Foundations of Afterlife Beliefs as Phenomenological Boundary, *Journal of Cognition and Culture* 2 (2002): 263–308.
10 John Gay, »My Own Epitaph«, Inschrift auf Gays Grabstein in der Westminster Abbey; auch in der Form »I thought so once; but now I know it« zitiert.
11 Jean-Paul Sartre, *Die Mauer* (Stuttgart: Rowohlt, 1950), 22.
12 Miguel de Unamuno, *Das tragische Lebensgefühl* (München: Meyer & Jessen, 1925), 49–50.
13 Ebd., Hervorhebung durch Bering.
14 N. Emmons, Children's Beliefs about Themselves as Babies, In »Utero and Before They Were Conceived« (unveröffentlichtes Manuskript).

15 Gerald P. Koocher, Childhood, Death, and Cognitive Development, *Developmental Psychology* 9 (1973): 369–375.

16 Jesse M. Bering und David F. Bjorklund, The Natural Emergence of Reasoning about the Afterlife as a Developmental Regularity, *Developmental Psychology* 40 (2004): 217–233. Forschung zum Verständnis und Nachdenken von Kindern über das Thema Tod ist aus offensichtlichen Gründen methodisch anspruchsvoll, wenn man die ernsthaften ethischen Erwägungen einbezieht. So reagieren Eltern besonders argwöhnisch, wenn Experimentatoren ihren Kindern Vorstellungen über das »beibringen«, was nach dem Tod geschieht. Deshalb müssen die Fragen so formuliert werden, dass das Kind keine versteckten Andeutungen dazu erhält, was eine »richtige« oder »falsche« Antwort ist. Viele Eltern haben die Sorge, dass eine Befragung ihres Kindes zum Thema Tod sich verstörend auswirken könnte oder das Kind zu früh mit diesen dunklen Dingen der menschlichen Existenz konfrontieren würde. Die vorliegende Studie – das Puppenspiel mit Maus und Alligator – wurde unmittelbar nach dem 11. September 2001 durchgeführt, weshalb die Eltern außergewöhnlich sensibel darauf reagierten, dass ihre Kinder mit dem Thema Tod zu tun haben sollten. Tatsächlich stellten wir jedoch fest, dass die Kinder in unseren Studien eine überwältigende Neugier für das Thema Tod zeigten und begeistert diese Gelegenheit begrüßten, ihre Ansichten zu dieser Frage mit aufmerksamen Erwachsenen zu diskutieren. Unsere Fragen zu den Denkfunktionen einer toten Maus brachten ganz sicher kein Kind durcheinander. Dessenungeachtet ist die Befragung von Kindern zu tatsächlich toten Menschen – mit Ausnahme angemessen harmloser Geschichten – in der Psychologie weitgehend ein Tabu. Deshalb bleibt unser Verständnis der Todesvorstellungen von Kindern in einem methodologischen Schwebezustand hängen.

17 H. Clark Barrett and Tanya Behne, Children's Understanding of Death as the Cessation of Agency: A Test Using Sleep versus Death, *Cognition* 96 (2005): 93–108.

18 Ebd.

19 Der Unterschied zwischen Psyche und Seele (im Engl. »mind and soul«, wobei »mind« keine eindeutige Entsprechung im Deutschen hat – Anm. d. Ü.) ist sehr subtil, und die meisten

Menschen haben Mühe, sie auseinanderzuhalten. Doch gemäß einer Untersuchung der Psychologin Rebekah Richert von der University of California in Irvine und des Psychologen Paul Harris von der Universität Harvard unterscheiden Menschen aus mehreren fragwürdigen Gründen zwischen Psyche und Seele. Erstens sehen die meisten Menschen in der Psyche eine glaubhaftere Wesenheit als in der Seele. Wie Richert und Harris in einer 2008 im *Journal of Cognition and Culture* veröffentlichten Studie herausgefunden haben, behaupteten 151 von 161 Studenten (93,8 Prozent), dass die Psyche existiert, während es nur 107 (66,5 Prozent) waren, die das von der Seele glaubten. Zweitens neigen die Leute zu der Vorstellung, die Seele beginne eher zu existieren als die Psyche. Während nur 8,1 Prozent der Studienteilnehmer glaubten, die Psyche bestehe schon »vor der Empfängnis«, konstatierten 26,1 Prozent, die Seele existiere bereits vor der Vereinigung von Ei und Samenzelle. Ebenso viele Studenten glaubten, Psyche und Seele entstünden im Moment der Empfängnis gleichzeitig, aber eine größere Zahl von Teilnehmern war der Meinung, die Psyche beginne »während der Schwangerschaft« zu existieren (35,4 Prozent). Von der Seele glaubten das wiederum nur 12,4 Prozent. Drittens stellen sich mehr Teilnehmer vor, die Psyche verändere sich im Lauf des Lebens (86,3 Prozent), während das nur 51,6 Prozent für die Seele annehmen. Nur 4,4 Prozent der Teilnehmer behaupteten, die Psyche bleibe das ganze Leben hindurch unverändert; 28,0 Prozent waren sich sicher, dass dies für die Seele gelte. Zudem meinen die meisten (83,9 Prozent), die Seele existiere nach dem Tod »auf irgendeine Weise« weiter, während man bei der Psyche mit größerer Wahrscheinlichkeit annimmt, dass sie mit dem Tod endet (70,8 Prozent). Als Richert und Harris ihre Probanden fragten, ob menschliche Klone ihrer Ansicht nach eine Psyche besäßen, antworteten 67,1 Prozent mit Ja, 21,1 Prozent waren sich nicht sicher, 11,8 Prozent antworteten mit Nein. Dagegen meinten nur 32,3 Prozent, ein menschlicher Klon besitze eine Seele, 34,4 Prozent waren sich nicht sicher, 33,5 Prozent waren überzeugt, er sei ohne Seele. Außerdem: Je »spiritueller« die Seele nach Ansicht der Teilnehmer war (gemessen an besonderen spirituellen Funktionen wie der Reise in ein Leben nach dem Tod und der Verbindung zu einer höheren Macht) und je stärker Probanden zwischen Psyche und Seele unterschieden, desto geringer war die Wahrscheinlichkeit, dass sie die Verwendung von Embryonen für die Stammzellforschung, das Abschalten lebenserhaltender Maschinen und das Klonen von Menschen befürworteten. Interessanterweise fanden Richert und Harris auch heraus, dass »die Vorstellungen der Teilnehmer von der Seele ihre ethischen Entscheidungen [zu diesen Fragen] unabhängig von der Religionszugehörigkeit vorhersagten«. Rebekah A. Richert und Paul L. Harris, The Ghost in My Body: Children's Developing Concept of the Soul, *Journal of Cognition and Culture* 6 (2006): 409–427.

20 Paul L. Harris and Marta Giménez, Children's Acceptance of Conflicting Testimony: The Case of Death, *Journal of Cognition and Culture* 5 (2005): 143–164.

21 Jesse M. Bering, Carlos Hernández-Blasi, David F. Bjorklund, The Development of ›Afterlife‹ Beliefs in Religiously and Secularly Schooled Children, *British Journal of Developmental Psychology* 23 (2005): 587–607.

22 Fernando Pessoa, *Das Buch der Unruhe des Hilfsbuchhalters Bernardo Soares* (Zürich: Ammann, 2003), 49.

23 Mystery of Missing Teens Believed Solved: Discovery Brings Grief, Relief, *Palm Beach Post* (3. März 1997), http://nl.newsbank.com.

24 Penny Owen, Soldier Leaves Behind Wife, 4 Children, *The Oklahoman*, May 30, 2002.

25 John Fowles, *Der Magus* (München: List Taschenbuch, 2001), 621.

26 K. Mitch Hodge, Descartes' Mistake: How Afterlife Beliefs Challenge the Assumption That Humans Are Intuitive Cartesian Substance Dualists, *Journal of Cognition and Culture* 8 (2008): 387–415.

27 David Lester, Megan Aldridge, Christine Aspenberg, Kathleen Boyle, Pam Radsniak und Chris Waldron, What Is the Afterlife Like? *Omega* 44 (2001/02): 113–126.

Wenn Gott Menschen von Brücken stürzt

1 A Dreadful Accident, *Norfolk Chronicle* and *Norwich Gazette* (10. Mai 1845), www.gotts.org.uk/Yarmouth%20bridge.htm.

2 Ebd.

3 Henry MacKenzie, *Sermon, Preached on Whitsunday, 1845: Being One of a Series Delivered after the Fall of the Bridge, at Great Yarmouth* (London: Smith, Elder, and Co., 1845).

4 Kurt Kelly, Hundreds Gather to Mourn Victims of Bridge Collapse, *NewsOK* (27. Mai 2003), http://newsok.com/hundreds-gather-to-mourn-victims-of-bridgecollapse/article/1030595. Unter den ums Leben gekommenen Opfern war auch Andrew Clements, ein junger Captain der Army und Vater von vier Kindern. Er wollte von Kalifornien zu seiner neuen Wohnung in Alexandra, Virginia, fahren. Seine Familie war ein paar Tage zuvor hingeflogen und erwartete unruhig seine Ankunft. Clements Einheitsführer »dachte über die Wahrscheinlichkeit nach, auf einer Strecke von 2929 Meilen auf einem 150 Meter langen Brückenabschnitt zu landen, der bei einem äußerst bizarren Unglück genau in dem Moment abstürzt, in dem er ihn überquert hat. ›Wenn [er] an einer Raststätte Pause gemacht oder einfach weniger Gas gegeben hätte ... Es gibt einfach so viele Variablen – und das Timing.‹« Ebd.

5 Jean Piaget, *Das moralische Urteil beim Kinde* (Stuttgart: Klett-Cotta 1983), 301.

6 Thornton Wilder, *Die Brücke von San Luis Rey* (Frankfurt: Fischer Verlag 1956), 13.

7 Ebd., 17.

8 Ebd., 177.

9 Ebd., 10.

10 Kurt Gray und Daniel M. Wegner, Blaming God for Our Pain: Human Suffering and the Divine Mind, *Personality and Social Psychology Review* 14 (2010): 7–16.

11 Ebd.

12 Ebd.

13 Alison Gopnik, Explanation as Orgasm and the Drive for Causal Understanding: The Evolution, Function, and Phenomenology of the Theory-Formation System, in *Cognition and Explanation*, Hrsg. F. Keil und R. Wilson (Cambridge, MA: MIT Press, 2000), 299–323.

14 Ebd.

15 Ebd.

16 Zitiert in P.C.W. Davies und Julian Brown, Hrsg., *Superstrings* –

eine allumfassende Theorie der Natur in der Diskussion (München: dtv, 1992), 245.

17 Man denke nur an diese Passage aus der Bibel: »Wer eine Frau ansieht, ihrer zu begehren, der hat schon mit ihr die Ehe gebrochen in seinem Herzen« (Matth. 5:28).

18 E. E. Evans-Pritchard, *Hexerei, Orakel und Magie bei den Zande* (Frankfurt: Suhrkamp, 1978), 65.

19 Christine H. Legare und Susan A. Gelman, Bewitchment, Biology, or Both: The Coexistence of Natural and Supernatural Explanatory Frameworks across Development, *Cognitive Science* 32 (2008): 607–642.

20 ebd.

21 Piaget, *Das moralische Urteil beim Kinde*, 309.

22 Elie Wiesel, *The Gates of the Forest* (New York: Holt, Rinehart, Winston, 1966), 197.

23 Janet Landman, The Crime, Punishment, and Ethical Transformation of Two Radicals: Or How Katherine Power Improves on Dostoevsky, in *Turns in the Road: Narrative Studies of Lives in Transition*, Hrsg. Dan P. McAdams, Ruthellen Josselson und Amia Lieblich (Washington, DC: American Psychological Association, 2001), 35–66.

24 Dan P. McAdams, The Psychology of Life Stories, *Review of General Psychology* 5 (2001): 100–122.

25 Ebd.

26 Ebd.

27 Todd F. Heatherton und Patricia A. Nichols, Personal Accounts of Successful versus Failed Attempts at Life Change, *Personality and Social Psychology Bulletin* 20 (1994): 664–675.

28 John Gunther, *Death Be Not Proud: A Memoir* (Cutchogue, NY: Buccaneer, 1997). 206–207. Erstveröffentlichung 1949.

29 Ebd., 63.

30 William James, *Die Vielfalt religiöser Erfahrung: Eine Studie über die menschliche Natur* (Olten, Freiburg/Breisgau: Walter-Verlag, 1979), 151.

31 David Chase Takes On Angry Sopranos Fans, *The Chicago Syndicate* (19 Oktober 2007), www.thechicagosyndicate.com/2007/10/david-chase-takes-on-angry-sopranos.html.

32 Ebd.

33 Ebd.

[34] Michail Bulgakow, *Der Meister und Margarita* (München: dtv, 1987), 15.

[35] Harold S. Kushner, *Wenn guten Menschen Böses widerfährt* (München: Tomus Verlag, 1983), 62.

[36] Jay Dixit, Cindy Chupack on Failure, *Brainstorm* blog (*Psychology Today*), 18. Mai 2009, www.psychologytoday.com/blog/brainstorm/200905/cindy-chupack-failure.

[37] Ebd.

[38] Jesse M. Bering und Bethany T. Heywood, Do Atheists Reason Implicitly in Theistic Terms? Evidence of Teleo-functional Biases in the Autobiographical Narratives of Nonbelievers (der Aufsatz wurde bei der Jahreskonferenz der Society for Personality and Social Psychology, Las Vegas, NV, im Januar 2010 vorgestellt).

[39] Ebd.

[40] Ebd.

[41] Milan Kundera, *Der Scherz* (München: dtv, 2004), 191.

Gott als adaptive Illusion

[1] Sartre, *Geschlossene Gesellschaft* in *Gesammelte Werke/Theaterstücke* Bd. 2 (Reinbek: Rowohlt, 1991), 58.

[2] Ebd., 34.

[3] Ebd., 57.

[4] Ebd., 57.

[5] Dominic D. P. Johnson, God's Punishment and Public Goods: A Test of the Supernatural Punishment Hypothesis in 186 World Cultures, *Human Nature* 16 (2005): 410–446.

[6] Ralph L. Rosnow, Gossip and Marketplace Psychology, *Journal of Communication* 27 (2006): 158–163.

[7] Memorable Quotes for *Doubt* (2008/I), Internet Movie Database, www.imdb.com/title/tt0918927/quotes (abgerufen am 25. März 2010).

[8] Gordon P. D. Ingram und Jesse M. Bering, Children's Tattling: The Reporting of Everyday Norm Violations in Preschool Settings, *Child Development* (erscheint demnächst).

[9] Anita E. Kelly, Revealing Personal Secrets, *Current Directions in Psychological Science* 8 (1999): 105–109.

[10] Erving Goffman, *Stigma: Über Techniken der Bewältigung beschädigter Identität* (Frankfurt: Suhrkamp 1972).

[11] R. I. M. Dunbar, Coevolution of Neocortical Size, Group Size and Language in Humans, *Behavioral and Brain Sciences* 16 (1993): 681–735.

[12] Hank Davis and S. Lyndsay McLeod, Why Humans Value Sensational News: An Evolutionary Perspective, *Evolution and Human Behavior* 24 (2003): 208–16.

[13] Wie der Anthropologe Jerome Barkow von der Dalhousie University überzeugend dargelegt hat, entwickeln wir unter anderem deshalb so viel Interesse für Berühmtheiten, weil unsere evolutionär entstandene Psyche letztlich fälschlicherweise zu der Überzeugung gebracht wird, diese Leute gehörten zu unseren engsten Freunden (oder seien zumindest Mitglieder der gleichen Gruppe). Weil Fernsehen, Kino, Zeitungen, Regenbogenpresse, Internet und so weiter allesamt evolutionär neu sind – das heißt, in der Zeit unserer Vorfahren, als das soziale Gehirn der Menschen sich herausbildete, waren sie ganz sicher nicht vorhanden –, arbeitet unser Denken heute weitgehend so, als säßen diese Fremden bei uns im Wohnzimmer und als hätten die Titelseiten Bedeutung für unser alltägliches Sozialleben. Deshalb sorgen sensationell aufgemachte Storys aus der Unterhaltungsbranche (wie etwa das faszinierende »Liebesdreieck« aus Angelina Jolie, Brad Pitt und Jennifer Aniston) für besonders herzhaften Tratsch. Jerome H. Barkow, Beneath New Culture is Old Psychology, in *The Adapted Mind: Evolutionary Psychology and the Generation of Culture*, Hrsg. Jerome H. Barkow, Leda Cosmides und John Tooby (New York: Oxford University Press, 1992), 626–637.

[14] R. I. M. Dunbar, Gossip in Evolutionary Perspective, *Review of General Psychology* 8 (2004): 100–110.

[15] Ebd.

[16] Roy F. Baumeister, Liqing Zhang, and Kathleen D. Vohs, Gossip as Cultural Learning, *Review of General Psychology* 8 (2004): 111–121.

[17] Robert Louis Stevenson, *Der seltsame Fall des Dr. Jekyll und Mr. Hyde* (Köln: Anaconda, 2005), 12.

[18] Goethe bekannte einmal, es gebe kein Verbrechen, zu dem er sich nicht für fähig halte. Es liegt uns fern, etwas dazu zu sagen, wie gestört unser lieber Goethe insgeheim gewesen sein mag. Ich habe jedoch den Verdacht, dass es wahrscheinlich

eine Übertreibung war – es gibt ein paar ziemlich furchterregende Kriminelle. Aber es dürfte klar sein, was gemeint ist. Schließlich sind wir alle nur Menschen.

19 Pär Lagerkvist, *The Dwarf* (London: Chatto & Windus, 1953), 20. Erstveröffentlichung 1944.

20 Jean-Paul Sartre, *Saint Genet, Komödiant und Märtyrer* (Reinbek: Rowohlt 1982).

21 K. Causey und D. F. Bjorklund, The Evolution of Cognition, in *Evolutionary Psychology: A Critical Reader*, Hrsg. V. Swami (London: British Psychological Society, erscheint demnächst).

22 Tatsächlich hat eine neuere Studie des Psychologen Chen-Bo Zhong und seiner Kollegen von der Universität Toronto ergeben, dass eine dunkle Umgebung – sogar dann, wenn sie etwa durch Sonnenbrillen simuliert wird – im Labor antisoziales Verhalten begünstigt. Den Autoren zufolge liegt das vermutlich daran, dass Dunkelheit bei Menschen die (oft unzutreffende) Wahrnehmung größerer Anonymität hervorruft. Chen-Bo Zhong, Vanessa K. Bohns und Francesca Gino, Good Lamps Are the Best Police: Darkness Increases Dishonesty and Self-Interested Behavior, *Psychological Science* 21 (2010): 311–314.

23 Nach einer langen Periode der Geschichte, in der es den Menschen möglich gewesen sein mag, im Falle einer ruinierten Reputation in neue soziale Gruppen einzuwandern und neu anzufangen, werden die von unseren Vorfahren des Pleistozäns erlebten Bedingungen durch das aktuelle Medienzeitalter in gewisser Weise genauer wiedergegeben. Mittels Zeitung, Telefon, Kameras, Fernsehen und Internet werden private Details zu medizinischen Problemen, Geldausgaben, krimineller und finanzieller Vorgeschichte und Zahl der Scheidungen (um nur ein wenig von dem aufzuführen, was uns potenziell den guten Ruf kosten kann) nicht nur ständig archiviert, sondern können innerhalb von Mikrosekunden buchstäblich an Millionen andere Menschen weitergeleitet werden. Besonders das Internet ist ein aktiver Mikrokosmos menschlicher Geselligkeit. Von der Leumundsprüfung bis zur Eheanbahnung und zu anonymem Blättern durch Webseiten, zu Piraterie und Identitätsdiebstahl; vom Googeln nach uns selbst und nach Kumpeln bis zur Beschimpfung schlechter Professoren (zum Beispiel bei www.ratemyprofes-

sor.com) und von knickrigen Kunden (zum Beispiel www.bitterwaitress.com) – das Internet ist altehrwürdige Sozialpsychologie, die auf neue Informationstechnologie trifft.

24 Nehmen wir beispielsweise den ziemlich merkwürdigen Fall des Geständnisses. Aus evolutionärer Perspektive scheint es der Intuition zu widersprechen, dass jemand ein Vergehen gesteht, auch wenn er schuldig ist. Denn obwohl wir Menschen Experten darin sind, theoretische Schlussfolgerungen über nicht beobachtbare mentale Zustände zu ziehen, können wir am Ende doch keine Gedanken lesen. Angesichts dieser Tatsache und im Bewusstsein, dass eine Bekenntnis die Übertretung öffentlich macht und in der Regel eine Strafe nach sich zieht, scheint es, als sollte das menschliche Denken eher so beschaffen sein, dass es als Reaktion auf Beschuldigungen absolute Diskretion fordert. Doch der Drang zum Geständnis ist real und stark. (Ich habe den Verdacht, dass ebenso viele Menschen den Drang haben, Sterbenden ihre Sünden zu gestehen, wie es Sterbenden leichtfällt, gegenüber den Lebenden zu bekennen, da die Toten natürlich keine Geschichten erzählen. Im vorliegenden Fall heißt das, sie sind die Endstationen der Tratschlinie.)

Wie der Psychologe Todd Shackelford von der Florida Atlantic University und ich vorgeschlagen haben, ist das Geständnis eine vorbeugende Strategie gegen die *statistisch wahrscheinliche* Aufdeckung eines moralischen Vergehens. [Jesse M. Bering and Todd K. Shackelford, Evolutionary Psychology and False Confession, *American Psychologist* 60 (2005): 1037–1038.] Vielleicht ist Angst der primäre emotionale Zustand, der einem Geständnis vorausgeht – das Bekenntnis wäre dann die einzig verfügbare Zuflucht, die sich positiv und angstlösend auswirkt. Wenn die Umstände eine Aufdeckung wahrscheinlich machen, dürfte das Geständnis eine Art von voreingestellter Reaktion und nur schwer zu unterdrücken sein. Falls die Verfehlung mit hoher Wahrscheinlichkeit aufgedeckt werden wird (also beim Vorliegen unwiderlegbarer Beweise oder wenn es für das Vergehen Zeugen gibt), könnte ein Geständnis dazu dienen, die unvermeidliche Strafe zu mildern. In einer Studie mit Gefängnisinsassen in Arkansas, die bei der Verhandlung alle auf schuldig plädiert hatten, haben wir in der Tat herausgefunden, dass der im Rückblick empfundene Drang zu einem Geständnis signifikant positiv mit der Zahl der Leute korreliert war, die nach Ansicht der Verurteilten wussten, dass sie das Verbrechen begangen hatten. Anders gesagt, auch wenn sie nicht gestanden hätten, wäre die Aufdeckung angesichts der Zahl der Informationsträger ohnehin unvermeidlich gewesen.

Falsche Geständnisse stellen ein weiteres Rätsel dar. Saul Kassin, forensischer Psychologe am Williams College, beschreibt mehrere Verhörtaktiken der Polizei – darunter Lügen zur Beweislage, Zeugen und/oder Informanten –, die zu falschen Geständnissen führen könnten [Saul M. Kassin, On the Psychology of Confessions: Does Innocence Put Innocents at Risk? *American Psychologist* 60 (2005): 215–228]. Dabei darf man jedoch nicht vergessen, dass Bestrafung eher wegen der Überzeugung der Gruppe von der Schuld des Individuums zustande kommt als durch die eigentliche Wahrheit. Wenn Unschuldige merken, dass ihre Verteidigung wahrscheinlich gegenüber der handfesten Überzeugung anderer von ihrer Schuld ins Hintertreffen geraten wird, könnte das falsche Geständnis unter bestimmten Bedingungen eine adaptive Strategie gewesen sein. Das gilt besonders für frühere Lebensverhältnisse, in denen im Verfahren weder Jury noch Berufungsverhandlung oder Ausschluss durch DNS-Analyse für Entlastung sorgen konnten.

Durch ein Geständnis erhält das Individuum mehrere Möglichkeiten, in Hinblick auf seine genetische Angepasstheit etwas zu gewinnen. So haben Sozialpsychologen herausgefunden, dass ein Geständnis, wenn es mit Zeichen der Reue (wie jenen, die mit echten Schuldgefühlen einhergehen) verbunden ist, bei Beobachtern mit größerer Wahrscheinlichkeit zu der Überlegung führt, ein Rückfall sei unwahrscheinlich oder der Betreffende habe wegen seiner Schamgefühle genug gelitten. Diese Kombination aus Bekenntnis und Reue fördert die Vergebung und eine Reduzierung der Strafe. In der Vergangenheit könnten also die Vorteile falscher Geständnisse schwerer gewogen haben als die natürliche Neigung, gegen eine unterstellte Schuld aufzubegehren. Schuld zu leugnen hätte selbst dann, wenn man wirklich unschuldig war, letztlich schlimmere Folgen für den reproduktiven Erfolg haben können, wenn die entsprechenden

Proteste jenen Gruppenmitgliedern zu Ohren gekommen wären, die unnachgiebig auf falschen Überzeugungen beharrten.

25 Fjodor Dostojewski, *Die Brüder Karamasow* (zitiert nach Gutenberg-Projekt, http://gutenberg.spiegel.de), 6. Buch, 2d.

26 Ebd.

27 H. L. Mencken, *A Mencken Chrestomathy* (New York: Vintage, 1982), 617. Erstveröffentlichung 1949.

28 Einige Merkmale menschlicher Geselligkeit verraten, dass unser Verhalten darauf angelegt ist, für das Gute innerhalb der Gruppe zu arbeiten – wenn auch allein aus egoistischen Gründen. Für unsere Zwecke ist es nützlich, zwei solcher Kategorien kooperativen Erkenntnisgewinns hervorzuheben. Mit der direkten Wechselseitigkeit – reziprokem Altruismus – übernehmen rationale Akteure eine einfache Faustregel gegenüber [bestimmten] anderen Personen: Wie du mir, so ich dir. Indirekte Wechselseitigkeit – Altruismus gegen Dritte – ist für die hier geführte Diskussion jedoch eher relevant. Hier lautet die Faustregel: Behandle [bestimmte] andere Personen so, wie sie deiner Beobachtung nach andere behandelt haben. Nach dem mathematischen Biologen Martin Nowak von der Harvard University und dem evolutionären Spieltheoretiker Karl Sigmund von der Universität Wien gehören zur indirekten Wechselseitigkeit »sowohl Speicherung und Weitergabe von Informationen als auch strategisches Denken; in der Evolution von Kooperation und Kommunikation kommt ihr eine Schlüsselrolle zu. Die Möglichkeiten für Spiele der Manipulation, der Koalitionsbildung und des Betrugs sind grenzenlos. Indirekte Wechselseitigkeit hat möglicherweise die selektive Herausforderung geliefert, mit der in der menschlichen Evolution das Gehirnwachstum vorangetrieben wurde« [Martin A. Nowak und Karl Sigmund, Evolution of Indirect Reciprocity, *Nature* 437 (2005): 1291–1298.]

Nowak und Sigmund räumen jedoch ein, dass »die Koevolution von menschlicher Sprache und Kooperation durch indirekte Wechselseitigkeit ein faszinierender, aber noch unerforschter Gegenstand ist« [ebd.]. Tatsächlich schildert Richard Alexander die »indirekte Wechselseitigkeit« in seiner ursprünglichen Definition von 1987 so: »[Sie] tritt auf *in Gegenwart* interessierter Zuschauer – Gruppen von Individuen, die die Mitglieder ihrer Gesellschaft fortwährend als mögliche zukünftige Austauschpartner bewerten, von denen sie gerne mehr gewinnen als verlieren möchten« [Richard D. Alexander, *The Biology of Moral Systems* (Hawthorne, NY: De Gruyter, 1987), 110 (Hervorhebung durch Bering)], weshalb sie die Rolle der Sprache in der indirekten Wechselseitigkeit völlig übersehen.

29 L. Festinger, A. Pepitone und T. Newcomb, Some Consequences of Deindividuation in a Group, *Journal of Abnormal and Social Psychology* 47 (1952): 382–389.

30 Andrew Silke, Deindividuation, Anonymity and Violence: Findings from Northern Ireland, *Journal of Social Psychology* 143 (2003): 493–499. Auf der anderen Seite der Medaille führt das verstärkte Gefühl, von anderen identifiziert und erkannt werden zu können, zu »gutem« Sozialverhalten. Wie der Psychologe Jared Piazza von der University of Kent und ich 2009 in einer Ausgabe von *Evolution and Human Behavior* berichteten, teilen Menschen mehr Geld mit einem Unbekannten, wenn sie den Eindruck haben, ein im Raum anwesender Dritter könnte dem Unbekannten Informationen zur Person des Probanden übermitteln – etwa seinen Namen und seinen angestrebten Abschluss im Hauptfach. Jared Piazza und Jesse M. Bering, Concerns about Reputation via Gossip Promote Generous Allocations in an Economic Game, *Evolution and Human Behavior* 29 (2008): 172–178.

31 R. Pettazzoni, On the Attributes of God, *Numen* 2 (1955): 1–27.

32 Benedict Sandin, *Iban Adat and Augury* (Penang, Malaysia: Penerbit Universiti Sains Malaysia for School of Comparative Social Sciences, 1980), xxviii.

33 Frans L. Roes und Michel Raymond, Belief in Moralizing Gods, *Evolution and Human Behavior* 24 (2003): 126–135.

34 Ara Norenzayan und Azim F. Shariff, The Origin and Evolution of Religious Prosociality, *Science* 322 (2008): 58–62.

35 Jesse M. Bering, Katrina McLeod und Todd K. Shackelford, Reasoning about Dead Agents Reveals Possible Adaptive Trends, *Human Nature* 16 (2005): 360–381.

36 Jesse M. Bering und Jared Piazza, Princess Alice Is Watching You: Children's Belief in an Invisible Person Promotes Rule Following (unveröffentlichtes Manuskript).

[37] Pascal Boyer, *Und Mensch schuf Gott* (Stuttgart: Klett-Cotta, 2004), 56.

[38] Das primäre Paradigma der kognitiven Religionswissenschaft im vergangenen Jahrzehnt kann man als »kulturepidemiologisches« Modell der Übertragung und Übernahme religiöser Begriffe darstellen. Dieser zunächst von dem französischen Anthropologen Dan Sperber entworfene Ansatz wurde von dem Anthropologen Pascal Boyer von der Washington University weiterentwickelt. Er entwirft ein überaus elegantes wissenschaftliches Modell – es zeigt, wie das evolutionär entstandene menschliche Denken besonders anfällig für religiöse Vorstellungen ist, weil diese unsere alltäglichen, banalen Denkvorgänge verwenden. Eine bestimmte Idee werde »religiös« oder »übernatürlich«, sagt Boyer, wenn sie der Intuition zuwiderlaufe – abhängig davon, wie sehr sie gegen unsere angeborenen Annahmen über grundlegende Aspekte der Natur verstoße. Um religiöse Vorstellungen zu beschreiben, verwendet Boyer häufig das Wort »hartnäckig«. Sie seien laut Boyer besonders schwer zu erschüttern, weil sie unser angeborenes Verständnis der Alltagswelt herausforderten und damit ständig unsere Aufmerksamkeit fesselten. Gemäß Boyers Katalog der übernatürlichen Vorstellungen liegt so ziemlich jeder denkbaren religiösen Idee dieselbe Basisformel zugrunde: Man nehme einen beliebigen Ausschnitt der Alltagswelt und gebe einen Schwung Farbe in Form einer logischen Unvereinbarkeit hinzu. [Pascal Boyer, *Und Mensch schuf Gott* (Stuttgart: Klett-Cotta, 2004).]

Das Schöne an Boyers Modell ist, dass es ansonsten völlig verrückte Variationen der religiösen Vorstellungen über alle Kulturen hinweg erklären kann. Mit seiner Formel lässt sich erklären, warum kürzlich Tausende zu einer Wohnung in Bangalore strömten, um zu sehen, was viele als Wunder priesen. Anscheinend hatte eine kleine Marmorstatue des indischen Heiligen Shirdi Sai Baba aus dem 19. Jahrhundert während einer Routinereinigung die Wimpern flattern lassen und beschlossen, das linke Auge zu öffnen, um einen Blick auf die Welt zu werfen. Boyers Modell kann auch das Phänomen des Gottes Ganesha erklären, das sich ein paar Monate zuvor im auf der Karte nur einen Katzensprung entfernten Mumbai ereignet hatte. Statuen dieser Gottheit mit dem Elefantenkopf, die zufällig unter anderem auch der Hindu-Schutzherr der Wissenschaften ist, begannen Milch von Löffeln zu schlürfen, die ihnen von religiösen Anhängern hingehalten wurden. Was den ersten Menschen trieb, einem zu einem Elefantenrüssel gestalteten Stück Stein einen Esslöffel mit Milch anzubieten, werden wir wohl nie erfahren, doch ebenso wie der einäugige Sai Baba boten diese durstigen Statuen des Gottes Ganesha Gesprächsstoff für die Leute.

Laut Boyer ziehen solche religiösen Statuen unsere Aufmerksamkeit an, weil wir eine angeborene Vorstellung von dem haben, was einen unbelebten Gegenstand unbelebt sein lässt. Eigenständige Bewegung, Sehen und biologische Funktionen stehen einfach nicht auf dieser Liste. Wenn also erzählt wird, ein unbelebtes Objekt habe gegen ein Naturgesetz verstoßen – blutende Gemälde, weinende Statuetten, zwinkernde Statuen –, verbreitet sich die Nachricht wie ein Lauffeuer, was Mythen unter die Leute bringt, Debatten entzündet und den Glauben erneuert.

39 So schrieb ein bekannter Philosoph von der University of Notre Dame mit Namen Alvin Plantinga ein viel beachtetes Büchlein mit dem Titel *God and Other Minds*. Im Lauf der Jahre hat Plantinga an einigen Einzelheiten seines Plädoyers für die Existenz Gottes herumgebastelt, und von der jugendlichen Forschheit seiner früheren Schrift scheint er ein wenig peinlich berührt zu sein. Doch seine zentrale Einstellung zu diesem Thema hat sich nicht verändert. »Was die entscheidenden epistemologischen Schlussfolgerungen des Buches angeht, bereue ich nichts«, schrieb er 23 Jahre später im Vorwort einer Neuauflage. »Hauptgegenstand von *God and Other Minds* ist die Frage der Rationalität oder Vernünftigkeit oder intellektuellen Redlichkeit im Glauben an Gott. Meine Behauptung war, das stärkste Argument für die Existenz Gottes und das stärkste Argument für die Existenz anderer Menschen mit ihrem Denken seien gleichartig und gingen in gleicher Weise fehl; daher mein ›Versuch einer Schlussfolgerung‹: ›Wenn mein Glaube an andere Menschen und ihr Denken rational ist, so ist es auch mein Glaube an Gott. Nun ist aber Ersteres offenkundig rational, weshalb auch Letzteres rational ist.‹« [Alvin Plantinga, *God and Other Minds: A Study of*

the Rational Justification of Belief in God (Ithaca, NY: Cornell University Press, 1991), xi. Erstveröffentlichung 1967.]

Ginge es nicht um den Brennpunkt des vorliegenden Buches, wäre es ziemlich grausam von mir, unnötigerweise so viel Zeit auf dieses Zitat von Plantinga zu verschwenden, das ich, wie ich einräumen muss, als strahlendes Beispiel für die Art theologischer Argumentationsakrobatik herausgepickt habe, die tendenziell als logische Argumentation durchgeht. Allerdings glaube ich wirklich, dass Plantinga seine Logik nicht bloß bereuen sollte – er sollte sie zutiefst bereuen. Denn wie wir in Kapitel 1 gesehen haben, kann die Existenz anderer Menschen philosophisch niemals bewiesen werden – daher der Begriff »Theory of Mind« oder »Mentalisierung« als Theorie über das Denken anderer. Doch die Aussage, die beiden Fälle – Gottes Denken und das Denken anderer Menschen – befänden sich »im selben epistemologischen Boot« (wie Platinga es ausdrückt), scheint schon sehr weit hergeholt. Über die offenkundige Dummheit von Plantingas Argumentation hinaus kommt es mir so vor, als werde diese Art pseudointellektueller Vernebelung der Gottesfrage fast vorsätzlich produziert, um bei den Lesern Verwirrung zu stiften.

40 Paul Bloom, *Descartes' Baby: How Child Development Explains What Makes Us Human* (New York: Basic Books, 2004), 222–223.

Und dann stirbt man

1 Did Darwin Become a Christian on His Deathbed?, Christian Apologetics & Research Ministry, www.carm.org/secular-movements/evolution/did-darwin-become-christian-hisdeathbed (aufgerufen am 25. März 2010).

2 Ebd.

3 Voltaire, *Brief an den Autor der »Drei Betrüger«* (1768).

4 Blaise Pascal, *Gedanken über die Religion und einige andere Gegenstände* (Berlin, 1840, nachzulesen bei zeno.org), Erstveröffentlichung 1670.

PIPER

Christopher Potter
Sie sind hier

Eine handliche Geschichte des Universums. Aus dem Englischen von Dagmar Mallett. 336 Seiten. Gebunden

Durch Raum und Zeit vom Urknall bis heute: Christopher Potter erzählt eine erfrischend andere Kosmologiegeschichte. Originell und unterhaltsam führt er uns zu den modernen Fragen der Astronomie. Was ist das überhaupt, was wir Universum nennen, und was hat ausgerechnet der Mensch in der Unendlichkeit verloren? Hat das Universum einen Anfang und ein Ende? Und wenn ja, wie kann aus nichts eigentlich alles werden und am Ende aus allem wieder nichts? Wenn wir Antworten haben wollen, müssen wir den Kosmos in seiner ganzen Pracht kennenlernen. Dann müssen wir Naturwissenschaften und Geisteswissenschaften gleichzeitig befragen, dann müssen wir die Angst vor dem Unendlichen bezwingen genau wie die Angst vor dem Nichts. Erst dann können wir sagen: Wir sind hier, das ist unser Standort. Genau zwischen allem und nichts.

»Eine geniale Erklärung der Geheimnisse des Universums.«
The New Yorker

01/1930/01/R